LOS LIBROS DE ENOC
COLECCIÓN DE LUJO

EVANGELIOS EXTRA DE JUDAS, MARÍA Y FILIPO

NOAH PRESS

NOAH PRESS © TODOS LOS DERECHOS RESERVADOS SEGÚN LA
LEY DE CURACIÓN

CONTENIDOS

1. Antecedentes de Enoc y situación actual   1

1 ENOC

1. Capítulo 1   7
2. Capítulo 2   9
3. Capítulo 3   10
4. Capítulo 4   11
5. Capítulo 5   12
6. Capítulo 6   14
7. Capítulo 7   15
8. Capítulo 8   16
9. Capítulo 9   17
10. Capítulo 10   18
11. Capítulo 11   20
12. Capítulo 12   21
13. Capítulo 13   22
14. Capítulo 14   23
15. Capítulo 15   25
16. Capítulo 16   27
17. Capítulo 17   28
18. Capítulo 18   29
19. Capítulo 19   31
20. Capítulo 20   32
21. Capítulo 21   33
22. Capítulo 22   34
23. Capítulo 23   36
24. Capítulo 24   37
25. Capítulo 25   38
26. Capítulo 26   40
27. Capítulo 27   41
28. Capítulo 28   42
29. Capítulo 29   43
30. Capítulo 30   44
31. Capítulo 31   45

32. Capítulo 32.	46
33. Capítulo 33.	47
34. Capítulo 34.	48
35. Capítulo 35.	49
36. Capítulo 36.	50

LAS PARÁBOLAS

1. Capítulo 37	53

LA PRIMERA PARÁBOLA

1. Capítulo 38	57
2. Capítulo 39	58
3. Capítulo 40	60
4. Capítulo 41	61
5. Capítulo 42	63
6. Capítulo 43	64
7. Capítulo 44	65

LA SEGUNDA PARÁBOLA

8. Capítulo 45	69
9. Capítulo 46	70
10. Capítulo 47	72
11. Capítulo 48	73
12. Capítulo 49	75
13. Capítulo 50	76
14. Capítulo 51.	77
15. Capítulo 52	78
16. Capítulo 53	80
17. Capítulo 54	81
18. Capítulo 55	82
19. Capítulo 56	83
20. Capítulo 57	85

LA TERCERA PARÁBOLA

21. Capítulo 58	89
22. Capítulo 59	90

LIBRO DE NOÉ - UN FRAGMENTO

2. Capítulo 60	93
3. Capítulo 61	96
4. Capítulo 62	98
5. Capítulo 63	100
6. Capítulo 64	102
7. Capítulo 65	103
8. Capítulo 66	105
9. Capítulo 67	106
10. Capítulo 68	108
11. Capítulo 69	109
12. Capítulo 70	112
13. Capítulo 71	113

EL LIBRO DE LOS CURSOS DE LAS LUMINARIAS CELESTIALES

14. Capítulo 72	117
15. Capítulo 73	120
16. Capítulo 74	121
17. Capítulo 75	123
18. Capítulo 76	125
19. Capítulo 77	127
20. Capítulo 78	128
21. Capítulo 79	130
22. Capítulo 80	131
23. Capítulo 81	133
24. Capítulo 82	135

LAS VISIONES ONÍRICAS

25. Capítulo 83	139
26. Capítulo 84	141
27. Capítulo 85	143
28. Capítulo 86	144
29. Capítulo 87	145
30. Capítulo 88	146
31. Capítulo 89	147
32. Capítulo 90	153

LA SECCIÓN FINAL DEL LIBRO

33. Capítulo 91	159
34. Capítulo 92	160
35. Capítulo 93	162
36. Capítulo 94	165
37. Capítulo 95	167
38. Capítulo 96	168
39. Capítulo 97	170
40. Capítulo 98	172
41. Capítulo 99	174
42. Capítulo 100	176
43. Capítulo 101	178
44. Capítulo 102	179
45. Capítulo 103	181
46. Capítulo 104	183
47. Capítulo 105	185

FRAGMENTO DEL LIBRO DE NOÉ

48. Capítulo 106	189
49. Capítulo 107	191
50. Capítulo 108	192

2 ENOC

Capítulo 1	197
Capítulo 2	199
Capítulo 3	200
Capítulo 4	201
Capítulo 5	202
Capítulo 6	203
Capítulo 7	204
Capítulo 8	205
Capítulo 9	206
Capítulo 10	207
Capítulo 11	209
Capítulo 12	210
Capítulo 13	211
Capítulo 14	212
Capítulo 15	213

	214
Capítulo 16	
Capítulo 17	216
Capítulo 18	217
Capítulo 19	219
Capítulo 20	220
Capítulo 21	221
Capítulo 22	223
Capítulo 23	225
Capítulo 24	226
Capítulo 25	227
Capítulo 26	228
Capítulo 27	229
Capítulo 28	230
Capítulo 29	231
Capítulo 30	232
Capítulo 31	234
Capítulo 32	235
Capítulo 33	236
Capítulo 34	238
Capítulo 35	239
Capítulo 36	240
Capítulo 37	241
Capítulo 38	242
Capítulo 39	243
Capítulo 40	244
Capítulo 41	246
Capítulo 42	247
Capítulo 43	248
Capítulo 44	249
Capítulo 45	250
Capítulo 46	251
Capítulo 47	252
Capítulo 48	253
Capítulo 49	254
Capítulo 50	255
Capítulo 51	256
Capítulo 52	257
Capítulo 53	258
Capítulo 54	259
Capítulo 55	260
Capítulo 56	261
Capítulo 57	262

Capítulo 58	263
Capítulo 59	264
Capítulo 60	265
Capítulo 61	266
Capítulo 62	267
Capítulo 63	268
Capítulo 64	269
Capítulo 65	270
Capítulo 66	272
Capítulo 67	273
Capítulo 68	274

3 ENOC

Capítulo 1	277
Capítulo 2	279
Capítulo 3	280
Capítulo 4	281
Capítulo 5	283
Capítulo 6	286
Capítulo 7	288
Capítulo 8	289
Capítulo 9	291
Capítulo 10	292
Capítulo 11	294
Capítulo 12	295
Capítulo 13	296
Capítulo 14	297
Capítulo 15	299
Capítulo 16	301
Capítulo 17	303
Capítulo 18	305
Capítulo 19	312
Capítulo 20	314
Capítulo 21	315
Capítulo 22	316
Capítulo 23	319
Capítulo 24	322
Capítulo 25	324
Capítulo 26	327
Capítulo 27	330
Capítulo 28	332

Capítulo 29	335
Capítulo 30	336
Capítulo 31	339
Capítulo 32	340
Capítulo 33	341
Capítulo 34	342
Capítulo 35	343
Capítulo 36	345
Capítulo 37	347
Capítulo 38	349
Capítulo 39	350
Capítulo 40	351
Capítulo 41	353
Capítulo 42	354
Capítulo 43	356
Capítulo 44	357
Capítulo 45	359
Capítulo 46	361
Capítulo 47	364
Capítulo 48	367
Capítulo 49	369
Capítulo 50	371
Capítulo 51	374
Capítulo 52	376
Capítulo 53	380

EL EVANGELIO DE JUDAS

Introducción	387
Jesús critica a los discípulos	389
Otra generación	391
La visión de los discípulos	393
Jesús y Judas	395
Jesús se lo revela todo a Judas	397
La traición	401
Notas sobre la traducción	403

EL EVANGELIO DE MARÍA

Una perspectiva eterna	407
El Evangelio	409
María y Jesús	411

Vencer a los Poderes   413
Conflicto sobre la Autoridad   415
Notas sobre la traducción   417

EL EVANGELIO DE FILIPO

Gentiles, hebreos y cristianos   421
Vida, Muerte, Luz y Oscuridad   423
Nombres   425
Los Gobernantes   427
El nacimiento virginal   429
Jesús, Cristo, Mesías, Nazareno   431
La Resurrección   433
Ver a Jesús   435
Padre, Hijo y Espíritu Santo   437
Humanos y animales   439
Convertirse en cristianos   441
El misterio del matrimonio   445
Vencer al mundo   447
Adán, Eva y la Cámara Nupcial   449
Bautismo, Crisma, Eucaristía, Cámara Nupcial   453
Crecimiento espiritual   457
Desarraigar el mal   459
Conclusión   461
Notas sobre la traducción   463

ANTECEDENTES DE ENOC Y SITUACIÓN ACTUAL

Los Libros de Enoc son antiguos textos religiosos apocalípticos hebreos atribuidos a Enoc, hijo de Jared, padre de Matusalén y bisabuelo de Noé.

Los libros de Enoc contienen mucho material único que no se encuentra en ningún otro libro. Desde los orígenes de los demonios y los Nefilim, hasta las razones por las que algunos ángeles cayeron del cielo, pasando por una explicación de por qué el Génesis flood era moralmente necesario, y una exposición profética del reinado de 1.000 años del Mesías.

Se estima que las secciones más antiguas del libro (principalmente en el Libro de los Vigilantes) datan del 300-200 a.C., y que las secciones más recientes (Libro de las Parábolas) son probablemente de alrededor del 100 a.C.

En los Rollos del Mar Muerto se encuentran varios fragmentos de arameo (una lengua semítica originaria de los arameos de la antigua región de Siria). Si a esto añadimos que se han encontrado fragmentos en griego koiné y en latín, tenemos pruebas suficientes de que Enoc era conocido tanto por los judíos como por los primeros cristianos del Próximo Oriente.

Algunos autores de los siglos I y II también citaron el libro, como en los Testamentos de los Doce Patriarcas (un constituyente de los apócrifos escrituras relacionadas con la Biblia, que se cree que es una obra pseudoepigráfica de l a s órdenes moribundas de los doce hijos de Jacob).

Por si fuera poco, los autores del Nuevo Testamento también conocían al menos parte del contenido de Enoc. Una breve sección de 1 Enoc (1:9) se cita en la Epístola de Judas y se atribuye allí a "Enoc el Séptimo desde Adán" (1 Enoc 60:8).

Sin embargo, esta sección de 1 Enoc es un midrash (un modo de interpretación bíblica destacado en la literatura talmúdica) sobre Deuteronomio 33:2.

Entre los Rollos del Mar Muerto se conservaron numerosas copias de las primeras secciones de 1 Enoc. Sin embargo, aparte de Beta Israel (judíos etíopes), no forma parte del canon bíblico utilizado por los judíos.

Mientras que la Iglesia Ortodoxa Tewahedo de Etiopía y la Iglesia Ortodoxa Tewahedo de Eritrea consideran canónico el Libro de Enoc, otros grupos cristianos lo consideran no canónico o no inspirado. Aun así, suelen estar de acuerdo en que tiene cierto interés histórico o teológico.

En la actualidad, Enoc sólo se conserva íntegramente en la lengua etíope ge'ez (lengua litúrgica de la iglesia etíope), con fragmentos anteriores en arameo procedentes de los Rollos del Mar Muerto y algunos fragmentos en griego y latín.

Principalmente por este motivo, la creencia tradicional etíope es que la lengua original de la obra era el ge'ez. Sin embargo, los eruditos modernos sostienen que se escribió en arameo o hebreo, las p r i m e r a s lenguas utilizadas para los textos judíos.

Ephraim Isaac sugiere que el Libro de Enoc, al igual que el Libro de Daniel, fue compuesto en parte en arameo y en parte en hebreo. Sin embargo, no se conoce ninguna versión hebrea que haya sobrevivido.

- - -

El libro afirma que su autor fue Enoc antes de la flood bíblica. El Libro de Enoc más completo procede de manuscritos etíopes, maṣḥafa hēnok (መጽሐፈ ሄኖክ), escritos en ge'ez, que fueron traídos a Europa por James Bruce a finales del siglo XVIII y se tradujeron al inglés en el siglo XIX.

1 ENOC

CAPÍTULO 1

1. Las palabras de la bendición de Enoc, con las que bendijo a los elegidos [[y]] justos, que vivirán en el día de la tribulación, cuando todos los impíos [[e impíos]] sean eliminados.

2. Y retomó su parábola y dijo: "Enoc, un hombre justo, cuyos ojos fueron abiertos por Dios, vio la visión del Santo en el cielo, [que] los ángeles me mostraron, y de ellos oí todo, y de ellos entendí lo que vi, pero no para esta generación, sino para una remota que ha de venir.

3. Sobre los elegidos dije y retomé mi parábola relativa a ellos: El Santo Grande saldrá de Su morada,

4. Y el Dios eterno pisará la tierra, (incluso) en el monte Sinaí,
[Y aparecerá de su campamento]
Y aparecerá con la fuerza de Su poder desde el cielo de los cielos.

5. Y todos serán heridos de miedo
Y los Vigilantes temblarán,
Y gran temor y temblor se apoderará de ellos hasta los confines de la tierra.

6. Y los montes altos serán sacudidos, Y
las colinas elevadas serán abatidas,

Y se derretirán como cera ante la flame

7. Y la tierra será [completamente] partida en dos, Y perecerá todo lo que hay sobre la tierra, Y habrá un juicio sobre todos (los hombres).

8. Pero con los justos Él hará la paz. Y protegerá a los elegidos, Y la misericordia será con ellos. Y todos ellos pertenecerán a Dios, Y serán prosperados, Y serán [todos] benditos. [Y Él los ayudará a todos], Y se les manifestará la luz, [Y Él hará la paz con ellos].

9. Y ¡he aquí! Viene con diez mil de [Sus] santos Para ejecutar juicio sobre todos, Y destruir [a todos] los impíos: Y para condenar a todos flesh De todas las obras [de su impiedad] que impíamente han cometido, Y de todas las cosas duras que los pecadores impíos [han hablado] contra Él.

CAPÍTULO 2

1. Observad todo lo que sucede en el cielo, cómo no cambian sus órbitas, [y] las luminarias que están en el cielo, cómo todas se elevan y se ponen en orden cada una a su tiempo, y no transgreden su orden establecido.

2. Contemplad la tierra y fijaos en las cosas que ocurren en ella desde el principio hasta el fin, en lo **firmes** que son, en que nada de lo que hay en la tierra cambia, sino que todas las obras de Dios aparecen ante vosotros.

3. Contempla el verano y el invierno, [[cómo toda la tierra está fillada de agua, y las nubes y el rocío y la lluvia yacen sobre ella]].

CAPÍTULO 3

Observa y ve cómo (en invierno) todos los árboles [[parecen como si se hubieran marchitado y despojado de todas sus hojas, excepto catorce árboles, que no pierden su follaje, sino que conservan el follaje viejo de dos a tres años hasta que llega el nuevo.

CAPÍTULO 4

Y además, observad en los días de v e r a n o cómo el sol está sobre la tierra por encima de ella. Y buscáis sombra y cobijo a causa d e l calor d e l s o l, y la tierra arde también con el calor creciente, por lo que no podéis pisar la tierra ni una roca a causa de su calor.

CAPÍTULO 5

1. Observad [[ye]] cómo los árboles se cubren de hojas verdes y dan fruto: por tanto, prestad atención [y conoced] con respecto a todas [Sus obras], y reconoced cómo Él, que vive para siempre, las ha hecho así.

2. Y[todas] Sus obras continúan[así] de año en año para siempre, y todas las tareas[que] realizan para Él, y[sus tareas] no cambian, sino según como [[Dios]] lo ha ordenado así se hace.

3. Y mira cómo el mar y los ríos cumplen de igual modo y no cambian sus tareas de sus mandamientos.

4. Pero vosotros no habéis sido constantes, ni habéis cumplido los mandamientos del Señor,
Pero os habéis apartado y habéis pronunciado palabras
soberbias y duras Con vuestras bocas impuras contra Su
grandeza.
Oh, duros de corazón, no encontraréis la paz.

5. Por eso execraréis vuestros días, Y
los años de vuestra vida perecerán,
Y [los años de vuestra destrucción] se multiplicarán en execración eterna,
Y no encontraréis misericordia.

6a. En aquellos días haréis de vuestros nombres una execración
eterna para todos los justos,

b. Y por ti maldecirán [todos] los que maldicen,
Y todos los pecadores [e impíos] imprecarán por vosotros,
7*c.* Y por vosotros los impíos habrá maldición.
6*d.* Y todos los..... se alegrarán,
e. Y habrá perdón de los pecados,
f. Y toda misericordia, paz y clemencia:
g. Habrá salvación para ellos, una buena luz.
i. Y para todos vosotros, pecadores, no habrá salvación,
j Pero sobre todos vosotros caerá una maldición.
7*a.* Pero para los elegidos habrá luz, alegría y paz,
b. Y heredarán la tierra.
8 Y entonces se otorgará a los elegidos la sabiduría, Y
todos ellos vivirán y nunca más pecarán,
Ya sea por impiedad o por soberbia: Pero los
sabios serán humildes.
9 Y no volverán a transgredir, Ni pecarán
todos los días de su vida,
Ni morirán de (la ira divina) enojo o cólera,
Pero completarán el número de los días de su vida. Y sus vidas serán aumentadas en paz,
Y se multiplicarán los años de su gozo, En
alegría y paz eternas,
Todos los días de su vida.

CAPÍTULO 6

1. Y sucedió que cuando los hijos de los hombres se multiplicaron, en aquellos días les nacieron hijas hermosas y apuesto. 2. Y los ángeles, los hijos d e l c i e l o , las vieron y las codiciaron, y se dijeron unos a otros: 'Venid, escojámonos esposas de entre los hijos de los hombres y engendrémonos hijos'. 3. Y Semjâzâ, que era su jefe, les dijo: 'Me temo que, en efecto, no accederéis a realizar este acto, y sólo yo tendré que pagar la pena de un gran pecado'. 4. Y todos ellos le respondieron y dijeron: 'Hagamos todos un juramento, y obliguémonos todos por imprecaciones mutuas a no abandonar este plan sino a hacer esta cosa.' 5. Entonces juraron todos juntos y se obligaron por imprecaciones mutuas a ello. 6. Y eran en total doscientos; los cuales descendieron [en los días] de **Jared** a la cumbre del monte Hermón, y lo llamaron monte Hermón, porque habían jurado y se habían ligado con imprecaciones mutuas sobre él. 7. Y éstos son los nombres de sus jefes: Sêmîazâz, su jefe, Arâkîba, Râmêêl, Kôkabîêl, Tâmîêl, Râmîêl, Dânêl, Êzêqêêl, Barâqîjâl, Asâêl, Armârôs, Batârêl, Anânêl, Zaqîêl, Samsâpêêl, Satarêl, Tûrêl, Jômjâêl, Sariêl. 8. Estos son sus jefes de decenas.

CAPÍTULO 7

1. Y todos los demás, junto con ellos, tomaron esposas, y cada uno eligió una para sí, y empezaron a acercarse a ellas y a defiliarse con ellas, y les enseñaron encantos y encantamientos, y a cortar raíces, y los familiarizaron con las plantas.
2. Y quedaron preñadas, y dieron a luz a grandes gigantes, cuya altura era de tres mil codos: 3. que consumieron todas las adquisiciones de l o s h o m b r e s . Y cuando los hombres ya no pudieron sostenerlos, 4. los gigantes se volvieron contra ellos y devoraron a la humanidad. 5. Y empezaron a pecar contra las aves, las bestias, los reptiles y los fish, y a devorarse los fl e s h u n o s a o t r o s y a beber su sangre. 6. Entonces la tierra acusó a los inicuos.

CAPÍTULO 8

1. Y Azâzêl enseñó a los hombres a hacer espadas, y cuchillos, y escudos, y corazas, y les dio a conocer **los metales** ☐of el εαρτη⟩ y el arte de trabajarlos, y brazaletes, y adornos, y el uso del antimonio, y el embellecimiento de los párpados, y toda clase de piedras costosas, y todas las tinturas colorantes. 2. Y surgió mucha impiedad, y cometieron fornicación, y se extraviaron, y se corrompieron en todos sus caminos. Semjâzâ enseñó los encantamientos y el corte de raíces, Armârôs la resolución de encantamientos, Barâqîjâl, (enseñó) astrología, Kôkabêl las constelaciones, **Ezêqêêl el conocimiento de las nubes**, ☐Araqiêl los signos de la tierra, Shamsiêl los signos del συν⟩ y Sariêl el curso de la luna. Y cuando los hombres perecían, gritaban, y su grito subía al cielo.
. .

CAPÍTULO 9

1. Y entonces Miguel, Uriel, Rafael y Gabriel miraron desde el cielo y vieron que se derramaba mucha sangre sobre la tierra, y que se cometía todo tipo de anarquía en la tierra. 2. Y se dijeron unos a otros: 'La tierra hecha †sin morador clama la voz de su clamor† hasta las puertas del cielo. 3 [[Y ahora a vosotros, los santos del cielo]], las almas de los hombres presentan su demanda, diciendo: "Llevad nuestra causa ante el Altísimo"'. 4. Y dijeron al Señor **de los siglos**: '¡Señor de los señores, Dios de los dioses, Rey de los reyes, ☐ and Dios de los ages☐, el trono de Tu gloria (permanece) por todas las generaciones de los siglos, y Tu nombre santo y glorioso y bendito por todas las edades! 5. Tú has hecho todas las cosas, y poder sobre todas las cosas tienes; y todas las cosas están desnudas y abiertas a Tu vista, y Tú ves todas las cosas, y nada puede ocultarse de Ti. 6. Tú ves lo que ha hecho Azâzêl, que ha enseñado toda la injusticia en la tierra y ha revelado los secretos eternos que estaban (pre-servidos) en el cielo, que los hombres se esforzaban por **aprender**: 7. Y Semjâzâ, a quien Tú has dado autoridad para gobernar a sus asociados. 8. Y han ido a las hijas de los hombres sobre la tierra, y se han acostado con las mujeres, y se han definido a sí mismos, y les han revelado toda clase de pecados. 9. Y las mujeres han parido gigantes, con lo que toda la tierra se ha llenado de sangre e injusticia. 10. Y ahora, he aquí que las almas de los que han muerto claman y hacen su demanda a las puertas del cielo, y sus lamentos han ascendido; y no pueden **cesar** a causa de las acciones inicuas que se cometen en la tierra. 11. Y Tú conoces todas las cosas antes de que sucedan, y ves estas cosas y las sufres, y no nos dices lo que hemos de hacerles con respecto a ellas'.

CAPÍTULO 10

1. Entonces habló el Altísimo, el Santo y Grande, y envió a **Uriel** al hijo de Lamec, y le dijo: 2. 'Go a Noaη⟩ y dile en mi nombre "¡Escóndete!" y revélale el fin que se aproxima: que toda la tierra será destruida, y un diluvio está a punto de venir sobre toda la tierra, y destruirá todo lo que hay en ella. 3. Y ahora instrúyele para que pueda escapar y su ːvada por todas las generaciones del mundo". 4. Y de nuevo dijo el Señor a Rafael: 'Atad a Azâzêl de pies y manos, y arrojadle a las tinieblas; y haced una abertura en el desierto, que está en Dûdâêl, y arrojadle allí'. 5. Y pon sobre él rocas ásperas y dentadas, y cúbrele con oscuridad, y déjale morar allí para siempre, y cúbrele la cara para que no pueda ver la luz. 6. Y en el día del gran juicio será arrojado al fuego. 7. Y cura la tierra que los ángeles han corrompido, y proclama la curación de la tierra, para que curen la plaga, y para que todos los hijos de los hombres no perezcan por todas las cosas secretas que los Vigilantes han **revelado** y han enseñado a sus hijos. 8. Y toda la tierra se ha corrompido a través de las obras que fueron enseñadas por Azâzêl: a él atribuid todo pecado'. 9. Y a Gabriel dijo el Señor: 'Procede contra los bastardos y los réprobos, y contra los hijos de fornicación: y destruye [a los hijos de fornicación y] a los hijos de los Vigilantes de entre los hombres [y

hazlos salir]; envíalos unos contra otros para que se destruyan en batalla; porque no tendrán duración de días. 10. Y ninguna petición que ellos *(es decir,* sus padres) te hagan, les será concedida en su favor; porque esperan vivir una vida eterna, y que cada uno de e l l o s vivirá fin quinientos años.' 11. Y el Señor dijo a Micael: 'Ve, **ata a** Semjâzâ y a sus asociados que se han unido a las mujeres para haberse definido con ellas en toda su impureza'. 12. Y cuando sus hijos se hayan matado unos a otros y hayan visto la destrucción de sus seres queridos, átalos por setenta generaciones en los **valles** de la tierra, hasta el día de su juicio y de su consumación, hasta que se consuma el juicio que es por los siglos de los siglos. 13. En aquellos días serán conducidos al abismo de fi r e : ⟨αvδ⟩ al tormento y a la prisión en que serán confinados para siempre. 14. Y cualquiera que sea **condenado** y destruido, desde entonces será atado junto con ellos hasta el fin de todas las generaciones. 15. Y destruye a todos los espíritus de los réprobos y a los hijos de los Vigilantes, porque han agraviado a la humanidad. Destruid todo mal de la faz de la tierra y a c a b a d con toda obra perversa; y que aparezca la planta de la justicia y de la verdad: [y resultará una bendición; las obras de la rectitud y de la verdad] serán plantadas en verdad y alegría para siempre.

17 Y entonces escaparán todos los justos,
Y vivirán hasta engendrar millares de hijos, Y todos
los días de su juventud y de su **vejez** Completarán en
paz.

18 Y entonces toda la tierra será labrada en justicia, y toda ella será plantada de árboles y estará llena de bendición. 19. Y la vid que planten en ella producirá vino en abundancia, y en cuanto a toda la semilla que se siembre en ella, cada medida (de ella) dará un ti- rrón, y cada medida de aceitunas dará diez prensas de aceite. 20. Y limpia la tierra de toda opresión, y de toda injusticia, y de todo pecado, y de toda impiedad; y toda la inmundicia que se hace en la tierra, elimínala de l a tierra. 21. [Y todos los hijos de los hombres llegarán a ser justos], y todas las naciones ofrecerán adoración y me alabarán, y todos me adorarán. Y la tierra quedará limpia de toda destrucción, de todo pecado, de todo castigo y de todo tormento, y no volveré a enviarlos sobre ella de generación en generación y para siempre.

CAPÍTULO 11

1. Y en aquellos días abriré las cámaras de bendición que están en el cielo, para hacerlas descender [sobre la tierra] sobre la obra y el trabajo de l o s hijos de los hombres. 2. Y la verdad y la paz estarán unidas por todos los días d e l mundo y por todas las generaciones **de los hombres**".

CAPÍTULO 12

1. Antes de estas cosas, Enoc estaba oculto, y ninguno de los hijos de los hombres sabía dónde estaba escondido, ni dónde moraba, ni qué había sido de él. 2. Y sus actividades tuvieron que ver con los Vigilantes, y sus días fueron con los santos.

3. Y yo, Enoc, estaba bendiciendo al Señor de **majestad** y al Rey de los siglos, y he aquí que los Vigilantes me llamaron -Enoc el escriba- y me dijeron: 4. 'Enoc, escriba de justicia, ve, †declara † a los Vigilantes del cielo que han abandonado el alto cielo, el santo lugar eterno, y se han definido con mujeres, y han hecho como los hijos de la tierra, y han tomado para sí esposas: "Habéis causado gran destrucción en la tierra: 5. Y no tendréis paz ni perdón de pecados; y por cuanto † ellos † se deleitan en
†sus †hijos, 6. El asesinato de †sus †amados †ellos †verán, y sobre la destrucción de †sus †hijos †se lamentarán, y suplicarán hasta la eternidad, pero misericordia y paz no alcanzaréis"'.

CAPÍTULO 13

1. Y Enoc fue y dijo: 'Azâzêl, no tendrás paz: una sentencia severa ha salido contra ti para ponerte en prisiones: 2. Y no tendrás tolerancia ni † petición† concedida a ti, a causa de la injusticia que has enseñado, y a causa de todas las obras de impiedad e injusticia y pecado que has mostrado a los hombres.'
3. Entonces fui y les hablé a todos juntos, y todos tuvieron miedo, y se apoderó de ellos el temor y el temblor. 4. Y me rogaron que les redactara una petición para encontrar el perdón, y que leyera su petición en presencia del Señor del cielo. 5. Pues desde entonces no podían hablar (con Él) ni levantar los ojos al cielo por vergüenza de sus pecados por los que habían sido condenados. 6. Entonces escribí su petición y la oración respecto a sus espíritus y sus obras individualmente y respecto a sus peticiones de que tuvieran perdón y duración □of days□†. 7. Me fui y me senté junto a las aguas de Dan, en la tierra de Dan, al sur del oeste de Hermón: Leí su petición hasta que me dormí. 8. Y he aquí que un sueño vino a mí, y visiones cayeron sobre mí, y vi visiones de castigo, [y vino una voz ordenándome que lo contara a los hijos del cielo, y los reprendiera. 9. Cuando desperté, me acerqué a ellos, y estaban todos sentados reunidos, llorando en 'Abelsjâîl, que está entre el Líbano y Sênêsêr, con el rostro cubierto. 10. Y relaté ante ellos todas las visiones que había visto en sueños, y empecé a hablar las palabras de la justicia y a reprender a los Vigilantes celestiales.

CAPÍTULO 14

1. El libro de las palabras de justicia, y de la reprimenda de los Vigilantes eternos de acuerdo con el mandato del Santo Grande en aquella visión. 2. Vi en sueños lo que ahora diré con lengua de f l e s h y con el aliento de mi boca: lo que el Gran Uno ha dado a los hombres para que conversen con él y lo comprendan con el corazón.
3. Así como Él ha creado y dado [[al hombre el poder de comprender la palabra de sabiduría, así también me ha creado a mí y me ha dado]] el poder de reprender a los Vigilantes, los hijos del cielo. 4. Escribí tu petición, y en mi visión apareció así: que tu petición no te será concedida [[en todos los días de la eternidad, y que el juicio ha sido finalmente dictado sobre ti: sí (tu petición) no te será concedida]]. 5. Y desde ahora no subiréis al cielo hasta la eternidad, y [en los lazos] de la tierra ha salido el decreto de ataros por todos los días del mundo. 6. Y (que) antes habréis visto la destrucción de vuestros hijos amados y no tendréis placer en ellos, sino que caerán ante vosotros a espada. 7. Y vuestra súplica en favor de ellos no será concedida, ni tampoco la vuestra, aunque lloréis y oréis y **digáis todas las palabras** contenidas en el escrito que he redactado. 8. Y la visión se me mostró así: He aquí que en la visión las nubes me invitaban y una niebla me convocaba, y el curso de las estrellas y los relámpagos me aceleraban y **apresuraban,** y los vientos en la visión me hacían fly me elevaban y me llevaban al cielo. 9. Y entré hasta que me acerqué a una muralla construida de cristales y rodeada de lenguas de flebre; y empezó a asustarme. 10. Y entré en las lenguas de fuego y me acerqué a una gran casa construida con c r i s t a l e s ; y las paredes de

la casa era como un suelo teselado (hecho) de cristales, y su base era de cristal. 11. Su techo era como el camino de las estrellas y de los relámpagos, y entre ellos había querubines de fieria, y su cielo era (claro como) el agua. 12. Un fuego llameante rodeaba las paredes, y sus portales ardían en fuego. 13. Y entré en aquella casa, y estaba caliente como el fuego y fría como el hielo; no había en ella delicias de la vida: el temor me cubrió, y el temblor se apoderó de mí. 14. Y mientras temblaba y temblaba, caí sobre mi rostro. 15. Y contemplé una visión, Y he aquí que había una segunda casa, más grande que la anterior, y todo el portal estaba abierto ante mí, y estaba construida de flames de fire. 16. Y en todos los aspectos sobresalía tanto en esplendor y magnificencia y extensión que no puedo describirte su esplendor y su extensión. 17. Y su floor era de fire, y sobre él había relámpagos y el camino de las estrellas, y su techo también era de flaming fire. 18. Y miré y vi [[allí]] un trono sublime: su aspecto era como el cristal, y sus ruedas como el sol resplandeciente, y había **visión** de querubines. 19. Y de debajo del trono salían corrientes de flaming fire, de modo que yo no podía mirar hacia allí. 20. Y la Gran Gloria estaba sentada allí, y Sus vestiduras brillaban más que el sol y eran más blancas que la nieve. 21. Ninguno de los ángeles pudo entrar ni contemplar Su rostro a causa de la magnificencia y la gloria, y ninguna flesh pudo contemplarle. 22. El flame fire le rodeaba, y un gran fire estaba delante de Él, y nadie a su alrededor podía acercarse a Él: diez mil veces diez mil (estaban) delante de Él, y sin embargo no necesitaba consejero. 23. Y los santísimos que estaban cerca de Él no se alejaron de noche ni se apartaron de Él. 24. Y hasta entonces había estado postrado sobre mi rostro, temblando; y el Señor me llamó con su propia boca y me dijo: 'Ven aquí, Enoc, y escucha mi palabra'. 25. [Y uno de los santos vino a mí y me despertó], y me hizo levantarme y acercarme a la puerta; e incliné el rostro hacia abajo.

CAPÍTULO 15

1. El respondió y me dijo, y yo oí su voz: 'No temas, Enoc, varón justo y escriba de justicia; acércate y oye mi voz. 2. Y ve, di a [[los Vigilantes del cielo]], que te han enviado para que intercedas [[por ellos: "Tú debes interceder"]] por los hombres, y no los hombres por ti: 3. ¿Por qué habéis abandonado el cielo alto, santo y eterno, y os habéis acostado con mujeres, y os habéis definido? ¿Os habéis casado con las hijas de los hombres y habéis tomado para vosotros mujeres, y habéis hecho como los hijos de la t i e r r a , y habéis engendrado gigantes (como hijos vuestros)? 4. Y aunque erais santos, espirituales, que vivíais la vida eterna, os habéis definido con la sangre de las mujeres, y habéis engendrado (niños) con la sangre de la flesh, y, **como hijos** de los hombres, habéis codiciado la flesh y la sangre, como hacen también los [] que mueren y perecen. 5. Por eso también les he dado esposas para que las preñen y engendren hijos de ellas, para que así nada les falte en la tierra. 6. Pero vosotros erais [antes] espirituales, viviendo la vida eterna, e inmortales por todas las generaciones del mundo. 7. Por eso no os he designado esposas; porque en cuanto a los espirituales del cielo, en el cielo está su morada. 8. Y ahora, los gigantes, que son producidos de los espíritus y flesh, serán llamados espíritus malignos en la tierra, y en la tierra estará su morada. 9. Los espíritus malignos han procedido de sus cuerpos; porque han nacido de los **hombres**, [[y]] de la santa

Vigilantes es su principio y origen primigenio;[serán espíritus malignos en la tierra, y] espíritus malignos serán llamados. [10. En cuanto a los espíritus del cielo, en el cielo será su morada, pero en cuanto a los espíritus de la tierra que nacieron sobre la tierra, en la tierra será su morada]. 11. Y los espíritus de los gigantes **afflictan**, oprimen, destruyen, atacan, hacen batalla y obran destrucción en la tierra, y causan disturbios; no toman alimento, [pero sin embargo tienen hambre] y sed, y causan agravios. Y estos espíritus se levantarán contra los hijos de los hombres y contra las mujeres, porque han procedido [de ellos].

CAPÍTULO 16

1. Desde los días de la matanza, destrucción y muerte de los gigantes, de cuyas almas los espíritus, habiendo salido, destruirán sin incurrir en juicio; así destruirán hasta el día de la consumación, el gran juicio en el que se consumará la era, sobre los Vigilantes y los impíos, sí, se consumará por completo". 2. Y ahora, en cuanto a los Vigilantes que te han enviado para que intercedas por ellos, que habían estado [[aforetime]] en el cielo, (diles): "Habéis estado en el cielo, pero [todos] los misterios aún no os habían sido revelados, y conocíais los que no valían nada, y éstos, en la dureza de vuestros corazones, los habéis dado a conocer a las mujeres, y por medio de estos misterios las mujeres y los hombres obran mucho mal en la tierra." 4. Diles, pues: "No tenéis paz".

Los viajes de Enoc por la Tierra y el Seol

CAPÍTULO 17

1. Y me cogieron [y] me llevaron a un lugar en el que los que estaban allí eran como flaming fire, y, cuando querían, aparecían como hombres. 2. Y me llevaron al lugar de las tinieblas, y a un monte cuya punta llegaba hasta el cielo. 3. Y vi los lugares de las luminarias [y los tesoros de las estrellas] y de los truenos [y] en lo **más profundo**, donde había un fiero arco y flechas y su aljaba, y [[una fiera espada]] y todos los relámpagos. 4. Y me llevaron a las aguas vivas, y al fire del poniente, que recibe cada ocaso del sol. 5. Y llegué a un río de fire en el que el fire fluye como el agua y se descarga en el gran mar hacia el oeste. 6. Vi los grandes ríos y llegué al gran[río y a la gran] oscuridad, y fui al lugar donde ninguna flesh camina.
7. Vi las montañas de la oscuridad del invierno y el lugar de donde todas las aguas del profundo flow. 8. Vi las bocas de todos los ríos de la tierra y la boca del abismo.

CAPÍTULO 18

1. Vi los tesoros de todos los vientos: Vi cómo había provisto con ellos toda la creación y los firmes cimientos de la tierra. 2. Y vi la piedra angular de la tierra: vi los cuatro vientos que soportan [la tierra y] el firmamento del cielo. 3. [[Y vi cómo los vientos extienden las bóvedas del cielo]], y tienen su puesto entre el cielo y la tierra: [[estos son los pilares del cielo]]. 4. Vi los vientos del cielo que giran y llevan a su ocaso la circunferencia del sol y de todas las estrellas. 5. Vi los vientos de la tierra que llevan las nubes: Vi[[los caminos de los ángeles. Vi]] en el extremo de la tierra el firmamento del cielo de arriba. Y avancé y vi un lugar que arde de día y de noche, donde hay siete montañas de piedras magnifi- cientes, tres hacia el este y tres hacia el sur. 7. Y en cuanto a las que están hacia el este, ⟨ una ⟩ era de piedra de color, y otra de perla, y otra de **jacinto**, y las que están hacia el sur de piedra roja. 8. Pero la del medio llegaba hasta el cielo como el trono de Dios, de alabastro, y la cúspide del trono era de zafiro. 9. Y vi un flaming fire. Y más allá de estas montañas 10. hay una región que es el fin de la gran tierra: allí se completaban los cielos. 11. Y vi un abismo profundo, con columnas [[de fire celestial, y entre ellas vi caer columnas]] de fire que no tenían medida ni hacia la altura ni hacia la profundidad. 12. Y más allá de ese abismo vi un lugar que no tenía ningún firmamento del cielo arriba, ni tierra firmemente fundada debajo de él: no había agua sobre él, ni aves, sino que era un lugar baldío y horrible. 13. Vi allí siete estrellas como grandes montañas ardientes, y a mí, cuando pregunté por ellas, 14. El ángel dijo: 'Este lugar es el fin del cielo y de la tierra: esto se ha convertido en un

prisión para las estrellas y las huestes del cielo. 15. Y las estrellas que ruedan sobre el fire son las que han transgredido el mandamiento del Señor en el principio de su nacimiento, porque no salieron en sus tiempos señalados. 16. Y se ensañó con ellos y los ató hasta el momento en que se consumara su culpa (incluso) [durante diez mil años].'

CAPÍTULO 19

1. Y Uriel me dijo 'Aquí estarán los ángeles que se han unido a las mujeres, y sus espíritus, asumiendo muchas formas diferentes, están definiendo a la humanidad y la llevarán por mal camino para que sacrifique a los demonios [[como dioses]], (aquí permanecerán) hasta el día del gran juicio, en el que serán juzgados hasta que se acabe con ellos. 2. Y también las mujeres de los ángeles que se extraviaron se convertirán en sirenas'. 3. Y sólo yo, Enoc, vi la visión, el fin de todas las cosas; y nadie verá como yo he visto.

CAPÍTULO 20

1. Y estos son los nombres de los santos ángeles que velan. 2. Uriel, uno de los santos ángeles, que está sobre el mundo y sobre el Tártaro. 3. 3. Rafael, uno de los santos ángeles, que está sobre los espíritus de los hombres. 4. Raguel, uno de los santos ángeles que †se venga†del mundo de las luminarias. 5. Miguel, uno de los santos ángeles, es decir, el que está puesto sobre la mejor parte de la humanidad [[y]] sobre el caos. 6. Saraqâêl, uno de los santos ángeles, que está puesto sobre los espíritus, que pecan en el espíritu. 7. Gabriel, uno de los santos ángeles, que está sobre el Paraíso y las serpientes y los Querubines. 8. Remiel, uno de los santos ángeles, a quien Dios puso sobre los que resucitan.

CAPÍTULO 21

1. Y procedí a donde las cosas eran caóticas. 2. Y vi allí algo horrible: No vi un cielo en lo alto ni una tierra sólidamente fundada, sino un lugar caótico y horrible. 3. Y allí vi siete estrellas del cielo unidas en él, como grandes montañas y ardiendo en fiuego. 4. Entonces dije: '¿Por qué pecado están atadas, y por qué razón han sido arrojadas aquí?' 5. Entonces dijo Uriel, uno de los santos ángeles, que estaba conmigo, y era el jefe sobre ellas, y dijo: 'Enoc, ¿por qué preguntas, y por qué estás ansioso de la verdad? 6. Estos son del número de las estrellas [del cielo], que han transgredido el mandamiento del Señor, y están atados aquí hasta que se consumen diez mil años, el tiempo que conllevan sus pecados'. 7. Y de allí fui a otro lugar, que era aún más horrible que el anterior, y vi una cosa horrible: un gran fuego que ardía y llameaba, y el lugar estaba hendido hasta el abismo, lleno de grandes columnas descendentes de fuego: ni su extensión ni su magnitud pude ver, ni pude conjeturar. 8. Entonces dije: '¡Qué temible es el lugar y qué terrible es contemplarlo! 9. Entonces me respondió Uriel, uno de los santos ángeles que estaban conmigo, y me dijo: 'Enoc, ¿por qué tienes tanto temor y miedo?'. Y yo respondí: 'A causa de este temible lugar, y a causa del espectáculo del dolor'. 10. Y me dijo [[]]: 'Este lugar es la prisión de los ángeles, y aquí serán encarcelados para siempre'.

CAPÍTULO 22

1. Y de allí fui a otro lugar, y me mostró en el oeste otra montaña grande y alta, de dura roca.
2. Y había en él †cuatro† lugares **huecos**, profundos y anchos y muy lisos. †Qué† lisos son **los lugares huecos** y profundos y oscuros a la vista.

3. Entonces respondió Rafael, uno de los santos ángeles que estaban conmigo, y me dijo: 'Estos lugares huecos han sido creados con este mismo propósito, para que los espíritus de las almas de los muertos se reúnan en ellos, sí, para que todas las almas de los hijos de los hombres se reúnan aquí.

4. Y estos lugares **han sido hechos** para recibirlos hasta el día de su juicio y hasta su período señalado [hasta el período señalado], hasta que el gran juicio (venga) sobre ellos.'

5. Vi los espíritus de los hijos de los hombres que habían muerto, y su voz se elevó al cielo e hizo juicio.

6. Entonces pregunté a Rafael, el ángel que estaba conmigo, y le dije: 'Este espíritu, ¿de quién es la voz que sale y hace la demanda?'

7. Y él me respondió diciendo: 'Este es el espíritu que salió de Abel, a quien mató su hermano Caín, y hace su demanda contra él hasta que su descendencia sea destruida de la faz de la tierra, y su descendencia sea aniquilada de entre la descendencia de los hombres'.

8. Entonces pregunté respecto a él y respecto a todos los **lugares huecos**: '¿Por qué están separados unos de otros?

9. Me respondió y me dijo: 'Estos tres han sido

hecho para que los espíritus de los muertos pudieran separarse. Y tal divi- sión ha sido made☐for☐the espíritus de los justos, en la que hay como el **brillante** manantial de **agua**.

10. **Y** así se ha hecho para los pecadores cuando mueren y son enterrados en la tierra y no se ha ejecutado el juicio sobre ellos en vida.

11. Aquí serán apartados sus espíritus en este gran dolor hasta el gran día del juicio y castigo y tormento de los que †maldicen† para siempre, y retribución para sus espíritus. Allí Él los atará para siempre.

12. Y tal división se ha hecho para los espíritus de los que hacen su demanda, que hacen revelaciones sobre su destrucción, cuando fueron muertos en los días de los pecadores.

13. Tal se ha hecho para los espíritus de los hombres que no eran rectos sino pecadores, que estaban completos en la transgresión, y de los transgresores. serán compañeros; pero sus espíritus no serán muertos en el día del juicio ni serán resucitados de allí.

14. Entonces bendije al Señor de la gloria y dije: 'Bendito sea mi Señor, el Señor de la justicia, que gobierna para siempre'.

CAPÍTULO 23

1. De allí fui a otro lugar al oeste de los confines de la tierra. 2. Y vi un [[incendio]] que corría sin descanso, y no se detenía de su curso ni de día ni de noche, sino que (corría) regularmente. 3. Y pregunté diciendo: '¿Qué es esto que no descansa?' 4. Entonces Raguel, uno de los santos ángeles que estaba conmigo, me respondió [[y me dijo]]: 'Este curso [de fire][[que has visto]] es el fire del oeste que †persigue† a todas las luminarias del cielo.'

CAPÍTULO 24

1. [[Y de allí fui a otro lugar de la tierra]], y me mostró una cordillera de fuego que ardía [[día y noche]].
2. Y fui más allá de ella y vi siete magníficas montañas todas diferentes entre sí, y las piedras (de ellas) eran magníficas y hermosas, magníficas en su conjunto, de aspecto glorioso y exterior hermoso: [[tres hacia]] el este,[[uno]] fundado sobre el otro, y tres hacia el sur, uno sobre el otro, y profundos barrancos ásperos, ninguno de los cuales se unía con otro. 3. Y el séptimo monte estaba en medio de éstos, y los superaba en altura, semejante a la sede de un trono; y árboles fragantes rodeaban el trono.
4. Y entre ellos había un árbol como yo nunca había olido, ni había otro entre ellos ni había otros semejantes a él: tenía una fragancia más allá de toda fragancia, y sus hojas y sus flores y su madera no se marchitan para siempre; y su fruto [[es hermoso, y su fruto]] se parece a los dátiles de una palmera.
5. Entonces dije: '[Qué] hermoso es este árbol, y fragante, y sus hojas son hermosas, y sus flores [[de aspecto muy]] delicioso'. 6. Entonces respondió Miguel, uno de los santos[[y honrados] ángeles que estaban conmigo, y era su jefe.

CAPÍTULO 25

1. Y me dijo: 'Enoc, ¿por qué me preguntas por la fragancia del árbol y por qué quieres saber la verdad?' Le respondí diciendo: 'Quiero saber de todo, pero especialmente de este árbol'. Y él respondió diciendo: 'Esta alta montaña [[que has visto]], cuya cima es como el trono de Dios, es Su trono, donde el Santo Grande, el Señor de la Gloria, el Rey Eterno, se sentará, cuando descienda a visitar la tierra con bondad. 4. Y en cuanto a este árbol fragante, a ningún mortal le está permitido tocarlo hasta el gran juicio, cuando Él se vengue de todos y lleve (todo) a su consumación para siempre. Entonces se entregará a los justos y santos. 5. Su fruto **servirá** de alimento a los elegidos: será trasplantado al lugar santo, al templo del Señor, el Rey Eterno.

6 Entonces se regocijarán y alegrarán, Y entrarán
en el lugar santo;
Y su fragancia estará en sus huesos, Y
vivirán una larga vida en la tierra, Tal
como vivieron tus padres:
Y en sus días no les tocará [[tristeza ni]]
plaga ni tormento ni calamidad'.

7 Entonces bendito sea el Dios de la Gloria, el Rey Eterno, que ha preparado tales cosas para los justos, y los ha creado y prometido darles.

CAPÍTULO 26

~

1. Y fui de allí a la mitad de la tierra, y vi un lugar bendito [en el que había árboles] con ramas que permanecían y florecían [de un árbol desmembrado]. 2. Y allí vi un monte santo, [[y]] debajo del monte, al este, había un arroyo y éste flujo hacia el sur. 3. Y vi hacia el este otra montaña más alta que ésta, y entre ellas un barranco profundo y estrecho; por él corría también un arroyo [por debajo] de la montaña. 4. Y al oeste de ésta había otra montaña, más baja que las anteriores y de poca elevación, y un barranco [profundo y seco] entre ellas: y otro barranco profundo y seco estaba en los extremos de las tres [montañas]. 5. Y todos los barrancos eran profundos[[y estrechos]], (estando formados) de dura roca, y no había árboles plantados en ellos. 6. Y me maravillé[[de las rocas, y me maravillé]] del barranco, sí, me maravillé mucho.

CAPÍTULO 27

1. Entonces dije: '¿Qué objeto tiene esta tierra bendita, que está enteramente filada de árboles, y este valle maldito [[entre]]?' 2. [[Entonces Uriel, uno de los santos ángeles que estaban conmigo, respondió y dijo: 'Este]] valle maldito es para los malditos para siempre: Aquí se juntarán todos los[malditos] que pronuncian con sus labios contra el Señor palabras indecorosas y hablan cosas duras de su gloria. Aquí serán reunidos, y aquí será su lugar de juicio. 3. En los últimos días habrá sobre ellos el espectáculo del justo juicio en presencia de los justos para siempre: aquí bendecirán los misericordiosos al Señor de la gloria, el Rey Eterno.

4. En los días del juicio sobre los primeros, Le bendecirán por la misericordia conforme a la cual les ha asignado (su suerte)'. 5. Entonces bendije al Señor de la Gloria y expuse Su [gloria] y Le alabé gloriosamente.

CAPÍTULO 28

1. Y de allí me dirigí [[hacia el este]], en medio [[de la cordillera del desierto]], y vi un desierto solitario, lleno de árboles **y** plantas. 2. [[Y]] brotaba agua de lo alto. 3. Corriendo como una corriente de agua copiosa [que flujo] hacia el noroeste, hizo subir nubes y rocío por todas partes.

CAPÍTULO 29

1. De allí me dirigí a otro lugar del desierto, y me acerqué al este de esta cordillera. 2. Y [[a l l í]] vi árboles **aromáticos** que exhalaban la fragancia del incienso y de la mirra, y los árboles también eran parecidos al almendro.

CAPÍTULO 30

1. Y más allá de éstos, me alejé hacia el este, y vi otro lugar, un valle (lleno) de agua. 2. Y [allí había] un árbol, del color (?) de los árboles olorosos como el lentisco. 3. Y a los lados de aquellos valles vi canela olorosa. Y más allá de éstos me dirigí hacia el este.

CAPÍTULO 31

1. Y vi otros montes, y entre ellos había [árboles de]árbol, y brotaba de ellos fl néctar, que se llama sarara y gálbano. 2. Y más allá de estos montes vi otro monte [al este de los confines de la tierra], [[donde había árboles de áloe]], y todos los árboles estaban llenos **de estacte**, siendo como almendros. 3. Y cuando uno lo **quemaba**, olía más dulce que cualquier olor fragante.

CAPÍTULO 32

1. Y después de estos olores fragantes, al mirar hacia el norte por encima de las montañas, vi siete montañas llenas de nardo selecto y fragante
árboles y canela y pimienta.

2. Y de allí pasé por encima de las cumbres de [todos] estos montes, lejos hacia el este[de la tierra], y pasé por encima del mar Eritreo y me alejé de él, y pasé por encima de [[el ángel]] Zotîêl.
3. Y llegué al Jardín de la Justicia, y vi más allá de aquellos árboles muchos árboles grandes que crecían allí y de buen olor, grandes, muy hermosos y gloriosos, y el árbol de la sabiduría del que comen y conocen gran sabiduría.
4. [Ese árbol es en altura como el fir, y sus hojas son] como (las del) Algarrobo: y su fruto es como los racimos de la vid, muy hermoso: y la fragancia del árbol penetra hasta muy lejos. 5. Entonces dije: '¡Qué hermoso es el árbol y qué atractivo es su aspecto! 6. Entonces Rafael, el ángel santo, que estaba conmigo, me respondió [[y dijo]]: 'Éste es el árbol de la sabiduría, del que comieron tu padre anciano (en años) y tu anciana madre, que estaban antes que tú, y aprendieron la sabiduría y se les abrieron los ojos, y se dieron cuenta de que estaban desnudos y fueron expulsados del jardín.'

CAPÍTULO 33

1. Y de allí fui a los confines de la tierra y vi allí grandes bestias, cada una diferente de la otra; y (vi) también aves diferentes en apariencia, belleza y voz, las unas diferentes de las otras. 2. Y al este de aquellas bestias vi los confines de la tierra sobre los que descansa el cielo, y los portales del cielo abiertos. 3. Y vi cómo salen las estrellas del cielo, y conté los portales de donde salen, y anoté todas sus salidas, de cada estrella individual por sí misma, según su número y sus nombres, sus cursos y sus posiciones, y sus tiempos y sus meses, como me mostró Uriel, el santo ángel que estaba conmigo. 4. Me mostró todas las cosas y me las escribió; también me escribió sus nombres, y sus leyes y sus compañías.

CAPÍTULO 34

1. Y de allí me dirigí hacia el norte hasta los confines de l a tierra, y allí vi un dispositivo grande y glorioso en los confines de toda la tierra. 2. Y allí vi tres portales del cielo abiertos en el cielo: por cada uno de ellos salen vientos del norte: cuando soplan hay frío, granizo, escarcha, nieve, rocío y lluvia. 3. Y por un portal soplan para bien; pero cuando soplan por los otros dos portales, es con violencia y afflicción sobre la tierra, y soplan con violencia.

CAPÍTULO 35

1. Y de allí fui hacia el occidente hasta los confines de la tierra, y vi allí tres portales del cielo abiertos como los que había visto en el † oriente † , el mismo número de portales y el mismo número de salidas.

CAPÍTULO 36

1. Y de allí fui al sur, a los confines de la tierra, y vi allí tres portales abiertos del cielo; y de allí viene el rocío, la lluvia,
† y viento †. 2. Y de allí me dirigí al oriente, a los confines del cielo, y vi aquí abiertos los tres portales orientales del cielo y pequeños portales sobre ellos. 3. Por cada uno de estos pequeños portales pasan las estrellas del cielo y siguen su curso hacia el oeste por el camino que se les muestra. 4. Y cuantas veces vi bendije siempre al Señor de la Gloria, y continué bendiciendo al Señor de la Gloria que ha realizado grandes y gloriosas maravillas, para mostrar la grandeza de su obra a los ángeles y a los **espíritus** y a los hombres, para que alaben su obra y toda su creación: para que vean la obra de su poder y alaben la gran obra de sus manos y le bendigan para siempre.

Las parábolas

LAS PARÁBOLAS

CAPÍTULO 37

1. La segunda visión que vio, la visión de la sabiduría, que vio Enoc, hijo de Jared, hijo de Mahalalel, hijo de Cainán, hijo de Enós, hijo de Set, hijo de Adán. 2. Y éste es el principio de las palabras de sabiduría que alcé mi voz para hablar y decir a los que moran en la tierra: Oíd, hombres de antaño, y ved, los que vendréis después, las palabras del Santo que hablaré ante el Señor de los Espíritus. 3. Sería mejor declararlas (sólo) a los hombres de la antigüedad, pero incluso a los que vengan después no les ocultaremos el principio de la sabiduría. 4. Hasta el día de hoy, el Señor de los Espíritus nunca **ha** concedido tanta sabiduría como la que yo he recibido según mi perspicacia, de acuerdo con el beneplácito del Señor de los Espíritus, por quien se me ha concedido la suerte de la vida eterna. 5. Se me impartieron tres parábolas, y alcé mi voz y las relaté a los que moran en la tierra.

LA PRIMERA PARÁBOLA

CAPÍTULO 38

1. La Primera Parábola.
   Cuando aparezca la congregación de los justos, Y los
   pecadores sean juzgados por sus pecados,
   Y serán expulsados de la faz de la tierra:
   2. Y cuando el Justo aparezca ante los ojos de los justos,
   Cuyas obras elegidas penden del Señor de los Espíritus,
   Y aparecerá la luz a los justos y a los elegidos que habitan en la tierra,
   Dónde estará entonces la morada de los pecadores,
   ¿Y dónde está el lugar de descanso de los que han negado al Señor de los Espíritus?
   Habría sido bueno para ellos que no hubieran nacido.
   3. Cuando se revelen los secretos de los justos y se juzgue a los pecadores,
   Y los impíos expulsados de la presencia de los justos y elegidos,
   4. A partir de ese momento, los que poseen la tierra dejarán de ser poderosos y exaltados:
   Y no podrán contemplar el rostro de los santos, Porque el
   Señor de los Espíritus ha **hecho aparecer Su luz** Sobre
   el rostro de los santos, justos y elegidos.
   5. Entonces perecerán los reyes y los poderosos
   Y sea entregado en manos de los justos y santos.
   6. Y a partir de entonces nadie buscará para sí misericordia del Señor de los Espíritus
   Pues su vida ha llegado a su fin.

CAPÍTULO 39

1. [Y sucederá en aquellos días que los hijos elegidos y santos
† descenderá del alto cielo, y su descendencia † se hará una con los hijos
de los hombres. 2. En aquellos días Enoc recibió libros de celo e ira, y
libros de inquietud y expulsión].

    Y no se les concederá misericordia, dice el Señor de los Espíritus.
3. Y en aquellos días un torbellino me arrebató de la tierra, Y
me posó en el extremo de l o s   c i e l o s.
4. Y allí vi otra visión: Las moradas de los santos, Y los
descansos de los justos.
5. Aquí vieron mis ojos sus moradas con Sus ángeles justos, Y
sus lugares de reposo con los santos.

    E imploraron, intercedieron y oraron por los hijos de los hombres,
Y la justicia brotó delante de ellos como el agua,
Y la misericordia como el rocío sobre la tierra:
Así es entre ellos por los siglos de los siglos.
6a. Y en aquel lugar vieron mis ojos al Elegido de la justicia y de la
fe,
    7a. Y vi su morada bajo las alas del Señor de los Espíritus.
    6b. Y la justicia prevalecerá en sus días,
Y los justos y elegidos serán innumerables ante Él por los siglos de
los siglos.
    7b. Y todos los justos y elegidos ante Él serán †strong† como fieras
de luz,
Y su boca estará llena de bendición,

Y sus labios ensalzarán el nombre del Señor de los
Espíritus, Y la justicia ante Él nunca faltará,
[Y la rectitud nunca faltará ante Él].
8. Allí deseaba morar,
Y mi espíritu anhelaba aquella morada:
Y hasta aquí ha sido mi porción,
Pues así se ha establecido sobre mí ante el Señor de los Espíritus.
9. En aquellos días alabé y ensalcé el nombre d e l S e ñ o r de los Espíritus con bendiciones y alabanzas, porque me había destinado a la bendición y a la gloria según el beneplácito del Señor de los Espíritus.
10. Durante mucho tiempo mis ojos contemplaron aquel lugar, y le bendije y le alabé, diciendo: 'Bendito es Él, y bendito sea desde el principio y por los siglos de los siglos. 11. Y ante Él no hay cese. Él sabe, antes de la creación del mundo, lo que es para siempre y lo que será de generación en generación. 12. Los que no duermen Te bendicen: están ante Tu gloria y bendicen, alaban y ensalzan, diciendo: "Santo, santo, santo, es el Señor de los Espíritus: Él fille la tierra con espíritus"'. 13. Y aquí vieron mis ojos a todos los que no duermen: están de pie ante Él y bendicen y dicen: 'Bendito seas Tú, y bendito sea el nombre del Señor por los siglos de los siglos.' 14. Y mi rostro se transformó, pues ya no podía contemplar.

CAPÍTULO 40

1. Y después vi millares de millares y diez mil veces diez mil, vi una multitud incontable y sin número, que estaba de pie ante el Señor de los Espíritus. 2. Y a los cuatro lados del Señor de los Espíritus vi cuatro presencias, distintas de las que no duermen, y aprendí sus nombres, pues el ángel que iba conmigo me dio a conocer sus nombres y me mostró todas las cosas ocultas.

3. Y oí las voces de aquellas cuatro presencias mientras pronunciaban alabanzas ante el Señor de la gloria. 4. La primera voz bendice al Señor de los Espíritus por los siglos de los siglos. 5. Y la segunda voz oí que bendecía al Elegido y a los elegidos que penden del Señor de los Espíritus. 6. Y la tercera voz oí que **oraba e intercedía** por los que moran en la tierra y **suplicaba** en nombre del Señor de los Espíritus. 7. Y oí a la cuarta voz rechazar a los Satanes y prohibirles que se presentaran ante el Señor de los Espíritus para acusar a los que moran en la tierra.

8. Después pregunté al ángel de la paz que iba conmigo, que me mostró todo lo oculto: '¿Quiénes son estas cuatro presencias que he visto y cuyas palabras he oído y escrito?' 9. Y me dijo: 'El primero es Miguel, el misericordioso y paciente; el segundo, que está puesto sobre todas las enfermedades y todas las llagas de los hijos de los hombres, es Rafael; el tercero, que está puesto sobre todos los poderes, es Gabriel; y el cuarto, que está puesto sobre el arrepentimiento para esperanza de los que heredan la vida eterna, se llama Fanuel'. Y éstos son los cuatro ángeles del Señor de los Espíritus y las cuatro voces que oí en aquellos días.

CAPÍTULO 41

1. Después vi todos los secretos de los cielos, y cómo se divide el reino, y cómo se pesan en la balanza las acciones de los hombres. 2. Y allí vi las mansiones de los elegidos y las mansiones de los santos, y mis ojos vieron cómo eran expulsados de allí todos los pecadores que niegan el nombre del Señor de los Espíritus, y eran arrastrados; y no podían permanecer a causa del castigo que procede del Señor de los Espíritus.

3. Y allí vieron mis ojos los secretos de los relámpagos y de los truenos, y los secretos de los vientos, cómo se dividen para soplar sobre la tierra, y los secretos de las nubes y del rocío, y allí vi de dónde proceden en aquel lugar y de dónde saturan la tierra polvorienta. 4. Y allí vi cámaras cerradas de las que se dividen los vientos, la cámara del granizo y de los vientos, la cámara de la niebla y de las nubes, y su nube se cierne sobre la tierra desde el principio del mundo. 5. Y vi las cámaras del sol y de la luna, de dónde proceden y adónde vuelven, y su glorioso retorno, y cómo uno es superior al otro, y su majestuosa órbita, y cómo no abandonan su órbita, y no añaden nada a su órbita y no quitan nada de ella, y se mantienen fieles el uno al otro, de acuerdo con el juramento por el que están unidos. 6. Y firmemente el sol sale y recorre su camino según el mandato del Señor de los Espíritus, y poderoso es Su nombre por los siglos de los siglos. 7. Y después vi el camino oculto y el visible de la luna, y ella cumple el curso de su camino en ese lugar de día y de noche; la una mantiene una posición opuesta a la otra ante el Señor de los Espíritus.

Y dan gracias y alabanzas y no descansan;
Porque para ellos es el descanso de su acción
de gracias.
8. Pues el sol cambia a menudo para bendición o maldición,
Y el curso del camino de la luna es luz para los justos Y
tinieblas para los pecadores en el nombre del Señor,
Que hizo separación entre la luz y las tinieblas, Y dividió los
espíritus de los hombres,
Y fortaleció los espíritus de los justos, En el
nombre de Su justicia.
9. Pues ningún ángel lo impide y ningún poder es capaz de impedirlo; porque Él designa un juez para todos ellos y Él los juzga a todos ante Él.

CAPÍTULO 42

1. La Sabiduría no encontró ningún lugar donde pudiera habitar;
Entonces se le asignó una morada en los cielos.
2 La Sabiduría salió para hacer su morada entre los hijos de los hombres,
Y no encontró morada:
La Sabiduría volvió a su lugar,
Y tomó asiento entre los ángeles.
3 Y la injusticia salió de sus aposentos: A quien no buscó, halló,
Y moró con ellos,
Como la lluvia en el
desierto
Y rocío sobre una tierra sedienta.

CAPÍTULO 43

1. Y vi otros relámpagos y las estrellas del cielo, y vi cómo llamaba a todos por sus nombres y ellos le escuchaban. 2. Y vi cómo se pesan en una balanza justa según sus proporciones de luz: (vi) la amplitud de sus espacios y el día de su aparición, y cómo su revolución produce relámpagos: y (vi) su revolución según el número de los ángeles, y (cómo) se mantienen fieles unas a otras. 3. Y pregunté al ángel que iba conmigo y que me mostró lo que estaba oculto: '¿Qué son éstos?' 4. Y me dijo: 'El Señor de los Espíritus te ha mostrado su significado parabólico (lit. 'su parábola'): éstos son los nombres de los santos que habitan en la tierra y creen en el nombre del Señor de los Espíritus por los siglos de los siglos.'

CAPÍTULO 44

También vi otro fenómeno en relación con los relámpagos: cómo algunas de las estrellas surgen y se convierten en relámpagos y no pueden separarse de su nueva forma.

LA SEGUNDA PARÁBOLA

CAPÍTULO 45

1. Y ésta es la Segunda Parábola relativa a los que niegan el nombre de la morada de l o s santos y del Señor de los Espíritus.
   2. Y al cielo no subirán, Y sobre la tierra no vendrán:
   Tal será la suerte de los pecadores
   Que han negado el nombre del Señor de los Espíritus,
   Que así son preservados para el día del sufrimiento y de la tribulación.
   3. Aquel día Mi Elegido se sentará en el trono de gloria Y **probará** sus obras,
   Y sus lugares de descanso serán innumerables.
   Y sus almas se fortalecerán en su interior cuando vean a Mis Elegidos,
   Y los que han invocado Mi glorioso nombre:
   4. Entonces haré que Mi Elegido habite entre ellos.
   Y transformaré el cielo y lo convertiré en bendición y luz eternas
   5. Y transformaré la tierra y la convertiré en una bendición: Y haré que Mis elegidos habiten en ella:
   Pero los pecadores y los malhechores no pondrán el pie en ella.
   6. Porque he provisto y satisfifecho de paz a Mis justos Y los he hecho habitar delante de Mí:
   Pero para los pecadores hay un juicio inminente Conmigo,
   de modo que los destruiré de la faz de la tierra.

CAPÍTULO 46

1. Y allí vi a Uno que tenía una cabeza de días, Y
    Su cabeza era blanca como la lana,
    Y con Él había otro ser cuyo semblante tenía la apariencia de un hombre,
    Y su rostro estaba lleno de gracia, como el de uno de los santos ángeles.
2. Y pregunté al **ángel** que iba conmigo y me mostraba todas las cosas ocultas, acerca de ese Hijo del Hombre, quién era y de dónde venía, (y) por qué iba con la Cabeza de los Días. Y él respondió y me dijo
    Este es el hijo del Hombre que tiene justicia, Con
    el que mora la justicia,
    Y que revela todos los tesoros de lo oculto, Porque el Señor de
    los Espíritus lo ha elegido,
    Y cuya suerte tiene la preeminencia ante el Señor de los Espíritus en rectitud para siempre.
4, Y este Hijo del Hombre que has visto
    Levantará† a los reyes y a los poderosos de sus sillas, [Y a
    los fuertes de sus tronos].
    Y soltará las riendas de los fuertes, Y
    quebrará los dientes de los pecadores.
5. [Y derribará a los reyes de sus tronos y reinos].
    Porque no Le ensalzan ni Le alaban,
    Ni reconocen humildemente de dónde les fue concedido el reino.
6. Y abatirá el rostro de los fuertes,

Y los llenará de vergüenza.
Y las tinieblas serán su morada, Y los
gusanos su lecho,
Y no tendrán esperanza de levantarse de sus lechos, Porque
no ensalzan el nombre del Señor de los Espíritus.
7. Y éstos son los que †juzgan† las estrellas del cielo,
[Y levantan sus manos contra el Altísimo],
† Y pisan la tierra y habitan en ella†. Y todas sus
obras manifiestan injusticia, Y su poder
descansa sobre sus riquezas,
Y su fe está en los † dioses † que han hecho con sus manos,
Y niegan el nombre del Señor de los Espíritus,
8. Y persiguen las casas de Sus congregaciones,
Y los fieles que se aferran al nombre del Señor de los Espíritus.

CAPÍTULO 47

1. Y en aquellos días habrá subido la oración de los justos, Y la sangre de los justos de la tierra delante del Señor de Espíritus.
2. En aquellos días los santos que habitan arriba en los cielos
Se unirán con una sola voz
Y suplica y reza [y alaba,
Y dad gracias y bendecid el nombre del Señor de los Espíritus] Por la sangre de los justos que ha sido derramada,
Y para que la oración de los justos no sea vana ante el Señor de los Espíritus,
Para que se les haga justicia, Y no tengan que sufrir eternamente.
3. En aquellos días vi al Jefe de los Días cuando se sentó en el trono de Su gloria,
Y se abrieron ante Él los libros de los vivos:
Y todo Su ejército que está arriba en el cielo y Sus consejeros estaban delante de Él,
4 Y el corazón de los santos se llenó de alegría;
Porque el número de los justos **había sido ofrecido**, Y la oración de los justos había sido escuchada,
Y la sangre de los justos ha sido requerida ante el Señor de los Espíritus.

CAPÍTULO 48

1. Y en aquel lugar vi la fuente de la justicia, que era
    inagotable:
    Y a su alrededor había muchas fuentes de
    sabiduría; Y todos los sedientos bebían de ellas,
    Y se llenaron de sabiduría,
    Y sus moradas estaban con los justos, santos y elegidos.
2. Y en aquella hora aquel Hijo d e l H o m b r e fue nombrado En presencia del Señor de los Espíritus,
    Y su nombre ante la Cabeza de los Días.
3. Sí, antes de que fueran creados el sol y los
    signos, Antes de que fueran hechas las estrellas
    del cielo,
    Su nombre fue nombrado ante el Señor de los Espíritus.
4. Será un bastón para los justos en el que se apoyen y no caigan,
    Y será la luz de los gentiles,
    Y la esperanza de los que están atribulados de corazón.
5. Todos los que habitan en la tierra se postrarán y adorarán ante él,
    Y alabarán y bendecirán y celebrarán con cánticos al Señor de los
    Espíritus.
6. Y por eso ha sido elegido y escondido ante Él, Antes de la
    creación d e l mundo y para siempre.
7. Y la sabiduría del Señor de los Espíritus lo ha revelado a los santos y justos;
    Pues ha preservado la suerte de los justos,
    Porque han odiado y despreciado este mundo de injusticia, Y han
    aborrecido todas sus obras y caminos en el nombre del Señor de
Espíritus:

Porque en su nombre se salvan,
Y según su beneplácito ha sido con respecto a sus vida.

8. En estos días los reyes de la tierra tendrán el rostro abatido se han convertido,
Y los fuertes que poseen la tierra a causa de las obras de sus manos;
Pues en el día de su angustia y afflicción no (podrán) salvarse a sí mismos.

9. Y los entregaré en manos de Mis elegidos:
Como paja en el fuego arderán ante la faz de los santos: Como plomo en el agua se hundirán ante la faz de los justos, Y ya no se hallará rastro de ellos.

10. Y el día de su afflicción habrá reposo en la tierra, Y ante ellos caerán y no volverán a levantarse:
Y no habrá nadie que los tome con sus manos y los levante:
Pues han negado al Señor de los Espíritus y a Su Ungido.
Bendito sea el nombre del Señor de los Espíritus.

CAPÍTULO 49

1. Porque la sabiduría se derrama como el agua,
   Y la gloria no cesa delante de él para siempre.
2. Porque él es poderoso en todos los secretos de la justicia, Y la injusticia desaparecerá como una sombra, Y no tendrá permanencia;
   Porque el Elegido está ante el Señor de los Espíritus, Y su gloria es por los siglos de los siglos,
   Y su poderío por todas las generaciones.
3. Y en él habita el espíritu de sabiduría,
   Y el espíritu que da perspicacia,
   Y el espíritu de entendimiento y de poder,
   Y el espíritu de los que durmieron en la justicia.
4. Y juzgará las cosas secretas,
   Y nadie podrá pronunciar una palabra mentirosa ante él;
   Pues él es el Elegido ante el Señor de los Espíritus según Su beneplácito.

CAPÍTULO 50

1. Y en aquellos días tendrá lugar un cambio para los santos y
elegidos, Y la luz de los días morará sobre ellos,
Y la gloria y el honor se volverán a los santos,
2. En el día de la afflicción en que se habrá atesorado el mal contra los pecadores.
Y los justos saldrán victoriosos en el nombre del Señor de los Espíritus:
Y hará que los demás sean testigos (de esto)
Para que se arrepientan
Y renunciar a las obras de sus manos.
3. No tendrán honor por el nombre del Señor de los Espíritus,
Pero por Su nombre se salvarán,
Y el Señor de los Espíritus se compadecerá de ellos,
pues Su compasión es grande.
4. Y también es justo en Su juicio,
Y en presencia de Su gloria tampoco se mantendrá la injusticia:
En Su juicio, los impenitentes perecerán ante Él.
5. Y desde ahora no tendré piedad de ellos, dice el Señor de los Espíritus.

CAPÍTULO 51

1. Y en aquellos días también la tierra devolverá lo que se le ha confiado,
   Y también el Seol devolverá lo que ha recibido, Y el infierno devolverá lo que debe.
   5a. Porque en aquellos días se levantará el Elegido,
   2. Y elegirá de entre ellos a los justos y santos: Porque se ha acercado el día de su salvación.
   3. Y el Elegido se sentará en aquellos días en Mi trono,
   Y su boca derramará todos los secretos de la sabiduría y del consejo: Porque el Señor de los Espíritus se los ha dado y lo ha glorificado.
   4. Y en aquellos días saltarán los montes como carneros,
   Y saltarán también las colinas como corderos saciados de leche,
   Y los rostros de [all] los ángeles del cielo se iluminarán de alegría.
   5b. Y la tierra se alegrará,
   c. Y los justos habitarán en ella,
   d. Y los elegidos caminarán por ella.

CAPÍTULO 52

1. Y después de aquellos días, en aquel lugar donde había visto todas las visiones de lo oculto -pues había sido arrebatado en un torbellino y me habían llevado hacia el occidente- 2. Allí vieron mis ojos todas las cosas secretas del cielo que serán: una montaña de hierro, una montaña de cobre, una montaña de plata, una montaña de oro, una montaña de metal blando y una montaña de plomo.
   3. Y pregunté al ángel que iba conmigo, diciendo: '¿Qué son estas cosas que he visto en secreto? 4. Y me dijo: 'Todas estas cosas que has visto servirán al dominio de Su Ungido para que sea potente y poderoso sobre la tierra'.
   5. Y aquel ángel de l a p a z respondió diciéndome: 'Espera un poco y te serán reveladas todas las cosas secretas que rodean al Señor de los Espíritus.
   6. Y estos montes que han visto tus ojos,
   El monte de hierro, el monte de cobre y el monte de plata,
   Y la montaña de oro, y la montaña de metal blando, y la montaña de plomo,
   Todos ellos estarán en presencia del Elegido Como
la cera: ante el fiuego,
   Y como el agua que desciende de lo alto [sobre esas montañas],
   Y se volverán impotentes ante sus pies.
   7. Y acontecerá en aquellos días que nadie se salvará, ni por el oro ni por la plata,
   Y que ninguno pueda escapar.

8 Y no habrá hierro para la guerra,
Ni se vestirá uno con coraza. El bronce no
servirá para nada,
Y el estaño [no servirá de nada y] no será estimado, Y el
plomo no será deseado.
9 Y todas estas cosas serán [negadas y] destruidas de l a superficie de l a tierra,
Cuando el Elegido aparezca ante la faz del Señor de los Espíritus'.

CAPÍTULO 53

1. Allí vieron mis ojos un valle profundo con bocas abiertas, y todos los que habitan en la tierra y en el mar y en las islas le traerán regalos y presentes y muestras de homenaje, pero ese valle profundo no se llenará.
2. Y sus manos cometen actos ilícitos,
Y los pecadores devoran a todos los que **oprimen** sin ley:
Sin embargo, los pecadores serán destruidos ante la faz del Señor de los Espíritus,
Y serán desterrados de la faz de Su tierra, Y perecerán para
siempre jamás.
3. Pues vi a todos los ángeles del castigo que moraban (allí) y preparaban todos los instrumentos de Satanás. 4. Y pregunté al ángel de l a p a z que iba conmigo: '¿Para quién preparan estos instrumentos?' 5. Y me dijo: 'Los preparan para los reyes y los poderosos de esta tierra, para que así sean destruidos.
6. Y después de esto, el Justo y Elegido hará comparecer a la casa de su congregación: en adelante ya no serán impedidos en el nombre del Señor de los Espíritus.
7. Y estos montes no permanecerán como la tierra ante su justicia,
Pero las colinas serán como una fuente de agua,
Y los justos descansarán de la opresión de los pecadores'.

CAPÍTULO 54

1 Miré y me volví hacia otra parte de la tierra, y vi allí un valle profundo con fuego abrasador. 2. Y trajeron a los reyes y a los poderosos, y comenzaron a arrojarlos a este profundo valle. 3. Y allí vieron mis ojos cómo hacían de éstos sus instrumentos, cadenas de hierro de peso inconmensurable. 4. Y pregunté al ángel de la paz que iba conmigo, diciendo: '¿Para quién están siendo preparadas estas cadenas?' 5. Y él me dijo: 'Están siendo preparadas para las huestes de Azâzêl, para que puedan cogerlas y arrojarlas al abismo de la condenación completa, y cubrirán sus mandíbulas con piedras ásperas, como ordenó el Señor de los Espíritus.

6. Y Miguel, Gabriel, Rafael y Fanuel los prenderán en aquel gran día y los arrojarán en aquel día al horno ardiente, para que el Señor de los Espíritus se vengue de ellos por su injusticia al someterse a Satanás y extraviar a los que habitan en la tierra".

7. En aquellos días vendrá el castigo del Señor del Espíritu, y abrirá todas las cámaras de las aguas que están sobre los cielos, y de las fuentes que están debajo de la tierra. 8. Y todas las aguas se unirán con las aguas: lo que está por encima de los cielos es lo masculino, y el agua que está por debajo de la tierra es lo femenino. 9. Y destruirán a todos los que habitan sobre la tierra y a los que habitan bajo los confines del cielo. 10. Y **cuando** hayan reconocido sus injusticias que han cometido en la tierra, entonces perecerán por ellas.

CAPÍTULO 55

1. Después de esto, el Jefe de los D í a s se arrepintió y dijo: 'En vano he destruido a todos los que habitan en la tierra'. 2. Y juró por Su gran nombre: 'En adelante no haré así a todos los que habitan en la tierra, y pondré una señal en el cielo: y esto será prenda de buena fe entre Yo y ellos para siempre, mientras el cielo esté sobre la tierra. Y esto es conforme a Mi mandato".

3. Cuando haya querido apoderarme de ellos por la mano de los ángeles en el día de la tribulación y del dolor **a causa de** esto, haré que Mi castigo y Mi ira permanezcan sobre ellos, dice Dios, el Señor de los Espíritus. 4. Vosotros † reyes poderosos † que habitáis en la tierra, tendréis que contemplar a Mi Elegido, cómo se sienta en el trono de gloria y juzga a Azâzêl, y a todos sus asociados, y a todas sus huestes en el nombre del Señor de los E s p í r i t u s '.

CAPÍTULO 56

1. Y vi allí las huestes de los ángeles del castigo que iban, y llevaban azotes y cadenas de hierro y de bronce. 2. Y pregunté al ángel de la paz que iba conmigo, diciendo: '¿A quién van éstos que llevan los azotes? 3. Y me dijo: 'A sus elegidos y amados, para que sean arrojados a la sima d e l abismo del valle.

    4. Y entonces ese valle se llenará de sus elegidos y amados, Y los días de sus vidas llegarán a su fin,
Y los días de su extravío no se contarán desde entonces.
    5. Y en aquellos días volverán los ángeles
y se lancen hacia el este sobre los partos y los medos:
Conmoverán a los reyes, de modo que vendrá sobre ellos un espíritu de inquietud,
Y los despertarán de sus tronos, Para que salgan
como leones de sus guaridas, Y como lobos
hambrientos entre sus flocks.
    6. Y subirán y hollarán la tierra de Sus elegidos,
[Y la tierra de sus elegidos será ante ellos una era y una calzada:]
7 Pero la ciudad de mis justos será un estorbo para sus caballos. Y comenzarán a luchar entre ellos,
Y su diestra se fortalecerá contra sí misma, Y el hombre
no conocerá a su hermano,
Ni un hijo a su padre o a su madre,
Hasta que no haya número de cadáveres por su matanza,

Y que su castigo no sea en vano.
8 En aquellos días el Seol abrirá sus
fauces, Y serán tragados en él Y su
destrucción llegará a su fin;
El Seol devorará a los pecadores en presencia de los elegidos'.

CAPÍTULO 57

1. Aconteció después de esto que vi otro ejército de carros, y hombres que montaban en ellos, y que venían sobre los vientos del este y del oeste hacia el sur. 2. Y se oyó el ruido de sus carros, y cuando tuvo lugar este tumulto, los santos del cielo lo hicieron notar, y las columnas de la tierra se movieron de su lugar, y el ruido de ello se oyó desde un extremo del cielo hasta el otro, en un solo día.
3. Y todos se postrarán y adorarán al Señor de los Espíritus. Y éste es el final de la segunda Parábola.

LA TERCERA PARÁBOLA

CAPÍTULO 58

1. Y empecé a decir la tercera Parábola relativa a los justos y elegidos.
2. Bienaventurados vosotros, justos y
elegidos, porque gloriosa será vuestra
suerte.
3. Y los justos estarán a la luz del sol. Y los
elegidos en la luz de la vida eterna:
Los días de su vida serán interminables, Y
los días de los santos sin número.
4. Y buscarán la luz y encontrarán la justicia con el Señor de los Espíritus:
Habrá paz para los justos en el nombre del Señor Eterno.
5. Y después de esto se dirá a los santos del cielo
Que busquen los secretos de la justicia, la herencia de la fe:
Pues se ha vuelto brillante como el sol sobre la
tierra, Y las tinieblas han pasado.
6. Y habrá una luz que no **tendrá fin**,
Y hasta un límite (lit. 'número') de días no llegarán,
Porque las tinieblas habrán firmado primero,
[Y la luz establecida ante el Señor de los Espíritus].
Y la luz de la rectitud establecida para siempre ante el Señor de los Espíritus.

CAPÍTULO 59

[1. En aquellos días vieron mis ojos los secretos de los relámpagos y de las luces, y los juicios que ejecutan (lit. 'su juicio'); y alumbran para bendición o para maldición, como quiere el Señor de los Espíritus. 2. Y allí vi los secretos del trueno, y cómo cuando resuena arriba en el cielo, se oye su sonido, y me hizo ver los juicios que se ejecutan en la tierra, ya sean para bienestar y bendición, o para maldición según la palabra del Señor de los Espíritus. 3. Y después me fueron mostrados todos los secretos de las luces y los relámpagos, que iluminan para bendecir y para satisfacer].

LIBRO DE NOÉ - UN FRAGMENTO

CAPÍTULO 60

1. En el año quinientos, en el mes séptimo, a los catorce días del mes de la vida de †Enoc†. En aquella Parábola vi cómo un gran temblor hizo temblar el cielo de los cielos, y el ejército del Altísimo y los ángeles, mil millares y diez mil veces **diez** mil, se inquietaron con una gran conmoción. 2. Y la Cabeza de los Días se sentó en el trono de su gloria, y los ángeles y los justos estaban de pie a su alrededor.

3. Y un gran temblor se apoderó de
mí, Y el miedo se apoderó de mí,
Y mis entrañas cedieron,
Y se disolvieron mis riendas, Y
caí de bruces.

4 Y Miguel envió a otro ángel de entre los santos y me levantó, y cuando me hubo levantado, mi espíritu volvió, porque no había podido soportar la mirada de esta hueste, y la conmoción y el temblor del cielo. Y Miguel me dijo: '¿Por qué te inquietas con semejante visión? Hasta hoy duró el día de Su misericordia; y Él ha sido misericordioso y paciente con los que habitan en la tierra. 6. Y cuando llegue el día, y el poder, y el castigo, y el juicio, que el Señor de los Espíritus ha preparado para los que no adoran la **ley justa**, y para los que niegan el juicio justo, y para los que toman Su nombre en vano, ese día está preparado, para los elegidos un pacto, pero para los pecadores una inquisición.

25. Cuando el castigo del Señor de los Espíritus descanse sobre ellos, descansará para que el castigo del Señor de los Espíritus no venga en vano, y matará a los niños con sus madres.

y los hijos con sus padres. Después tendrá lugar el juicio según Su misericordia y Su paciencia".

7. Y aquel día se separaron dos monstruos, un monstruo hembra llamado Leviatán, para habitar en los abismos del océano sobre las fuentes de las aguas. 8. Pero el macho se llama Behemoth, que ocupó con su pecho un desierto baldío llamado † Dûidâin † , al este del jardín donde moran los elegidos y los justos, donde fue llevado mi abuelo, el séptimo desde Adán, el firme hombre que creó el Señor de los Espíritus. 9. Y rogué al otro ángel que me mostrara la fuerza de aquellos monstruos, cómo fueron separados un día y arrojados, el uno a los abismos del mar, y el otro a la tierra seca del desierto. 10. Y me dijo: 'Hijo de hombre, aquí buscas conocer lo que está oculto'.

11. Y el otro ángel que iba conmigo y me mostró lo que estaba oculto, me dijo lo que es primero y último en el cielo en lo alto, y debajo de la tierra en lo profundo, y en los confines del cielo, y sobre los cimientos del cielo. 12. Y las cámaras de los vientos, y cómo se dividen los vientos, y cómo se pesan, y (cómo) se cuentan los **portales** de los vientos, cada uno según la fuerza del viento, y la fuerza de las luces de la luna, y según la fuerza que se fitting: y las divisiones de las estrellas según sus nombres, y cómo se dividen todas las divisiones. 13. Y los truenos según los lugares donde caen, y todas las divisiones que se hacen entre los relámpagos para que alumbren, y su ejército para que obedezcan a la vez. 14. Pues el trueno tiene † lugares de descanso† (que) le son asignados) mientras espera su tañido; y el trueno y el relámpago son inseparables, y aunque no son uno e indivisos, ambos van juntos a través del espíritu y no se separan. 15. Pues cuando el relámpago se enciende, el trueno emite su voz, y el espíritu impone una pausa durante el tañido, y se divide por igual entre ellos; pues el tesoro de sus tañidos es como la arena, y cada uno de ellos al tañer se sujeta con una brida, y se hace retroceder por el poder del espíritu, y se empuja hacia delante según los muchos cuartos de la tierra. Y el espíritu del mar es masculino y fuerte, y según el poder de su fuerza lo hace retroceder con una rienda, y del mismo modo es impulsado hacia adelante y se dispersa entre todas las montañas de la tierra. 17. Y el espíritu de la escarcha es su propio ángel, y el espíritu del granizo es un ángel bueno. 18. Y el espíritu de la nieve ha abandonado sus aposentos a causa de su fuerza: hay en él un espíritu especial, y lo que asciende de él es como humo, y su nombre es escarcha. 19. Y el espíritu de la niebla no está unido a ellos en sus cámaras, sino que tiene una cámara especial; pues su curso es †glorioso† tanto en la luz como en la oscuridad, y en invierno como en verano, y en su cámara hay un ángel. 20. Y el espíritu del rocío tiene su morada en los extremos del cielo, y está conectado

con las cámaras de la lluvia, y su curso es en invierno y en verano; y sus nubes y las nubes de la niebla están conectadas, y las unas dan a las otras. 21. Y cuando el espíritu de la lluvia sale de su cámara, los ángeles vienen y abren la cámara y lo conducen fuera, y cuando se difunde por toda la tierra se une con el agua de la tierra. Y cuando se une con el agua de la tierra 22. En

las aguas son para los que habitan en la tierra, pues son alimento para la tierra del Altísimo que está en los cielos; por eso hay una medida para la lluvia, y los ángeles se encargan de ella. 23. Y estas cosas vi hacia el Jardín de los Justos. 24. Y el ángel de la paz que estaba conmigo me dijo: 'Estos dos monstruos, preparados conforme a la grandeza de Dios, alimentarán...

CAPÍTULO 61

1. Y vi en aquellos días cómo se daban largas cuerdas a aquellos ángeles, y tomaban para sí alas y flew, y se dirigían hacia el norte.
2. Y pregunté al ángel, diciéndole: '¿Por qué (los ángeles) han cogido estas cuerdas y se han ido?'. Y él me respondió: 'Han ido a medir'.
3. Y el ángel que iba conmigo me dijo: 'Estos
traerán las medidas de l o s   j u s t o s , Y las
cuerdas de l o s   j u s t o s   a los justos,
Para que se apoyen en el nombre del Señor de los Espíritus p o r
l o s siglos de los siglos.
4. Los elegidos comenzarán a morar con los elegidos,
Y esas son las medidas que se darán a la fe Y que
fortalecerán la justicia.
5. Y estas medidas revelarán todos los secretos de las profundidades de la tierra,
Y los que han sido destruidos por el desierto, Y los
que han sido devorados por las fieras,
Y a los que han sido devorados por el fish del mar, Para
que vuelvan y se detengan.
El día del Elegido;
Porque nadie será destruido ante el Señor de los
Espíritus, Y nadie puede ser destruido.
6. Y todos los que habitan arriba en el cielo recibieron una orden y un poder y una voz y una luz semejante al fire.
7. Y a Aquél (con) sus primeras palabras bendijeron,

Y ensalzado y alabado con sabiduría,
Y eran sabios en palabras y en espíritu de vida.
8. Y el Señor de los Espíritus colocó al Elegido en el trono de la gloria.
Y juzgará todas las obras de los santos de arriba en el cielo, Y en la balanza se pesarán sus obras.
9. Y cuando alce su rostro
Para juzgar sus caminos secretos según la palabra del nombre del Señor de los Espíritus,
Y su camino según la vía del justo juicio del Señor de los Espíritus,
Entonces todos a una voz hablarán y bendecirán,
Y glorifica y ensalza y santifica el nombre del Señor de los Espíritus.
10. Y convocará a toda la hueste de los cielos, y a todos los santos de arriba, y a la hueste de Dios, a los Querubines, Serafines y Huérfanos, y a todos los ángeles de poder, y a todos los ángeles de los principados, y al Elegido, y a las demás potestades sobre la tierra (y) sobre las aguas.
11. Aquel día alzarán una sola voz, y bendecirán y glorificarán y exaltarán en espíritu de fe, y en espíritu de sabiduría, y en espíritu de paciencia, y en espíritu de misericordia, y en espíritu de juicio y de paz, y en espíritu de bondad, y dirán todos a una voz: "Bendito sea, y sea bendito el nombre del Señor de los Espíritus por los siglos de los siglos."
12. Todos los que no duermen arriba en el cielo Le
bendecirán: Le bendecirán todos los santos que están
en el cielo, Y todos los elegidos que moran en el
jardín de la vida:
Y todo espíritu de luz que pueda bendecir, glorificar, ensalzar y santificar Tu bendito nombre,
Y todas las flesh glorificarán y bendecirán sin medida Tu nombre por los siglos de los siglos.
13. Porque grande es la misericordia del Señor de los Espíritus, y Él sufre mucho,
Y todas Sus obras y todo lo que ha creado lo ha revelado a los justos y elegidos
En el nombre del Señor de los Espíritus.

CAPÍTULO 62

1. Y así ordenó el Señor a los reyes, a los poderosos y a los exaltados, y a los que habitan en la tierra, y dijo: 'Abrid los ojos y levantad los cuernos si sois capaces de reconocer al Elegido'.
2. Y el Señor de los Espíritus lo sentó en el trono de Su gloria, Y el espíritu de justicia fue derramado sobre él,
Y la palabra de su boca mata a todos los pecadores,
Y todos los injustos son destruidos de delante de su rostro.
3. Y se levantarán en aquel día todos los reyes y los poderosos, Y los exaltados y los que sostienen la tierra,
Y verán y reconocerán Cómo se sienta en el trono de su gloria,
Y la justicia es juzgada delante de él, Y
ninguna palabra mentirosa es dicha delante
de él.
4. Entonces les sobrevendrá dolor como a mujer que está de parto, [Y tiene dolor al dar a luz].
Cuando su hijo entra en la boca del vientre, Y
tiene dolor al dar a luz.
5. Y una parte de ellos mirará a la otra, Y serán
terrificados,
Y se abatirán de rostro, Y el dolor se
apoderará de ellos,
Cuando vean a ese Hijo del Hombre sentado en el trono de su gloria.
6. Y los reyes y los poderosos y todos los que poseen la tierra bendecirán y glorificarán y ensalzarán al que gobierna sobre todos, al que estaba oculto.
7. Porque desde el principio el Hijo del Hombre estuvo oculto,
Y el Altísimo lo preservó en presencia de Su poder,

Y lo reveló a los elegidos.
8. Y la congregación de los elegidos y santos será sembrada, Y todos los elegidos estarán delante de él en aquel día.
9. Y todos los reyes y los poderosos y los exaltados y los que dominan la tierra
Caerán de bruces ante él,
Y adoren y pongan su esperanza en ese Hijo del Hombre,
Y le pidan y supliquen misericordia de sus manos.
10. Sin embargo, el Señor de los Espíritus los presionará de tal modo que saldrán apresuradamente de su presencia, y sus rostros se llenarán de vergüenza,
Y la oscuridad se hace más profunda en sus rostros.
11. Y los **entregará** a los ángeles para que los castiguen,
Para vengarse de ellos porque han oprimido a Sus hijos y a Sus elegidos
12. Y serán un espectáculo para los justos y para Sus elegidos: Se alegrarán de ellos,
Porque la ira del Señor de los Espíritus reposa sobre ellos, Y Su espada está ebria de su sangre.
13. Y los justos y elegidos se salvarán en aquel día,
Y nunca más verán el rostro de los pecadores e injustos.
14. Y el Señor de los Espíritus morará sobre ellos, Y con ese Hijo del Hombre comerán
Y acuéstate y levántate por los siglos de los siglos.
15. Y los justos y elegidos se habrán levantado de la tierra, Y habrán dejado de tener el rostro abatido.
Y habrán sido revestidos de vestiduras de gloria,
16. Y éstas serán las vestiduras de vida del Señor de los Espíritus:
Y vuestras vestiduras no envejecerán,
Ni tu gloria pase ante el Señor de los Espíritus.

CAPÍTULO 63

1. En aquellos días, los poderosos y los reyes que poseen la tierra le suplicarán (a Él) que les conceda un pequeño respiro de Sus ángeles de castigo a los que fueron entregados, para que puedan postrarse y adorar ante el Señor de los Espíritus, y confesar sus pecados ante Él. 2. Y bendecirán y glorificarán al Señor de los E s p í r i t u s, y dirán:
    Bendito sea el Señor de los espíritus y el Señor de los
    reyes, el Señor de los poderosos y el Señor de los ricos,
    el Señor de la gloria y el Señor de la sabiduría,
3. Y espléndido en todo lo secreto es Tu poder de generación en generación,
    Y Tu gloria por los siglos de los siglos:
    Profundos son todos Tus secretos e
    innumerables, Y Tu justicia es
    inconmensurable.
4. Ahora hemos aprendido que debemos glorificar a
    Y bendice al Señor de los reyes y a Aquel que es rey sobre todos los reyes'.
5. Y dirán:
    '¡Ojalá tuviéramos descanso para glorificar y dar
    gracias Y confesar nuestra fe ante Su gloria!
6. Y ahora anhelamos un poco de descanso, pero
    no lo encontramos: Nos esforzamos y no lo
    conseguimos:
    Y la luz se ha desvanecido ante nosotros,
    Y las tinieblas son nuestra morada por los siglos de los siglos:
7. Porque no hemos creído delante de Él
    Ni glorificado el nombre del Señor de los Espíritus, [ni glorificado nuestro Señor].
    Pero nuestra esperanza estaba en el cetro de nuestro reino,

Y en nuestra gloria.

8. Y en el día de nuestro sufrimiento y tribulación Él no nos salva,
Y no encontramos tregua para la confesión.
Que nuestro Señor es veraz en todas Sus obras, y en Sus juicios y Su justicia,
Y Sus juicios no hacen acepción de personas.

9. Y pasamos de delante de Su rostro a causa de nuestras obras, Y todos nuestros pecados son contados por justicia'.

10. Ahora se dirán a sí mismos: 'Nuestras almas están llenas de ganancias injustas, pero ello no nos impide descender de en medio de ellas al †carga† del Seol'.

11. Y después sus rostros se llenarán de tinieblas y de
vergüenza ante el Hijo del hombre,
Y serán expulsados de su presencia,
Y la espada permanecerá ante su rostro en medio de ellos.

12. Así habló el Señor de los Espíritus: 'Esta es la ordenanza y el juicio con respecto a los poderosos y los reyes y los exaltados y los que poseen la tierra ante el Señor de los Espíritus'.

CAPÍTULO 64

1. Y otras formas que vi escondidas en ese lugar. 2. Oí la voz del ángel que decía: 'Estos son los ángeles que descendieron a la tierra y revelaron lo que estaba oculto a los hijos de los hombres y sedujeron a los hijos de los hombres para que cometieran pecado'.

CAPÍTULO 65

1. En aquellos días vio Noé que la tierra se había hundido y que su destrucción estaba próxima. 2. Se levantó de allí y fue hasta los confines de la tierra, y gritó en voz alta a su abuelo Enoc; y Noé dijo tres veces con voz amarga: "Escúchame, escúchame, escúchame". 3. Y yo le dije: 'Dime qué es lo que está cayendo sobre la tierra, que la tierra está en tan mala situación y sacudida, no sea que perezca yo con ella'. 4. En ese momento se produjo una gran conmoción en la tierra y se oyó una voz del cielo, y caí de bruces. 5. Enoc, mi abuelo, vino, se puso a mi lado y me dijo: '¿Por qué has clamado a mí con amargo clamor y llanto?

6. Y ha salido una orden de la presencia del Señor sobre los que habitan en la tierra, que su ruina está consumada porque han aprendido todos los secretos de los ángeles, y toda la violencia de los Satanes, y todos sus poderes -los más secretos- y todo el poder de los que practican la hechicería, y el poder de la brujería, y el poder de los que hacen imágenes fundidas para toda la tierra: 7. Y cómo se produce la plata del polvo de la tierra, y cómo se origina el metal blando en la tierra. 8. Porque el plomo y el estaño no se producen de la tierra como el primero: es una fuente la que los produce, y un ángel está en ella, y ese ángel es preeminente'. 9. Después de esto, mi abuelo Enoc me cogió de la mano y me levantó, y me dijo: 'Ve, pues he preguntado al Señor de los Espíritus acerca de esta conmoción en la tierra'. 10. Y me dijo "A causa de su injusticia su juicio ha sido determinado y no será **retenido** por Mí para siempre. A causa de las **hechicerías** que han buscado y aprendido, la tierra y los que la habitan

será destruido". 11. Y éstos... no tienen **lugar de arrepentimiento** para siempre, porque les han mostrado lo que estaba oculto, y son los condenados; pero en cuanto a ti, hijo mío, el Señor de los Espíritus sabe que eres puro e inocente de este reproche sobre los secretos.

12. Y ha destinado tu nombre a estar entre los santos, Y te preservará entre los que habitan la tierra,

Y ha destinado a tu justa descendencia a la realeza y a grandes honores,

Y de tu descendencia procederá una fuente de justos y santos sin número para siempre.

CAPÍTULO 66

1. Y después me mostró a los ángeles del castigo que están preparados para venir y soltar todos los poderes de las aguas que están debajo en la tierra para traer el juicio y la destrucción sobre todos los que [moran y] habitan en la tierra. 2. Y el Señor de los Espíritus dio orden a los ángeles que salían de que no hicieran subir **las aguas**, sino que las contuvieran, pues aquellos ángeles estaban sobre los poderes de las aguas. 3. Y me alejé de la presen- cia de Enoc.

CAPÍTULO 67

1. En aquellos días vino a mí la palabra de Dios, y me dijo: 'Noé, tu suerte ha llegado ante Mí, una suerte sin culpa, una suerte de amor y rectitud. 2. Y ahora los ángeles están haciendo un (edificio) de madera, y cuando hayan terminado esa tarea pondré Mi mano sobre él y lo conservaré, y saldrá de él la semilla de la vida, y se producirá un cambio de tal modo que la tierra no quedará sin habitante. 3. Y fijaré tu simiente delante de mí para siempre jamás, y extenderé a los que moran contigo; no quedará sin **fruto** sobre la faz de la tierra, sino que será bendita y se multiplicará sobre la tierra en el nombre del Señor".

4. Y aprisionará a esos ángeles, que han mostrado iniquidad, en ese valle ardiente que mi abuelo Enoc me había mostrado anteriormente en el oeste, entre las montañas de oro y plata y hierro y metal blando y estaño. 5. Y vi aquel valle en el que hubo una gran convulsión y una convulsión de las aguas. 6. Y cuando todo esto tuvo lugar, de aquel fiery metal fundido y de la convulsión del mismo en aquel lugar, se produjo un olor a azufre, y estaba relacionado con aquellas aguas, y aquel valle de los ángeles que habían descarriado (a la humanidad) ardía bajo aquella tierra. 7. Y a través de sus valles proceden corrientes de fuego, donde son castigados esos ángeles que habían descarriado a los que habitan en la tierra.

8. Pero esas aguas servirán en aquellos días para los reyes y los poderosos y los exaltados, y los que habitan en la tierra, para la curación del cuerpo, sino para el castigo del espíritu; ahora su espíritu está lleno de lujuria, para que sean castigados en su cuerpo, pues han negado al Señor de los Espíritus y ven su castigo cada día, y sin embargo

no creen en Su nombre. 9. Y en la medida en que la quemadura de sus cuerpos se agrave, se producirá un cambio correspondiente en su espíritu por los siglos de los siglos, pues ante el Señor de los Espíritus nadie pronunciará una palabra ociosa. 10. Pues el juicio vendrá sobre ellos, porque creen en la concupiscencia de su cuerpo y niegan el Espíritu del Señor. 11. Y esas mismas aguas sufrirán un cambio en esos días; pues cuando esos ángeles sean castigados en esas aguas, estas fuentes cambiarán de temperatura, y cuando los ángeles asciendan, esta agua de las fuentes cambiará y se enfriará. 12. Y oí a Miguel que respondía diciendo: 'Este juicio con que son juzgados los ángeles es un testimonio para los reyes y los poderosos que poseen la tierra'. 13. Porque estas aguas del juicio sirven para la curación del cuerpo de los **reyes** y la concupiscencia de su cuerpo; por eso no verán ni creerán que esas aguas cambiarán y se convertirán en un fiuego que arderá para siempre.

CAPÍTULO 68

1. Y después de esto, mi abuelo Enoc me dio la enseñanza de todos los secretos del libro de las Parábolas que se le habían dado, y me los unió en las palabras d e l libro de las Parábolas. 2. Aquel día, Miguel respondió a Rafael y le dijo: 'El poder del espíritu **me** transporta y me **hace temblar a** causa de la severidad del juicio de los secretos, el juicio de los ángeles: ¿quién puede soportar el severo juicio que se ha ejecutado y ante el cual se derriten? 3. Y Miguel respondió de nuevo, y dijo a Rafael: '¿Quién es aquel cuyo corazón no se ablanda al respecto, y cuyas riendas no se turban por esta palabra de juicio (que) ha salido sobre ellos a causa de los que así los han conducido fuera?' 4. Y sucedió que cuando estaba ante el Señor de los Espíritus, Miguel dijo así a Rafael: 'No tomaré su parte bajo la mirada del Señor; porque el Señor de los Espíritus se ha enfadado con ellos porque hacen como si fueran el Señor. Por tanto, todo lo que está oculto caerá sobre ellos por los siglos de los siglos; pues ni los ángeles ni los hombres tendrán su parte (en ello), sino que ellos solos han recibido su juicio por los siglos de los siglos.'

CAPÍTULO 69

1 Y después de este juicio los aterrorizarán y los **harán temblar,** porque han mostrado esto a los que habitan en la tierra.
2 Y he aquí los nombres de esos ángeles [y éstos son sus nombres: el primero de ellos es Samjâzâ, el segundo Artâqîfâ, el tercero Armên, el cuarto Kôkabêl, el quinto † Tûrâêl † , el sexto Rûmjâl, el séptimo Dânjâl, el octavo † Nêqâêl † , el noveno Barâqêl, el décimo Azâzêl, el undécimo Armârôs, el duodécimo Batarjâl, el decimotercero † Busasêjal† , el decimocuarto Hanânêl, el decimoquinto †Tûrêl†, y el decimosexto Sîmâpêsîêl, el decimoséptimo Jetrêl, el decimoctavo Tûmâêl, el decimonoveno Tûrêl, el vigésimo † Rumâêl† , el vigesimoprimero † Azâzêl† . 3. Y éstos son los jefes de sus ángeles y sus nombres, y sus principales sobre centenas y sobre fifties y sobre decenas].
4. El nombre del primer Jeqôn: es decir, el que extravió [all] a los hijos de **Dios,** y los hizo descender a la tierra, y los extravió a través de las hijas de los hombres. 5. Y el segundo se llamaba Asbeêl: impartió a los santos hijos **de Dios** malos consejos, y los extravió de modo que definieron sus cuerpos con las hijas de los hombres.
6. Y el tercero se llamaba Gâdreêl: él es quien mostró a los hijos de los hombres todos los golpes de la muerte, y extravió a Eva, y mostró [las armas de la muerte a los hijos de los hombres] el escudo y la cota de malla, y la espada para la batalla, y todas las armas de la muerte a los hijos de los hombres. 7. Y de su mano han procedido contra los que habitan en la tierra desde aquel día y para siempre. 8. Y el cuarto se llamaba Pênêmûe: él enseñó a los hijos de los hombres lo amargo y lo dulce, y les enseñó todos los secretos de su sabiduría. 9. E instruyó a la humanidad en la escritura con tinta y papel, y así muchos pecaron de

eternidad a eternidad y hasta el día de hoy. 10. Pues los hombres no fueron creados para tal fin, para dar confirmación a su buena fe con pluma y tinta. 11. Pues los hombres fueron creados exactamente igual que los ángeles, con la intención de que continuaran puros y justos, y la muerte, que todo lo destruye, no hubiera podido apoderarse de ellos, sino que por este su conocimiento están pereciendo, y por este poder me está consumiendo†. 12. Y el fifto se llamaba Kâsdejâ: éste es el que mostró a los hijos de l o s h o m b r e s todas las malvadas heridas de los espíritus y demonios, y las heridas del embrión en el vientre, para que pase, y [las heridas del alma] las mordeduras de la serpiente, y las heridas que sobrevienen por el calor del mediodía, el hijo de la serpiente llamado Tabâ'ĕt. 13. Y ésta es la **tarea** de Kâsbeêl, el jefe del juramento que mostró a los santos cuando moraba en lo alto de la gloria, y su nombre es Bîqâ. 14. Este (ángel) pidió a Miguel que le mostrara el nombre oculto, para que lo enunciara en el juramento, de modo que aquellos temblaran ante aquel nombre y juramento que reveló todo lo que estaba en secreto a los hijos de los hombres. 15. Y éste es el poder de este juramento, pues es poderoso y fuerte, y puso este juramento Akâe en la mano de Miguel. 16 Y estos son los secretos de e s t e j u r a m e n t o . . .

Y son fuertes gracias a su juramento:
Y el cielo estaba suspendido antes de que el mundo fuera
creado, Y para siempre.
17. Y a través de él se fundó la tierra sobre el agua,
Y de los secretos recovecos de las montañas surgen hermosas aguas,
Desde la creación d e l mundo y hasta la eternidad.
18. Y mediante ese juramento se creó el mar,
Y †como su fundamento† Le puso la arena contra el tiempo de (su) cólera,
Y no se atreve a pasar más allá de ella desde la creación d e l mundo hasta la eternidad.
19. Y a través de ese juramento se afianzan las profundidades,
Y permanezcan y no se muevan de su lugar de eternidad en eternidad.
20. Y por ese juramento el sol y la luna completan su curso, Y no
se desvían de su ordenanza de eternidad en eternidad.
21. Y por ese juramento las estrellas completan su curso,
Y Él las llama por sus nombres,
Y le responden de eternidad en eternidad.
[22. Y del mismo modo los espíritus de l a s aguas, de los vientos y de todos los céfiros, y (sus) caminos de todas las partes de los vientos.
23. Y se conservan las voces de l o s truenos y la luz de los relámpagos; y se conservan las cámaras d e l granizo y las cámaras de l a escarcha, y las cámaras de l a niebla, y las cámaras de la lluvia y del rocío. 24. Y todos ellos creen y dan gracias

ante el Señor de los Espíritus, y le glorifican (a Él) con todo su poder, y su alimento está en todo acto de acción de gracias: dan gracias y glorifican y ensalzan el nombre del Señor de los Espíritus por los siglos de los siglos.]

25. Y este juramento es poderoso sobre ellos
Y a través de ella [se conservan y] sus caminos se preservan, Y
su curso no se destruye.
Cierre de la Tercera Parábola.
26. Y hubo gran alegría entre ellos, Y
bendijeron y glorificaron y ensalzaron
Porque se les había revelado el nombre de aquel Hijo del Hombre.
27. Y se sentó en el trono de su gloria,
Y la suma del juicio fue entregada al Hijo del hombre,
E hizo pasar a los pecadores y los destruyó de la faz de la tierra,
Y los que han descarriado al mundo.
28. Con cadenas serán atados,
Y en su lugar de reunión de destrucción serán encarcelados,
Y todas sus obras desaparecen de la faz de la tierra.
29. Y de aquí en adelante no habrá nada corruptible;
Porque ese Hijo del Hombre ha aparecido,
Y se ha sentado en el trono de su gloria, Y todo
mal pasará ante su rostro,
Y la palabra de ese Hijo del Hombre saldrá y
será fuerte ante el Señor de los Espíritus.

CAPÍTULO 70

1. Y sucedió después de esto que su nombre, durante su vida, fue elevado a ese Hijo del Hombre y al Señor de los Espíritus de entre los que habitan en la tierra. 2. Y fue elevado en los carros del espíritu y su nombre desapareció entre ellos. 3. Y desde aquel día ya no fui contado entre ellos; y me puso entre los dos vientos, entre el Norte y el Oeste, donde los ángeles tomaron las cuerdas para medirme el lugar de los elegidos y justos. 4. Y allí vi a los primeros padres y a los justos que desde el principio moraban en aquel lugar.

CAPÍTULO 71

1. Y sucedió después de esto que mi espíritu fue trasladado
   y subió a los cielos:
   Y vi a los **santos hijos de Dios**.
   Estaban pisando flamas de fuego:
   Sus vestidos eran blancos [y sus vestiduras], Y
   sus rostros resplandecían como la nieve.
2. Y vi dos chorros de fuego,
   Y la luz de aquel fuego brilló como el jacinto, y
   caí de bruces ante el Señor de los Espíritus.
3. Y el ángel Miguel [uno de los arcángeles] me asió por la mano derecha,
   Y me levantó y me condujo a todos los secretos, Y
   me mostró todos los secretos de la justicia.
4. Y me mostró todos los secretos de los confines del cielo, Y
   todas las cámaras de todas las estrellas, y todas las luminarias,
   De donde proceden ante la faz de los santos.
5. Y trasladó mi espíritu al cielo de los cielos, Y vi allí
   como una estructura construida de cristales, Y entre esos
   cristales lenguas de fuego vivo.
6. Y mi espíritu vio el cinturón que ceñía aquella casa de
   fire, Y en sus cuatro lados había arroyos llenos de fire vivo,
   Y ceñían esa casa.
7. Y alrededor estaban Serafín, Querubín y Ofanín: Y éstos
   son los que no duermen
   Y guarda el trono de Su gloria.
8. Y vi ángeles que no se podían contar,

Mil millares, y diez mil veces diez mil, Rodeando aquella casa.
Y Miguel, y Rafael, y Gabriel, y Fanuel, Y los santos
ángeles que están sobre los cielos,
Entra y sal de esa casa.
9. Y salieron de aquella casa,
Y Miguel y Gabriel, Rafael y Fanuel, Y muchos
santos ángeles sin número.
10. Y con ellos la Cabeza de los
Días, Su cabeza blanca y pura como
la lana, Y Sus vestiduras
indescriptibles.
11. Y me caí de bruces,
Y todo mi cuerpo se relajó, Y mi
espíritu se transfiguró;
Y lloré a voz en grito,
. . con el espíritu del poder,
Y bendito y glorificado y ensalzado.
12. Y estas bendiciones que salieron de mi boca fueron bien agradables ante aquel Jefe de los Días. 13. Y aquella Cabeza de los Días vino con Miguel y Gabriel, Rafael y Fanuel, millares y decenas de millares de ángeles sin número.

[Pasaje perdido en el que se describía al Hijo del Hombre como acompañante del Jefe de los Días, y Enoc preguntó a uno de los ángeles (como en 46) acerca del Hijo del Hombre quién era].

14. Y él (*es decir,* el ángel) vino a mí y me saludó con su voz, y me dijo:
Este es el Hijo del Hombre que ha nacido para la
justicia; Y la justicia permanece sobre él,
Y la justicia de la Cabeza de los Días no le abandona'.
15. Y me dijo
Te proclama la paz en nombre del mundo venidero; Porque de aquí
ha procedido la paz desde la creación del mundo, Y así te será por
los siglos de los siglos.
16. Y todos andarán en **sus** caminos, pues la justicia nunca **le aband**ona:
Con **él** serán sus moradas, y con **él** su heredad, Y no serán separados
de él por los siglos de los siglos.
17. Y así habrá duración de días con ese Hijo del Hombre, Y
los justos tendrán paz y un camino recto.
En el nombre del Señor de los Espíritus por los siglos de los siglos".

EL LIBRO DE LOS CURSOS DEL CIELO
LUMINARIAS

CAPÍTULO 72

1. El libro de los cursos de las luminarias del cielo, las relaciones de cada una, según sus clases, su dominio y sus estaciones, según sus nombres y lugares de o r i g e n, y según sus meses, que Uriel, el santo ángel, que estaba conmigo, que es su guía, me mostró; y me mostró todas sus leyes exactamente como son, y cómo es con respecto a todos los años del mundo y hasta la eternidad, hasta que se cumpla la nueva creación que dura hasta la eternidad. 2. Y ésta es la primera ley de las luminarias: la luminaria del Sol tiene su salida en los portales orientales del cielo, y su puesta en los portales occidentales del cielo. 3. Y vi seis portales por los que sale el Sol, y seis portales por los que se pone el Sol, y la Luna sale y se pone en estos portales, y los jefes de las estrellas y aquellos a quienes dirigen: seis en el este y seis en el oeste, y todos siguiéndose unos a otros en orden exactamente corre- spondiente: también muchas ventanas a derecha e izquierda de estos portales.
4. Y primero sale la gran luminaria, llamada Sol, y su
su circunferencia es como la circunferencia del cielo, y está completamente lleno de fuego que ilumina y calienta. 5. El carro en el que asciende, el viento lo impulsa, y el sol desciende del cielo y regresa por el norte para llegar al este, y es guiado de tal modo que llega al portal apropiado (lit. 'ese') y brilla en la faz del cielo. 6. De este modo se eleva en el primer mes en el gran portal, que es el cuarto [de los seis portales del reparto]. 7. Y en ese cuarto portal por el que sale el sol en el primer mes hay doce aberturas de ventanas, de las que sale una flama cuando se abren en su estación. 8. Cuando el sol se eleva en el cielo, sale por ese cuarto portal treinta mañanas seguidas, y se pone accu-

ralmente en el cuarto portal al oeste del cielo. 9. Y durante este período el día se hace cada día más largo y la noche cada noche más corta hasta la trigésima mañana. 10. En ese día el día es más largo que la noche en una novena parte, y el día asciende exactamente a diez partes y la noche a ocho partes. 11. Y el sol sale de ese cuarto portal, y se pone en el cuarto y vuelve al fijo portal del este treinta mañanas, y sale de él y se pone en el fijo portal. 12. Y entonces el día se alarga † dos † partes y asciende a once partes, y la noche se acorta y asciende a siete partes. 13. Y vuelve al este y entra en el sexto portal, y sale y se pone en el sexto portal una y treinta mañanas a causa de su signo. 14. Ese día el día se hace más largo que la noche, y el día se hace el doble que la noche, y el día se hace doce partes, y la noche se acorta y se hace seis partes. 15. Y el sol se eleva para acortar el día y alargar la noche, y el sol vuelve al oriente y entra en el sexto portal, y sale de él y se pone treinta mañanas. 16. Y cuando se cumplen treinta mañanas, el día disminuye exactamente una parte, y se convierte en once partes, y la noche en siete. 17. Y el sol sale de ese sexto portal en el oeste, y va hacia el este y se levanta en el quinto portal durante treinta mañanas, y se pone de nuevo en el oeste en el quinto portal occidental. 18. En ese día el día disminuye en † dos† partes, y asciende a diez partes y la noche a ocho partes. 19. Y el sol sale de ese fijo portal y se pone en el fijo portal d e l o e s t e , y sale en el cuarto portal durante una y treinta mañanas a causa de su signo, y se pone en el oeste. 20. En ese día el día se iguala con la noche, [y se vuelve de igual duración], y la noche suma nueve partes y el día nueve partes. 21. Y el sol sale de ese portal y se pone en el oeste, y vuelve al este y sale treinta mañanas en el tercer portal y se pone en el oeste en el tercer portal. 22. Y en ese día la noche se alarga más que el día, y la noche se alarga más que la noche, y el día se acorta más que el día hasta la trigésima mañana, y la noche equivale exactamente a diez partes y el día a ocho partes. 23. Y el sol sale de ese tercer portal y se pone en el tercer portal en el oeste y vuelve al este, y durante treinta mañanas sale en el segundo portal en el este, y del mismo modo se pone en el segundo portal en el oeste del cielo. 24. Y en ese día la noche suma once partes y el día siete partes. 25. Y el sol sale aquel día por e l s e g u n d o p o r t a l y se pone en el oeste en el segundo portal, y vuelve a l   este en el primer portal durante una mañana y media, y se pone en el primer portal en el oeste del cielo. 26. Y ese día la noche se alarga y equivale al doble del día; y la noche equivale exactamente a doce partes y el día a seis. 27. Y el sol ha atravesado (con ello) las divisiones de s u ó r b i t a y gira de nuevo sobre esas divisiones de su órbita, y entra en ese portal treinta mañanas y se pone también en el oeste frente a ella. 28. Y esa noche ha disminuido su duración en una †novena† parte, y la noche se ha convertido en once partes y el día en siete partes. 29. Y el sol ha vuelto y ha entrado en el segundo portal de oriente, y vuelve sobre esas sus divisiones de su órbita durante treinta mañanas, saliendo y poniéndose. 30. Y en ese día la noche disminuye en longitud, y la noche asciende a diez partes y el día a ocho. 31. Y en ese día el sol sale de ese portal, y se pone en el oeste, y vuelve al este, y sale en el tercer portal durante treinta mañanas, y se pone en el oeste del cielo. 32. En aquel día la noche disminuye y asciende a nueve partes, y el día a nueve partes, y la noche es igual al día y el año es exactamente en cuanto a sus días trescientos sesenta y cuatro. 33. Y la duración d e l día y de l a n o c h e , y la brevedad del día y de la noche surgen -a través del curso del sol se hacen estas distinciones (lit. 'se separan').

34. Así es que su curso se alarga cada día, y su curso

nocturno más corto. 35. Y ésta es la ley y el curso del sol, y su regreso cada vez que vuelve sesenta veces y sale, es *decir,* la gran luminaria que se llama sol, por los siglos de los siglos. 36. Y lo que (así) se eleva es la gran luminaria, y se llama así según su aspecto, conforme a lo que ordenó el Señor. 37. Así como se levanta, así se pone y no decrece ni descansa, sino que corre día y noche, y su luz es siete veces más brillante que la de la luna; pero en cuanto al tamaño ambas son iguales.

CAPÍTULO 73

1. Y después de esta ley vi otra que trataba de la luminaria más pequeña, que se llama Luna. 2. Y su circunferencia es como la circunferencia del cielo, y su carro en el que cabalga es impulsado por el viento, y la luz le es dada en medida (definita). 3. Y su salida y su puesta cambian cada mes; y sus días son como los días del sol, y cuando su luz es uniforme (*es decir,* plena) equivale a la séptima parte de la luz del sol. 4. Y así se levanta. Y su primera fase en el este se produce en la trigésima mañana: y ese día se hace visible, y constituye para ti la primera fase de la luna en el trigésimo día junto con el sol en el portal por donde sale el sol. 5. Y la mitad de ella sale en una séptima parte, y toda su circunferencia está vacía, sin luz, a excepción de una séptima parte de ella, (y) la decimocuarta parte de su luz. 6. Y cuando recibe la séptima parte de la mitad de su luz, su luz asciende a la séptima parte y la mitad de ella. 7. Y ella se pone con el sol, y cuando el sol se levanta, la luna se levanta con él y recibe la mitad de una parte de luz, y en esa noche al comienzo de su mañana [en el comienzo del día lunar] la luna se pone con el sol, y es invisible esa noche con las catorce partes y la mitad de una de ellas.
8. Y ella se levanta ese día exactamente con la séptima parte, y sale y retrocede desde la salida del sol, y en sus días restantes se vuelve brillante en las (restantes) trece partes.

CAPÍTULO 74

1. Y vi otro curso, una ley para ella, (y) cómo según esa ley realiza su revolución mensual. 2. Y todo esto me lo mostró Uriel, el santo ángel que es el jefe de todos ellos, y sus posiciones, y yo anoté sus posiciones tal como me las mostró, y anoté sus meses tal como eran, y la aparición de sus luces hasta que se cumplieron fifince días. 3. En una sola séptima parte logra toda su luz en el este, y en una sola séptima parte logra toda su oscuridad en el oeste. 4. 4. Y en ciertos meses altera sus configuraciones, y en ciertos meses sigue su propio curso peculiar. 5. En dos meses la luna se pone con el sol: en esos dos portales medios la tercera y la cuarta. 6. Sale durante siete días, da media vuelta y regresa de nuevo por el portal por donde sale el sol, y cumple toda su luz: y se aleja del sol, y en ocho días entra en el sexto portal por donde sale el sol. 7. Y cuando el sol sale por el cuarto portal, ella se aleja siete días, hasta que sale por el quinto y vuelve de nuevo en siete días por el cuarto portal y cumple toda su luz: y retrocede y entra en el primer portal en ocho días. 8. Y vuelve de nuevo en siete días al cuarto portal del que sale el sol. 9. Así vi su posición: cómo salían las lunas y se ponía el sol en aquellos días. 10. Y si se suman cinco años, el sol tiene un excedente de treinta días, y todos los días que le corresponden por uno de esos cinco años, cuando están llenos, suman 364 días. 11. Y el excedente del sol y de las estrellas asciende a seis días: en 5 años 6 días cada año llegan a 30 días: y la luna cae detrás del sol y de las estrellas hasta el número de 30 días.
12. Y **el sol** y las estrellas traen todos los años con exactitud, de modo que

no adelantan ni retrasan su posición ni un solo día hasta la eternidad, sino que **completan** los años con perfecta justicia en 364 días. 13. En 3 años hay 1092 días, y en 5 años 1820 días, de modo que en 8 años hay 2912 días. 14. Sólo para la luna los días suman en 3 años 1062 días, y en 5 años se retrasa 50 días: [es decir, a la suma (de 1770) hay que añadir (1000 y) 62 días] 15. Y en 5 años hay 1770 días, de modo que para la luna los días en 8 años suman 2832 días. 16. [Pues en 8 años se retrasa 80 días], todos los días que se retrasa en 8 años son 80. 17. Y el año se completa con exactitud de acuerdo con sus estaciones mundiales y las estaciones del sol, que se elevan desde los portales por los que (el sol) sale y se pone 30 días.

CAPÍTULO 75

1. Y los jefes de l o s millares, que están colocados sobre toda la creación y sobre todas las estrellas, tienen también que ver con los cuatro días intercalares, siendo inseparables de su office, según el cómputo d e l a ñ o , y éstos prestan servicio en los cuatro días que no se cuentan en el cómputo d e l año. 2. Y debido a ellas los hombres se equivocan en esto, pues esas luminarias prestan verdaderamente servicio en las estaciones del mundo, una en el primer portal, una en el tercer portal del cielo, una en el cuarto portal y una en el sexto portal, y la exactitud del año se logra a través de sus trescientas sesenta y cuatro estaciones separadas. 3. Porque los signos y los tiempos y los años y los días me los mostró el ángel Uriel, a quien el Señor de la gloria ha puesto para siempre sobre todas las luminarias d e l c i e l o , en el cielo y en el mundo, para que gobiernen sobre la faz del cielo y sean vistos en la tierra, y sean jefes del día y de la noche, es decir, el sol, la luna y las estrellas, y todas las criaturas ministrantes que hacen su revolución en todos los carros d e l c i e l o . 4. Del mismo modo, doce puertas me mostró Uriel, abiertas en la circunferencia d e l c a r r o d e l sol en el c i e l o , a través de las cuales salen los rayos d e l sol: y de ellas se difunde el calor sobre la tierra, cuando se abren en sus estaciones señaladas. 5. [Y por los vientos y el espíritu del rocío† cuando se abren, permaneciendo abiertos en los cielos en sus extremos]. 6. En cuanto a los doce portales en el cielo, en los extremos de la tierra, de los cuales salen el sol, la luna y las estrellas, y todas las obras del cielo en el oriente y en el occidente. 7. Hay muchas ventanas abiertas a izquierda y derecha de ellas, y una ventana en su estación (señalada) produce calor, correspondiendo (como éstas) a aquellas puertas de las que salen las estrellas según

Él les ha ordenado, y en qué se fijan correspondiendo a su número. 8. Y vi carros en el cielo, que corrían por el mundo, por encima de esos portales en los que giran las estrellas que nunca se ponen. 9. Y uno es más grande que todos los demás, y es el que hace su recorrido por el mundo entero.

CAPÍTULO 76

1 Y en los extremos de la tierra vi doce portales abiertos a todos los **cuartos** (del cielo), de los que salen los vientos y soplan sobre la tierra. 2. Tres de ellos están abiertos en la cara (es *decir,* el este) de los cielos, y tres en el oeste, y tres a la derecha (es *decir,* el sur) del cielo, y tres a la izquierda (es *decir,* el norte). 3. Y los tres primeros son los del oriente, y tres son del norte, y tres [después de los de la izquierda] los del sur†, y tres los del occidente. 4. A través de cuatro de ellos vienen vientos de bendición y prosperidad, y de esos ocho vienen vientos perjudiciales: cuando son enviados, traen la destrucción sobre toda la tierra y sobre el agua que hay sobre ella, y sobre todos los que la habitan, y sobre todo lo que hay en el agua y en la tierra.

5. Y el primer viento de esos portales, llamado viento del este, sale por el primer portal que está en el este, inclinado hacia el sur: de él salen la desolación, la sequía, el calor y la destrucción. 6. Y por el segundo portal que está en el centro sale lo que se fitting, y de él vienen la lluvia y la fecundidad y la prosperidad y el rocío; y por el tercer portal que está hacia el norte salen el frío y la sequía.

7. Y después de éstos salen los vientos del sur por tres portales: por el primer portal de ellos inclinado hacia el este sale un viento caliente. 8. Y por el portal del medio, contiguo a éste, salen olores fragantes, y rocío y lluvia, y prosperidad y salud. 9. Y por el tercer portal inclinado hacia el oeste salen rocío y lluvia, langostas y desolación.

10. Y después de éstos los vientos del norte: del séptimo portal del oriente vienen el rocío y la lluvia, la langosta y la desolación. 11. Y del medio

A través del tercer portal, en el oeste, llegan las nubes y la escarcha, la nieve y la lluvia, el rocío y la langosta.

12. Y después de éstos [cuatro] están los vientos del oeste: por el primer portal que da al norte salen el rocío y la escarcha, y el frío y la nieve y la escarcha. Y del portal del medio salen el rocío y la lluvia, la prosperidad y la bendición; y por el último portal, que linda con el sur, salen la sequía y la desolación, el incendio y la destrucción.

14. Y los doce portales de las cuatro **partes del cielo se han** completado, y todas sus leyes y todas sus plagas y todos sus beneficios te los he mostrado a ti, hijo mío Matusalén.

CAPÍTULO 77

1. Y el primer **cuarto** se llama oriente, porque es el primero; y el segundo, sur, porque allí **descenderá** el Altísimo, sí, allí **descenderá**, en un sentido muy especial, Aquel que es bendito por los siglos. 2. Y el **cuarto** oeste se llama el menguado, porque allí todas las luminarias del cielo menguan y descienden. 3. Y el cuarto **cuarto**, llamado el norte, está dividido en tres partes: la primera de ellas es para la morada de los hombres; y la segunda contiene mares de agua, y abismos y bosques y ríos, y tinieblas y nubes; y la tercera parte contiene el jardín de la justicia.

4. Vi siete montes altos, más altos que todos los montes que hay sobre la tierra; y de ellos sale la escarcha, y pasan los días, las estaciones y los años. 5. Vi en la tierra siete ríos más caudalosos que todos los ríos: uno de ellos, que viene del oeste, vierte sus aguas en el Gran Mar. 6. Y estos dos vienen del norte hacia el mar y vierten sus aguas en el mar Eritreo, al este. 7. Y los cuatro restantes salen por el lado del norte hacia su propio mar, ⌐two de τηεμ⌐ al Mar Eritreo, y dos al Gran Mar y vierten allí sus aguas [y algunos dicen: en el desierto]. 8. Vi siete grandes islas en el mar y en tierra firme: dos en tierra firme y cinco en el Gran Mar.

CAPÍTULO 78

1. Y los nombres del sol son los siguientes: el primero Orjârês, y el segundo Tômâs. 2. Y la luna tiene cuatro nombres: el primero es Asônjâ, el segundo Eblâ, el tercero Benâsê y el cuarto Erâe. 3. Éstas son las dos grandes luminarias: su circunferencia es como la circunferencia del cielo, y el tamaño de la circunferencia de ambas es igual. 4. En la circunferencia del sol hay siete porciones de luz que se le añaden más que a la luna, y en medidas definitas se s transfiere hasta que se agota la séptima porción d e l sol. 5. Y se ponen y entran por los portales del oeste, y hacen su revolución por el norte, y salen por los portales del este sobre la faz del cielo. 6. Y cuando sale la luna, aparece en el cielo la decimocuarta parte: [la luz se hace plena en ella]: el decimocuarto día cumple su luz. 7. Y fifteen partes de luz se transfieren a ella hasta el fifteenth día (cuando) su luz se cumple, según el signo del año, y ella se convierte en fifteen partes, y la luna crece por (la adición de) fourteenth partes. 8. Y en su menguante (la luna) disminuye el primer día a catorce partes de s u luz, el segundo a trece partes de luz, el tercero a doce, el cuarto a once, el quinto a diez, el sexto a nueve, el séptimo a ocho, en la octava a siete, en la novena a seis, en la décima a cinco, en la undécima a cuatro, en la duodécima a tres, en la decimotercera a dos, en la decimocuarta a la mitad de una séptima, y toda su luz restante desaparece por completo en la decimoquinta. 9. Y en ciertos meses el mes tiene veintinueve días y una vez veintiocho. 10. Y Uriel me mostró otra ley: cuándo se transfiere la luz a la luna, y de qué lado se la transfiere el sol. 11. Durante todo el período en que la luna está

Creciendo en su luz, se la transfiere a sí misma cuando está opuesta al sol durante catorce días [su luz se cumple en el cielo], y cuando está iluminada por completo, su luz se cumple plenamente en el cielo. 12. Y el primer día se llama luna nueva, porque ese día la luz se eleva sobre ella. 13. Se convierte en luna llena exactamente el día en que el sol se pone por el oeste, y por el este sale por la noche, y la luna brilla toda la noche hasta que el sol sale por encima de ella y la luna se ve por encima del sol. 14. Del lado de donde sale la luz de la luna, allí vuelve a menguar hasta que toda la luz se desvanece y todos los días del mes llegan a su fin, y su circunferencia está vacía, vacía de luz. 15. Y hace tres meses de treinta días, y a su tiempo hace tres meses de veintinueve días cada uno, en los que cumple su menguar en el primer período de tiempo, y en el primer portal durante ciento setenta y siete días. 16. Y en el tiempo de su salida aparece durante tres meses (de) treinta días cada uno, y durante tres meses aparece (de) veintinueve cada uno. 17. De noche aparece como un hombre durante veinte días cada vez, y de día aparece como el cielo, y no hay nada más en ella salvo su luz.

CAPÍTULO 79

1. Y ahora, hijo mío, te lo he mostrado todo, y se ha cumplido la ley de todas las estrellas d e l c i e l o . 2. Y me mostró todas las leyes de éstas para cada día, y para cada estación del año, y para su salida, y para el orden que se le prescribe cada mes y cada semana: 3. 3. Y el menguante de la luna que tiene lugar en el sexto portal: pues en este sexto portal se cumple su luz, y después de eso comienza el menguante: 4. 〈 Y el menguante 〉 que tiene lugar en el primer portal en su estación, hasta que se cumplen ciento setenta y siete días: contados según semanas, veinticinco (semanas) y dos días. 5. Cae detrás del sol y del orden de las estrellas exactamente five días en el transcurso de un período, y cuando este lugar que ves haya sido atravesado. 6. Tal es la imagen y el esquema de cada luminaria que el arcángel Uriel, que es su jefe, me mostró.

CAPÍTULO 80

1. Y en aquellos días respondió el ángel Uriel y me dijo: 'He aquí, te lo he mostrado todo, Enoc, y te lo he revelado todo para que veas este sol y esta luna, y los jefes de las estrellas d e l   c i e l o   y todos los que las giran, sus tareas y tiempos y partidas.
2. Y en los días de los pecadores se acortarán los años, Y su simiente tardará en sus tierras y en sus fieldes,
Y todas las cosas de la tierra se
alterarán, Y no aparecerán en su
tiempo:
Y la lluvia será retenida Y el cielo
(la) retendrá.
3. Y en aquellos tiempos los frutos de la tierra se atrasarán, Y no crecerán en su tiempo,
Y los frutos de los árboles serán retenidos en su tiempo.
4. Y la luna alterará su orden, Y no
aparecerá a su hora.
5. [Y en aquellos días se verá el **sol** y viajará al **atardecer** †**sobre la** extremidad del gran carro† en el oeste].
Y brillará más de lo que corresponde al orden de la luz.
6. Y muchos jefes de las estrellas transgredirán la orden (prescrita).
Y éstos alterarán sus órbitas y tareas,
Y no aparecer en las épocas que les están prescritas.
7. Y todo el orden de las estrellas se ocultará a los pecadores,

Y los pensamientos de los que están en la tierra errarán respecto a ellos, [Y se apartarán de todos sus caminos],
Sí, errarán y los tomarán por dioses.
8. Y el mal se multiplicará sobre ellos,
Y el castigo caerá sobre ellos hasta destruirlos a todos'.

CAPÍTULO 81

1. Y me dijo
   Observa, Enoc, estas tablas celestiales,
   Y lee lo que en ellas está escrito,
   Y marca cada hecho individual".
2 Y observé las tablas celestiales y leí todo lo que estaba escrito (en ellas) y lo comprendí todo, y leí el libro de todas las obras de la humanidad y de todos los hijos de flesh que habrá sobre la tierra hasta las generaciones más remotas. 3. Y en seguida bendije eternamente al gran Señor, Rey de gloria, por haber hecho todas las obras del mundo,
   Y ensalcé al Señor a causa de su paciencia, Y le
   bendije a causa de los hijos de los hombres.
4. Y después dije:
   Bienaventurado el hombre que muere en justicia y bondad, Sobre
   el cual no hay libro de injusticia escrito, Y contra el cual no se
   hallará día de juicio.'
5. Y aquellos siete santos me trajeron y me pusieron en tierra ante la puerta de mi casa, y me dijeron: 'Decláralo todo a tu hijo Matusalén, y muestra a todos tus hijos que ninguna flesh es recta a los ojos del Señor, pues Él es su Creador. 6. Un año te dejaremos con tu hijo, hasta que des tus (últimas) órdenes, para que enseñes a tus hijos y lo registres (para ellos), y testifiques a todos tus hijos; y al segundo año te quitarán de en medio de ellos.
7. Que tu corazón sea fuerte,
   Porque los buenos anunciarán la justicia a los buenos;
   Los justos con los justos se alegrarán,

Y se felicitarán unos a otros.

8. Pero los pecadores morirán con los pecadores, Y el apóstata descenderá con el apóstata.

9. Y los que practican la justicia morirán a causa de las obras de los hombres,

Y serás arrebatado a causa de las acciones de los impíos'.

10. Y en aquellos días dejaron de hablarme, y vine a mi pueblo, bendiciendo al Señor del mundo.

CAPÍTULO 82

1. Y ahora, hijo mío Matusalén, todas estas cosas te las cuento y te las escribo, y te lo he revelado todo y te he dado libros relativos a todas ellas: conserva, pues, hijo mío Matusalén, los libros de la mano de tu padre, y (procura) entregarlos a las generaciones del mundo.
2. Te he dado la Sabiduría a ti y a tus hijos, [Y a
tus hijos que te sucederán],
Para que la den a sus hijos por generaciones, Esta
sabiduría (a saber) que sobrepasa su pensamiento.
3. Y los que lo entiendan no dormirán,
Sino que escucharán con el oído para aprender esta sabiduría,
Y agradará a los que la coman más que el buen alimento.
4. 4. Bienaventurados todos los justos, bienaventurados todos los que andan por el camino de la justicia y no pecan como los pecadores, en el cómputo de todos sus días en que el sol recorre el cielo, entrando y saliendo de los portales durante treinta días con las cabezas de millar del orden de las estrellas, junto con los cuatro intercalados que dividen las cuatro porciones del año, que las conducen y entran con ellas cuatro días. 5. Debido a ellas, los hombres cometerán una falta y no las tendrán en cuenta en **todo el cómputo del año**; sí, los hombres cometerán una falta y no las reconocerán con exactitud. 6. Porque pertenecen al cómputo d e l   a ñ o   y se registran (en él) verdaderamente para siempre, uno en el primer portal y uno en el tercero, y uno en el cuarto y uno en el sexto, y el año se completa en trescientos sesenta y cuatro días.
7. Y su relato es exacto y su cómputo exacto; porque las luminarias, los meses, las fiestas y los años

y días, me ha mostrado y revelado Uriel, **a quien** el Señor de toda la creación del mundo ha **sometido** al ejército del cielo. 8. Y tiene poder sobre la noche y el día en el cielo para hacer que la luz alumbre a los hombres: el sol, la luna y las estrellas, y todas las potencias del cielo que giran en sus carros circulares. 9. Y éstas son las órdenes de las estrellas, que se ponen en sus lugares, y en sus estaciones y fiestas y meses. 10. Y éstos son los nombres de los que las dirigen, que vigilan que entren en sus tiempos, en sus órdenes, en sus estaciones, en sus meses, en sus períodos de dominio y en sus posiciones. 11. Sus cuatro jefes que dividen las cuatro partes del año entran en primer lugar; y tras ellos los doce jefes de las órdenes que dividen los meses; y para los trescientos sesenta (días) hay jefes sobre miles que dividen los días; y para los cuatro días intercalares están los jefes que separan las cuatro partes del año. 12. Y estos jefes sobre millares se intercalan entre líder y líder, cada uno detrás de una estación, pero sus líderes hacen la división. Y éstos son los nombres de los líderes que dividen las cuatro partes del año que están ordenadas: Mîlkî'êl, Hel'emmêlêk, Mêl'êjal y Nârêl. 13. Y los nombres de quienes los dirigen Adnâr'êl, e Îjâsûsa'êl, y 'Elômê'êl -estos tres siguen a los jefes de las órdenes, y hay uno que sigue a los tres jefes de las órdenes que siguen a los jefes de las estaciones que dividen las cuatro partes del año.

15. Al principio del año se levanta y gobierna Melkejâl, que se llama †Tam'âinî† y sol, y todos los días de su dominio mientras gobierna son noventa y un días. 16. Y éstos son los signos de los días que se verán en la tierra en los días de su dominio: sudor, calor y calma; y todos los árboles dan fruto, y se producen hojas en todos los árboles, y la cosecha de trigo, y las rosas-flowers, y todas las flowers que brotan en el campo, pero los árboles de la estación invernal se marchitan. 17. Y estos son los nombres de los jefes que están bajo ellos: Berka'êl, Zêlebs'êl, y otro al que se añade un jefe de mil, llamado Hîlûjâsĕph: y los días del dominio de este (jefe) han llegado a su fin. 18. El siguiente jefe después de él es Hêl'emmêlêk, a quien se llama el sol resplandeciente, y todos los días de su luz son noventa y un días. 19. Y éstos son los signos de (sus) días sobre la tierra: calor resplandeciente y sequedad, y los árboles maduran sus frutos y producen todos sus frutos maduros y listos, y las ovejas se aparean y quedan preñadas, y se recogen todos los frutos de la tierra, y todo lo que hay en los campos, y el lagar: estas cosas ocurren en los días de su dominio. 20. Estos son los nombres, las órdenes y los jefes de esos jefes de millares: Gîdâ'îjal, Kê'êl y Hê'êl, y el nombre del jefe de mil que se les añade, Asfâ'êl': y los días de su dominio han llegado a su fin.

LAS VISIONES ONÍRICAS

CAPÍTULO 83

1. Y ahora, hijo mío Matusalén, te mostraré todas mis visiones que he visto, contándotelas delante de ti. 2. Dos visiones vi antes de tomar esposa, y una era muy distinta de la otra: la primera, cuando estaba aprendiendo a escribir; la segunda, antes de tomar a tu madre, (cuando) vi una visión terrible. Y sobre ellas oré al Señor. 3. Me había acostado en casa de mi abuelo Mahalalel, (cuando) vi en una visión cómo el cielo se desplomaba y era arrastrado y caía a tierra.

4. Y cuando cayó sobre la tierra, vi cómo la tierra era tragada por un gran abismo, y las montañas quedaban suspendidas sobre las montañas, y las colinas se hundían sobre las colinas, y los altos árboles eran arrancados de sus tallos, y arrojados y hundidos en el abismo. 5. Y entonces cayó una palabra en mi boca, y alcé (mi voz) para gritar en voz alta, y dije: 'La tierra está destruida'. 6. 6. Mi abuelo Mahalalel me despertó cuando yacía cerca de él y me dijo: "¿Por qué gritas así, hijo mío, y por qué te lamentas tanto? 7. Le conté toda la visión que había tenido y me dijo: "Has visto algo terrible, hijo mío, y tu visión onírica es de suma importancia en cuanto a los secretos de todo el pecado de l a t i e r r a : debe hundirse en el abismo y ser destruida con una gran destrucción. 8. Y ahora, hijo mío, levántate y haz una súplica al Señor de la gloria, puesto que eres creyente, para que quede un resto en la tierra, y para que Él no destruya toda la tierra. 9. Hijo mío, desde el cielo todo esto vendrá sobre la tierra, y sobre la tierra habrá gran destrucción. 10. Después me levanté y oré, imploré y supliqué, y escribí mi oración para las generaciones del mundo, y te lo mostraré todo a ti, hijo mío Matusalén. 11. Y cuando hube salido abajo y vi el cielo, y el sol que salía en

el oriente, y la luna poniéndose por el occidente, y unas cuantas estrellas, y toda la tierra, y todo tal como † É l l o   h a b í a   sabido † en el principio, entonces bendije al Señor del juicio y le ensalcé porque había hecho salir el sol por las ventanas del oriente, † y ascendió y se elevó sobre la faz del cielo, y se puso en camino y siguió recorriendo la senda que se le había mostrado.

CAPÍTULO 84

1. Y alcé mis manos en justicia y bendije al Santo y Grande, y hablé con el aliento de mi boca, y con la lengua de flesh, que Dios ha hecho para los hijos de la flesh de los hombres, para que hablen con ella, y les dio aliento y lengua y boca para que hablen con ella:

2. Bendito seas, Señor, Rey,
Grande y poderoso en tu grandeza,
Señor de toda la creación del cielo, Rey de
reyes y Dios del mundo entero.
Y Tu poder, Tu realeza y Tu grandeza permanezcan por los siglos de los siglos, Y por todas las generaciones Tu dominio;
Y todos los cielos son Tu trono para siempre,
Y toda la tierra el estrado de tus pies por los siglos de los siglos.

3. Porque Tú has hecho y Tú gobiernas todas las
cosas, Y nada es demasiado difícil para Ti,
La sabiduría no se **aparta del lugar de Tu trono**,
Ni se aparta de Tu presencia.
Y Tú lo sabes, lo ves y lo oyes todo,
Y no hay nada oculto para Ti [pues Tú lo ves todo].

4. Y ahora los ángeles de Tus cielos son culpables de transgresión,
Y sobre la flesh de los hombres permanece Tu ira hasta el gran día del juicio.

5. Y ahora, oh Dios y Señor y Gran Rey, Te
imploro y suplico que cumplas mi plegaria, Que
me dejes una posteridad en la tierra,
Y no destruir toda la flesh del hombre,

Y deja la tierra sin morador,
Para que haya una destrucción eterna.
6. Y ahora, mi Señor, destruye de la tierra la flesh que ha despertado Tu ira,
Pero la flesh de justicia y rectitud se establece como una planta de la semilla eterna,
Y no escondas Tu rostro de la oración de Tu siervo, Señor'.

CAPÍTULO 85

1. Después de esto vi otro sueño, y te lo mostraré entero, hijo mío. 2. Enoc levantó (la voz) y habló a su hijo Matusalén: A ti, hijo mío, te hablaré: escucha mis palabras; inclina tu oído a la visión del sueño de tu padre. 3. Antes de tomar a tu madre Edna, vi en una visión en mi lecho, y he aquí que un toro salió de la tierra, y ese toro era blanco; y tras él salió una novilla, y junto con ésta (ésta) salieron dos toros, uno de ellos negro y el otro rojo. 4. Y aquel toro negro corneó al rojo y lo persiguió por la tierra, y entonces ya no pude ver a aquel toro rojo. 5. Pero aquel toro negro creció y aquella novilla iba con él, y vi que de él salían muchos bueyes que se le parecían y le seguían. 6. Y aquella vaca, la primera, salió de la presencia de aquel primer toro para buscar a aquel toro rojo, pero no lo encontró, y se lamentó con gran lamen- tación sobre él y lo buscó. 7. Y miré hasta que aquel firmo toro vino a ella y la calmó, y desde entonces no lloró más. 8. Y después dio a luz otro toro blanco, y tras él dio a luz muchos toros y vacas negras.

9. Y vi en sueños que aquel toro blanco también crecía y se convertía en un
gran toro blanco, y de él procedieron muchos toros blancos, que se le parecían. Y empezaron a engendrar muchos toros blancos, que se le parecían, uno tras otro, (incluso) muchos.

CAPÍTULO 86

1. Y otra vez vi con mis ojos mientras dormía, y vi el cielo arriba, y he aquí que una estrella cayó del cielo, y se levantó y comió y pastó entre aquellos bueyes. 2. Y después vi los b u e y e s grandes y los negros, y he aquí que todos ellos cambiaron sus establos y sus pastos y sus ganados, y empezaron a vivir unos con otros. 3. Y de nuevo vi en la visión, y miré hacia el cielo, y he aquí que vi muchas estrellas que descendían y se arrojaban del cielo a aquella firma estrella, y se convirtieron en toros entre aquellos ganados y pastaron con ellos [entre ellos]. 4. Y los miré y vi, y he aquí que todos ellos soltaron sus miembros privados, como caballos, y empezaron a cubrir las vacas de los bueyes, y todos ellos quedaron preñados y parieron elefantes, camellos y asnos. 5. Y todos los bueyes les temieron y se espantaron de ellos, y empezaron a morder con los dientes y a devorar, y a cornear con los cuernos. 6. Y comenzaron, además, a devorar a aquellos bueyes; y he aquí que todos los hijos de l a   t i e r r a comenzaron a temblar y a estremecerse ante ellos y a flee de ellos.

CAPÍTULO 87

1. Y volví a ver cómo empezaban a cornearse y a devorarse unos a otros, y la tierra empezó a gritar. 2. Y alcé de nuevo mis ojos al cielo, y vi en la visión, y he aquí que salían del cielo unos seres que eran como hombres blancos: y cuatro salieron de aquel lugar y tres con ellos. 3. Y aquellos tres que habían salido en último lugar me agarraron de la mano y me llevaron hacia arriba, lejos de las genera- ciones de la tierra, y me elevaron a un lugar elevado, y me mostraron una torre elevada por encima de la tierra, y todas las colinas estaban más bajas. 4. Y uno me dijo: 'Quédate aquí hasta que veas todo lo que les sucede a esos elefantes, camellos y asnos, y a las estrellas y a los bueyes, y a todos ellos'.

CAPÍTULO 88

1. Y vi a uno de aquellos cuatro que habían salido en primer lugar, y agarró a aquella primera estrella que había caído del cielo, la ató de pies y manos y la arrojó a un abismo: aquel abismo era estrecho y profundo, y horrible y oscuro. 2. Y uno de e l l o s desenvainó una espada y se la dio a aquellos elefantes, camellos y asnos: entonces empezaron a golpearse unos a otros, y toda la tierra tembló a causa de ellos. 3. Y mientras contemplaba en la visión, he aquí que uno de aquellos cuatro que habían salido los apedreó desde el cielo, y reunió y tomó a todas las grandes estrellas cuyos miembros privados eran como los de los caballos, y los ató a todos de pies y manos, y los arrojó a un abismo de la tierra.

CAPÍTULO 89

1. Y uno de aquellos cuatro fue a aquel toro blanco y le instruyó en un secreto, sin que él se terrifiara: nació toro y se hizo hombre, y construyó para sí una gran vasija y habitó en ella; y tres toros habitaron con él en aquella vasija y se cubrieron en ella. 2. Y de nuevo alcé mis ojos hacia el cielo y vi un techo elevado, con siete torrentes de agua sobre él, y esos torrentes fluían con mucha agua en un recinto. 3. Y volví a ver, y he aquí que se abrieron fuentes en la superficie de aquel gran recinto, y que el agua comenzó a hincharse y a subir sobre la superficie, y vi aquel recinto hasta que toda su superficie quedó cubierta de agua. 4. Y el agua, las tinieblas y la niebla aumentaron sobre él; y cuando miré la altura de aquella agua, aquella agua se había elevado por encima de la altura de aquel recinto, y corría sobre aquel recinto, y estaba sobre la tierra. 5. Y todo el ganado de aquel recinto se agolpó hasta que vi cómo se hundía y era tragado y perecía en aquella agua. 6. Pero aquella nave se hundió en el agua, mientras que todos los bueyes, elefantes, camellos y asnos se hundieron hasta el fondo con todos los animales, de modo que ya no pude verlos, y no pudieron escapar, (sino que) perecieron y se hundieron en las profundidades. 7. Y de nuevo vi en la visión hasta que aquellos torrentes de agua fueron retirados de aquel alto techo, y los abismos de la tierra se allanaron y se abrieron otros abismos.
8. Entonces el agua empezó a correr hacia abajo, hasta que la tierra se convirtió en
visible; pero aquella vasija se posó en la tierra, y las tinieblas se retiraron y apareció la luz. 9. Pero aquel toro blanco que se había convertido en hombre salió de aquel vaso, y los tres toros con él, y uno de aquellos tres era blanco como aquel toro, y uno de ellos era rojo como la sangre, y otro negro; y aquel toro blanco se apartó de ellos.

10. Y empezaron a parir bestias del campo y aves, de modo que surgieron diferentes géneros: leones, tigres, lobos, perros, hienas, jabalíes, zorros, ardillas, cerdos, halcones, buitres, milanos, águilas y cuervos; y entre ellos nació un toro blanco. 11. Y empezaron a morderse unos a otros; pero aquel toro blanco que había nacido entre ellos engendró un asno salvaje y un toro blanco con él, y los asnos salvajes se multiplicaron. 12. Pero aquel toro que nació de él engendró un jabalí negro y una oveja blanca; y aquél engendró muchos jabalíes, pero aquella oveja engendró doce ovejas. 13. Y cuando aquellas doce ovejas hubieron crecido, entregaron una de ellas a los asnos, y aquellos asnos volvieron a entregar aquella oveja a los lobos, y aquella oveja creció entre los lobos. 14. Y el Señor llevó a las once ovejas a vivir con ella y a pastar con ella entre los lobos; y se multiplicaron y llegaron a ser muchos flobos de ovejas. 15. Y los lobos comenzaron a temerlas, y las oprimieron hasta destruir a sus pequeñuelos, y arrojaron a sus crías a un río de mucha agua; pero aquellas ovejas comenzaron a gritar a causa de sus pequeñuelos, y a quejarse a su Señor. 16. Y una oveja que se había salvado de los lobos fluyó y escapó hacia los asnos salvajes; y vi a las ovejas cómo se lamentaban y lloraban, y suplicaban a su Señor con todas sus fuerzas, hasta que aquel Señor de las ovejas descendió a la voz de las ovejas desde una morada elevada, y vino a ellas y las apacentó. 17. Y llamó a aquella oveja que había escapado de los lobos, y habló con ella acerca de los lobos para que les amonestara a no tocar a las ovejas. 18. Y la oveja fue a los lobos, conforme a la palabra del Señor, y otra oveja salió a su encuentro y fue con ella, y las dos fueron y entraron juntas en la reunión de aquellos lobos, y habló con ellos y les amonestó para que no tocasen a las ovejas en adelante. 19. Vi entonces a los lobos y cómo oprimían a las ovejas con toda su fuerza; y las ovejas gritaban en voz alta. 20. Y el Señor vino a las ovejas y ellas empezaron a golpear a aquellos lobos; y los lobos empezaron a lamentarse, pero las ovejas se calmaron y en seguida dejaron de gritar. 21. Y vi a las ovejas hasta que se alejaron de entre los lobos; pero los ojos de los lobos se cegaron, y aquellos lobos se alejaron persiguiendo a las ovejas con toda su fuerza. 22. Y el Señor de las ovejas iba con ellas, como su jefe, y todas sus ovejas le seguían; y su rostro era deslumbrante y glorioso y terrible de contemplar. 23. Pero los lobos empezaron a perseguir a aquellas ovejas hasta que llegaron a un mar de agua. 24. Y aquel mar se dividió, y el agua se puso a un lado y a otro ante su rostro, y su Señor las guió y se puso entre ellas y los lobos. 25. Y como aquellos lobos no veían aún a las ovejas, se adentraron en medio de aquel mar, y los lobos siguieron a las ovejas, y [aquellos lobos] corrieron tras ellas hacia aquel mar. 26. Y cuando vieron al Señor de las ovejas, se volvieron a flee ante su rostro, pero aquel mar se recogió y se volvió como él

se había creado, y el agua se hinchó y subió hasta cubrir a aquellos lobos. 27. Y vi hasta que todos los lobos que perseguían a aquellas ovejas perecieron y se ahogaron.

28. Pero las ovejas escaparon de aquella agua y salieron a un desierto, donde no había agua ni hierba; y empezaron a abrir los ojos y a ver; y vi al Señor de las ovejas apacentándolas y dándoles agua y hierba, y a aquella oveja que iba y las guiaba. 29. Y aquella oveja subió a la cumbre de aquella elevada roca, y el Señor de las o v e j a s se la envió. 30. Y después vi al Señor de las o v e j a s que estaba delante de ellas, y su aspecto era grande, terrible y majestuoso, y todas aquellas ovejas lo vieron y temieron ante su rostro. 31. Y todas ellas temieron y temblaron a causa de Él, y gritaron a la oveja que estaba con ellas [que estaba entre ellas]: "No somos capaces de permanecer ante nuestro Señor ni de contemplarle". 32. Y aquella oveja que las guiaba ascendió de nuevo a la cumbre de aquella roca, pero las ovejas empezaron a cegarse y a desviarse del camino que les h a b í a mostrado, pero aquella oveja no lo sabía. 33. Y el Señor de las ovejas se enfureció sobremanera contra ellas, y aquella oveja lo descubrió, y descendió de la cumbre de l a r o c a , y llegó hasta las ovejas, y encontró a la mayor parte de ellas cegadas y extraviadas. 34. Y al verlo, temieron y temblaron ante su presencia, y desearon volver a sus apriscos. 35. Y aquella oveja tomó consigo a otras ovejas y se acercó a las que se habían caído, y empezó a matarlas; y las ovejas temieron su presencia, y así aquella oveja hizo volver a las ovejas que s e habían caído, y volvieron a sus apriscos.

36. Y vi en esta visión hasta que aquella oveja se convirtió en hombre y construyó una casa para el Señor de las ovejas, y colocó a todas las ovejas en aquella casa.

37. Y vi hasta que se durmió la oveja que había salido al encuentro de la oveja que las guiaba; y vi hasta que perecieron todas las ovejas grandes y se levantaron unas pequeñas en su lugar, y llegaron a un prado y se acercaron a un arroyo de agua. 38. Entonces aquella oveja, su jefe que se había hecho hombre, se apartó de ellas y se durmió, y todas las ovejas la buscaron y lloraron sobre ella con gran clamor. 39. Y vi hasta que dejaron de c l a m a r p o r a q u e l l a o v e j a y cruzaron aquel arroyo de a g u a , y allí se levantaron las dos ovejas como líderes en el lugar de las que las habían guiado y se habían dormido (lit. "se habían dormido y las habían guiado"). 40. Y vi hasta que las ovejas llegaron a un buen lugar, y a una tierra placentera y gloriosa, y vi hasta que aquellas ovejas quedaron satisfechas; y aquella casa estaba en medio de ellas en la tierra placentera.

41. Y unas veces se les abrían los ojos, y otras se les cegaban, hasta que se levantaba otra oveja y los guiaba y los traía a todos de vuelta, y se les abrían los ojos.

42. Y los perros, las zorras y los jabalíes empezaron a devorar a aquellas ovejas, hasta que el Señor de las ovejas hizo subir [a otra oveja], un carnero de en medio de ellas, que las condujo. 43. Y aquel carnero empezó a

a ambos lados a los perros, zorros y jabalíes hasta que los hubiera destruido †todos†. 44. Y aquella oveja cuyos ojos se abrieron vio a aquel carnero, que estaba entre las ovejas, hasta **que** †olvidó su gloria† y comenzó a dar por culo a aquellas ovejas, y las pisoteaba, y se comportaba indecorosamente. 45. Y el Señor de las ovejas envió a la **oveja a** otra **oveja** y la levantó para que fuera carnero y jefe de las ovejas en lugar de aquel carnero que había †for- sado su gloria†. 46. Y se dirigió a ella y le habló a solas, y la elevó a ser carnero y la hizo príncipe y jefa de l a s o v e j a s; pero durante todas estas cosas aquellos perros oprimían a las ovejas. 47. Y el primer carnero persiguió a aquel segundo carnero, y aquel segundo carnero se levantó y se puso delante de él; y vi hasta que aquellos perros derribaron al primer carnero. 48. Y aquel segundo carnero se levantó y condujo a las ovejas [pequeñas]. 49. Y aquellas ovejas crecieron y se multiplicaron; pero todos los perros, las zorras y los jabalíes temieron y fluyeron ante él, y aquel carnero arremetió contra las fieras y las mató, y aquellas fieras ya no tuvieron poder entre las ovejas y ya no les robaron nada. 48^b. Y aquel carnero engendró muchas ovejas y se durmió; y una ovejita se convirtió en carnero en su lugar, y llegó a ser príncipe y jefe de aquellas ovejas.

50. Y aquella casa se hizo grande y ancha, y fue edificada para aquellas ovejas: (y) sobre la casa se edificó una torre alta y grande para el Señor de las o v e j a s, y aquella casa era baja, pero la torre era elevada y alta, y el Señor de las ovejas estaba de pie sobre aquella torre y ofrecían una mesa llena delante de Él.

51. Y volví a ver a aquellas ovejas que erraron de nuevo y se fueron por muchos caminos, y abandonaron su casa, y el Señor de las ovejas llamó a algunas de entre las ovejas y las envió a las ovejas, pero las ovejas empezaron a matarlas. 52. Y una d e ellas se salvó y no la mataron, y se alejó y gritó sobre las ovejas; y trataron de matarla, pero el Señor de las o v e j a s la salvó de las ovejas, y la trajo hasta mí, y la hizo habitar allí. 53. Y a otras muchas ovejas envió a aquellas ovejas para que les dieran testimonio y se lamentaran por ellas. 54. Después vi que, cuando abandonaron la casa del Señor y su torre, cayeron del todo, y sus ojos se cegaron; y vi al Señor de las o v e j a s cómo hizo mucha matanza entre ellas en sus rebaños, hasta que aquellas ovejas invitaron a aquella matanza y traicionaron su lugar. 55. Y las entregó en manos de los leones y de los tigres, de los lobos y de las hienas, en manos de las zorras y de todas las fieras, y esas fieras empezaron a despedazar a aquellas ovejas. 56. Y vi que abandonaba aquella su casa y su torre y los entregaba a todos en manos de l o s leones, para que los desgarraran y devoraran, en manos de todas las fieras. 57. Y empecé a gritar con todas mis fuerzas, y a apelar al Señor de las ovejas, y a representarle con respecto a las ovejas que eran devoradas por todas las fieras. 58. Pero Él permaneció impasible, aunque lo vio, y se alegró de que ellas

fueron devorados, tragados y robados, y los dejaron para ser devorados en manos de todas las fieras. 59. Llamó a setenta pastores y les entregó aquellas ovejas para que las apacentaran, y dijo a los pastores y a sus compañeros "Que cada uno de vosotros apaciente las ovejas de ahora en adelante, y todo lo que yo os mande, eso haced. 60. Y os las entregaré debidamente numeradas, y os diré cuáles de ellas debéis destruir, y a ellas destruid". Y les entregó aquellas ovejas. 61. Llamó a otro y le dijo "Observa y toma nota de todo lo que los pastores harán con esas ovejas, porque destruirán más de las que yo les he mandado. 62. Y todo el exceso y la destrucción que causarán los pastores, anota (a saber) cuántas destruyen según mi mandato y cuántas según su propio capricho: anota contra cada pastor individual toda la destrucción que efectúe. 63. Y lee ante mí por número cuántos destruyen y cuántos entregan a la destrucción, para que yo tenga esto como testimonio contra ellos, y conozca cada obra de los pastores, para que pueda **comprender** y ver lo que hacen, si acatan o no mi mandato que les he ordenado. 64. Pero ellos no lo sabrán, y tú no se lo declararás, ni los amonestarás, sino que sólo registrarás contra cada individuo toda la destrucción que los pastores realicen cada uno a su tiempo y lo pondrás todo ante mí."

65. Y vi hasta que aquellos pastores pastoreaban a su tiempo, y empezaron a matar y a destruir más de lo que se les había ordenado, y entregaron aquellas ovejas en manos de los leones. 66. Y los leones y los tigres comieron y devoraron la mayor parte de aquellas ovejas, y los jabalíes comieron junto con ellas; y quemaron aquella torre y derribaron aquella casa.

67. Y me entristecí sobremanera por aquella torre, porque aquella casa de las ovejas fue derribada, y después no pude ver si aquellas ovejas entraban en aquella casa.

68. Y los pastores y sus compañeros entregaron aquellas ovejas a todas las fieras, para que las devorasen, y cada uno de ellos recibió en su tiempo un número definito: fue escrito por los otros en un libro cuántas de e l l a s destruyó cada uno de e l l o s. 69. Y cada uno mató y destruyó muchas más de las prescritas; y yo empecé a llorar y a lamentarme a causa de aquellas ovejas. 70. Y así, en la visión, vi a aquel que escribía, cómo anotaba cada una de las que habían sido destruidas por aquellos pastores, día tras día, y llevaba y ponía y mostraba realmente todo el libro al Señor de las ovejas: (incluso) todo lo que habían hecho, y todo lo que cada uno de e l l o s había hecho desaparecer, y todo lo que habían entregado a la destrucción. 71. Y el libro fue leído ante el Señor de las o v e j a s, y Él tomó el libro de su mano y lo leyó y lo selló y lo depositó.

72. Y en seguida vi cómo los pastores apacentaban durante doce

horas, y he aquí que tres de aquellas ovejas se volvieron y vinieron y entraron y comenzaron a levantar todo lo que se había derrumbado de aquella casa; pero los jabalíes trataron de impedírselo, pero no pudieron. 73. Y comenzaron de nuevo a edificar como antes, y levantaron aquella torre, y fue llamada la torre alta; y comenzaron de nuevo a poner una mesa delante de la torre, pero todo el pan que había sobre ella estaba contaminado y no era puro. 74. Y al tocar todo esto, los ojos de aquellas ovejas se cegaron de modo que no vieron, y (los ojos de) sus pastores igualmente; y las entregaron en gran número a sus pastores para su destrucción, y pisotearon a las ovejas con sus patas y las devoraron. 75. Y el Señor de las o v e j a s permaneció impasible hasta que todas las ovejas se dispersaron por el campo y se mezclaron con ellas (*es decir, con las bestias*), y ellos (*es decir, los* pastores) no las salvaron de la mano de las bestias. 76. Y el que había escrito el libro lo llevó, lo mostró y lo leyó ante el Señor de las ovejas, y Le imploró por ellas, y Le suplicó por ellas mientras Le mostraba todas las acciones de los pastores, y daba testimonio ante Él contra todos los pastores. Y tomando el libro real, lo depositó junto a Él y se marchó.

CAPÍTULO 90

1. Y vi hasta que, de esta manera, treinta y cinco pastores se encargaron del pastoreo (de las ovejas), y cada uno cumplió su período como el primero; y otros las recibieron en sus manos, para pastorearlas durante su período, cada pastor en su propio período. 2. Y después vi en mi visión que venían todas las aves del cielo, las águilas, los buitres, los milanos, los cuervos; pero las águilas guiaban a todas las aves; y empezaron a devorar a aquellas ovejas, y a sacarles los ojos y a devorar sus flesh.
3. Y las ovejas gritaban porque las aves devoraban su comida, y yo miraba y me lamentaba en sueños por aquel rebaño que apacentaba a las ovejas.
4. Y vi hasta que aquellas ovejas fueron devoradas por los perros, las águilas y los milanos, y no dejaron en ellas ni flesh, ni piel, ni tendones, hasta que sólo quedaron sus huesos: y también sus huesos cayeron a tierra y las ovejas quedaron escasas. 5. Y vi hasta que veintitrés habían emprendido el pastoreo y completado en sus diversos períodos fifty-eight veces.

6. Pero he aquí que aquellas ovejas blancas llevaban corderos, y empezaron a abrir los ojos y a ver, y a gritar a las ovejas. 7. Sí, les gritaban, pero ellas no escuchaban lo que les decían, sino que estaban sumamente sordas, y sus ojos estaban sumamente cegados. 8. Y vi en la visión cómo los cuervos flew sobre aquellos corderos y tomaron uno de aquellos corderos, y despedazaron a las ovejas y las devoraron.
9. Y vi hasta que crecieron cuernos en aquellos corderos, y los cuervos arrojaron sus cuernos; y vi hasta que brotó un gran cuerno de una de aquellas ovejas, y se les abrieron los ojos. 10. Y † las miró† [y sus ojos se abrieron], y gritó a las ovejas, y los carneros la vieron y todos corrieron hacia ella. 11. Y a pesar de todo esto aquellas águilas y buitres y

Los cuervos y los milanos seguían desgarrando a las ovejas, se abalanzaban sobre ellas y las devoraban; las ovejas seguían calladas, pero los carneros se lamentaban y gritaban. 12. Y aquellos cuervos luchaban y combatían con ella y procuraban abatir su cuerno, pero no tenían poder sobre ella.

13. Y vi hasta que llegaron los † pastores y† águilas y aquellos buitres y milanos, y † gritaron a los cuervos † p a r a que rompieran el cuerno de aquel carnero, y lucharon y pelearon con él, y él luchó con ellos y gritó para que llegara su ayuda.

14. Y vi hasta que aquel hombre, que escribía los nombres de los rebaños [y] llevaba a la presencia del Señor de las ovejas [vino y la ayudó y le mostró todo: había bajado para ayudar a aquel carnero].

15. Y vi hasta que el Señor de las ovejas vino a ellos con ira, y todos los que lo vieron fledieron, y todos cayeron † a su sombra † de delante de su rostro.

16. Se juntaron todas las águilas, los buitres, los cuervos y los milanos, y vinieron con ellos todas las ovejas del campo; sí, se juntaron todos y se ayudaron mutuamente para romper el cuerno del carnero.

17. Y vi a aquel hombre, que escribió el libro según el mandato del Señor, hasta que abrió el libro relativo a la destrucción que aquellos doce últimos pastores habían llevado a cabo, y mostró que habían destruido mucho más que sus predecesores, ante el Señor de las ovejas.

18. Y vi hasta que el Señor de l a s o v e j a s vino a ellas y tomó en su mano el bastón de su ira, e hirió la tierra, y la tierra se partió en dos, y todas las bestias y todas las aves del cielo cayeron de entre aquellas ovejas, y fueron tragadas por la tierra, que las cubrió.

19. Y vi que se daba a las ovejas una gran espada, y las ovejas procedían contra todas las bestias del campo para matarlas, y todas las bestias y las aves d e l c i e l o caían delante de ellas.

20. Y vi hasta que se erigió un trono en la tierra placentera, y el Señor de las ovejas se sentó en él, y **el otro** tomó los libros sellados y abrió esos libros ante el Señor de las ovejas. 21. Y el Señor llamó a aquellos hombres los siete primeros blancos, y ordenó que trajeran ante Él, comenzando por la primera estrella que guiaba el camino, a **todas las** estrellas cuyos miembros privados eran como los de los caballos, y las trajeron a todas ante Él. 22. Y dijo a aquel hombre que escribía delante de Él, que era uno de aquellos siete blancos: "Toma a esos setenta pastores a quienes entregué las ovejas, y que tomándolas por su propia autoridad mataron más de lo que yo les mandé". 23. Y he aquí que todos estaban atados, según vi, y todos estaban de pie ante Él. 24. Y el juicio se celebró firmemente sobre las estrellas, y fueron juzgados y declarados culpables, y fueron al lugar de condenación.

tión, y fueron arrojados a un abismo, lleno de fire y de flaming, y lleno de columnas de fire. 25. Y aquellos setenta pastores fueron juzgados y declarados culpables, y fueron arrojados a aquel fiero abismo. 26. Y vi en aquel tiempo cómo se abría en medio de la tierra un abismo semejante, lleno de fuego, y trajeron a aquellas ovejas cegadas, y todas fueron juzgadas y declaradas culpables y arrojadas a este abismo de fuego, y ardieron; este abismo estaba a la derecha de aquella casa. 27. Y vi a aquellas ovejas ardiendo †y sus huesos ardiendo†.

28. Y me levanté para ver hasta que plegaron aquella vieja casa; y se llevaron todas las columnas, y todas las vigas y ornamentos de la casa fueron al mismo tiempo plegados con ella, y se la llevaron y la pusieron en un lugar al sur de la tierra. 29. Y vi hasta que el Señor de las ovejas trajo una casa nueva, más grande y más alta que la primera, y la levantó en el lugar de la primera que había sido doblada; todas sus columnas eran nuevas, y sus ornamentos eran nuevos y más grandes que los de la primera, la vieja que había quitado, y todas las ovejas estaban dentro de ella.

30. Y vi a todas las ovejas que habían quedado, y a todas las bestias de la tierra, y a todas las aves del cielo, que se postraban y rendían homenaje a aquellas ovejas y les hacían súplicas y les obedecían en **todo**. 31. Y después, aquellos tres que estaban vestidos de blanco y que me habían asido de la mano [que me habían subido antes], y la mano de aquel carnero también asiéndome, me subieron y me pusieron en medio de aquellas ovejas antes de que tuviera lugar el juicio†. 32. Y aquellas ovejas eran todas blancas, y su lana abundante y limpia.

33. Y todo lo que había sido destruido y dispersado, y todas las bestias del campo, y todas las aves del cielo, se reunieron en aquella casa, y el Señor de las ovejas se regocijó con gran alegría porque todos eran buenos y habían vuelto a su casa. 34. Y vi hasta que depositaron aquella espada, que había sido entregada a las ovejas, y la volvieron a introducir en la casa, y fue sellada ante la presencia del Señor, y todas las ovejas fueron invitadas a entrar en aquella casa, pero no las retuvo. 35. Y se abrieron los ojos de todas ellas, y vieron el bien, y no hubo entre ellas ninguna que no viera. 36. Y vi que aquella casa era grande y ancha y estaba muy llena.

37. Y vi que nacía un toro blanco, con grandes cuernos, y todas las bestias del campo y todas las aves del cielo le temían y le hacían súplicas todo el tiempo. 38. Y vi hasta que todas sus generaciones se transformaron, y todos se convirtieron en toros blancos; y el primero de ellos se convirtió en un **cordero**, y ese **cordero** se convirtió en un animal grande y tenía grandes cuernos negros en la cabeza; y el Señor de las ovejas se alegró por **él** y por todos los bueyes. 39. Y dormí en medio de ellos; y desperté y lo vi todo. 40. Esta es la visión que vi mientras dormía, y desperté y bendije al Señor de la justicia y le di gloria. 41. Entonces lloré con gran llanto y mis lágrimas no cesaron hasta que ya no pude

soportarlo: cuando vi, se flowed a causa de lo que había visto; porque todo vendrá y será fulfilled, y todos los hechos de los hombres en su orden se mostraron a mí. 42. Aquella noche me acordé del primer sueño, y por él lloré y me turbé, porque había visto aquella visión'.

LA SECCIÓN FINAL DEL LIBRO

CAPÍTULO 91

1. El libro escrito por Enoc--[Enoc escribió, en efecto, esta doctrina completa de sabiduría, (que es) alabada de todos los hombres y juez de toda la tierra] para todos mis hijos que habitarán la tierra. Y para las generaciones futuras que observarán la rectitud y la paz.
2. No se turbe tu espíritu a causa de los tiempos;
Pues el Santo y Grande ha señalado días para todas las cosas.
3. Y el justo se levantará del sueño, [Se levantará]
y caminará por las sendas de la justicia,
Y todo su camino y conversación serán en eterna bondad y gracia.
4. Tendrá piedad del justo y le dará la rectitud eterna,
Y le dará poder para que sea (dotado) de bondad y rectitud.
Y caminará en la luz eterna.
5. Y el pecado perecerá en las tinieblas para siempre,
Y no se verá más desde aquel día para siempre.

CAPÍTULO 92

1. 'Y ahora, hijo mío Matusalén, llama a mí a todos tus
   hermanos Y reúne a mí a todos los hijos de tu madre;
   Porque la palabra me llama,
   Y el espíritu se derrama sobre mí,
   Para que os muestre todo Lo que os
   sucederá para siempre'.
   2 Y allí fue Matusalén y convocó a todos sus hermanos y reunió a sus parientes. 3 Y habló a todos los hijos de la justicia y dijo
   'Oíd, hijos de Enoc, todas las palabras de vuestro
   padre, Y escuchad bien la voz de mi boca;
   Pues yo os exhorto y os digo, amados:
   Ama la rectitud y camina en ella.
   4. Y no te acerques a la rectitud con corazón doble, Y no
   te asocies con los d e corazón doble,
   Pero caminad en justicia, hijos míos.
   Y os guiará por buenos caminos,
   Y la justicia será tu compañera.
   5. Porque yo sé que **es necesario que** la violencia
   aumente en la tierra, Y **que** se ejecute un gran castigo
   en la tierra, Y que toda injusticia llegue a su fin:
   Sí, será cortada de raíz, Y toda su
   estructura será destruida.
   6. Y la injusticia se consumará de nuevo en la tierra, Y todas las
   obras de injusticia y de violencia
   Y la transgresión prevalecerá en grado doble.

7. Y cuando aumenten el pecado y la injusticia y la
blasfemia Y la violencia en toda clase de obras,
Y aumentan la apostasía, la transgresión y la inmundicia,
Un gran castigo vendrá del cielo sobre todos éstos, Y el santo
Señor saldrá con ira y castigo Para ejecutar el juicio en la tierra.
8. En aquellos días será cortada de raíz la violencia, Y
las raíces de la injusticia junto con el engaño, Y serán
destruidas de debajo del cielo.
9. Y todos los ídolos de los paganos serán
abandonados, Y los templos quemados con fuego,
Y los eliminarán de toda la tierra,
Y ellos (*es decir,* los paganos) serán arrojados al juicio de la
hoguera, Y perecerán en ira y en juicio doloroso para siempre.
10. Y los justos se levantarán de su sueño, Y se
les dará sabiduría.
[11. Y después serán cortadas las raíces de la injusticia, y los pecadores serán destruidos a espada... serán cortados los blasfemos en todo lugar, y los que planean violencia y los que cometen blasfemia perecerán a espada].
18. Y ahora os digo, hijos míos, y os muestro
Los caminos de la justicia y los caminos de la
violencia. Sí, te los mostraré de nuevo
Para que sepáis lo que va a suceder.
19. Y ahora, escuchadme, hijos míos, y
caminad por las sendas de la justicia, y
no andéis por las sendas de la violencia;
Porque todos los que caminan por sendas de injusticia perecerán para siempre'.

CAPÍTULO 93

1. Y después de esto Enoc † dio † y comenzó a relatar de los libros. Y dijo Enoc:
>Sobre los hijos de la justicia y sobre los elegidos del mundo,
>Y acerca de la planta de la rectitud, hablaré estas cosas, Sí, yo Enoc os las declararé, hijos míos:
>Según lo que se me apareció en la visión celestial, Y lo que he conocido por la palabra de los santos ángeles, Y he aprendido de las tablas celestiales'.

3. Y Enoc comenzó a relatar de los libros y dijo: 'Nací el séptimo de la primera semana,
>Mientras el juicio y la justicia aún perduraban.

4. Y después de mí se levantará en la segunda semana una gran maldad,
>Y habrá surgido el engaño; Y en él
>habrá el firme fin. Y en él se salvará
>el hombre;
>Y después que se acabe, crecerá la injusticia, Y se
>hará una ley para los pecadores.

5. Y después, en la tercera semana, a su término
>Un hombre será elegido como planta del justo juicio,
>Y **su posteridad** será planta de justicia para siempre.

6. Y después, en la cuarta semana, a su término,
>se verán visiones de los santos y justos,

Y se les hará una ley para todas las generaciones y un recinto.
7. Y después, en la quinta semana, a su término,
La casa de la gloria y del dominio será edificada para siempre.
8. Y después, en la sexta semana, todos los que viven en ella serán cegados, Y los corazones de todos e l l o s abandonarán impíamente la sabiduría.
Y en ella ascenderá un hombre;
Y a su término la casa de dominio será quemada a fuego, Y toda la raza de la raíz escogida será dispersada.
9. Y después, en la séptima semana, se levantará una generación apóstata,
Y muchos serán sus hechos,
Y todos sus actos serán apóstatas.
10. Y a su término se elegirá
Los justos elegidos de la planta eterna de la justicia, Para recibir la séptuple instrucción relativa a toda Su creación.
[11. Pues ¿quién hay de todos los hijos de los hombres que sea capaz de oír la voz del Santo sin turbarse? ¿Y quién puede pensar Sus pensamientos? ¿Y quién hay que pueda contemplar todas las obras del cielo?
12. ¿Y quién hay que pueda contemplar el cielo, y quién hay que pueda comprender las cosas del c i e l o y ver un alma o un espíritu y pueda contarlas, o ascender y ver todos sus fines y pensarlos o hacer como ellos?
13. ¿Y quién de todos los hombres puede saber cuál es la anchura y la longitud de la tierra, y a quién se le ha mostrado la medida de todas ellas?
14. ¿O hay alguien que pueda discernir la longitud del cielo y cuán grande es su altura, y sobre qué está fundado, y cuán grande es el número de las estrellas, y dónde descansan todas las luminarias]?

12. Y después habrá otra, la octava semana, la de la justicia,
Y se le dará una espada para que se ejecute un juicio justo sobre los opresores,
Y los pecadores serán entregados en manos de los justos.
13 Y a su término adquirirán casas por su rectitud,
Y se edificará una casa para el Gran Rey en la gloria por los siglos de los siglos, *14d.* Y toda la humanidad mirará hacia el camino de la rectitud.

14a. Y después, en la novena semana, el justo juicio se revelará a todo el mundo,
b. Y todas las obras de los impíos desaparecerán de toda la tierra,
c. Y el mundo será inscrito para su destrucción.
15. Y después de esto, en la décima semana de la séptima parte, tendrá lugar el gran juicio eterno,
En la que ejecutará la venganza entre los ángeles.

16. Y el primer cielo se irá y pasará, Y aparecerá un
cielo nuevo,
Y todas las potencias de los cielos darán siete veces más luz.
17. Y después habrá muchas semanas sin número para siempre,
Y todo será en bondad y justicia, Y nunca más se
mencionará el pecado.

CAPÍTULO 94

1. Y ahora os digo, hijos míos, amad la justicia y andad por ella; porque las sendas de la justicia son dignas de aceptación,
Pero los caminos de la injusticia serán destruidos y desaparecerán de repente.
2. Y a ciertos hombres de una generación les serán revelados los caminos de la violencia y de la muerte,
Y se mantendrán lejos de ellos, Y no los seguirán.
3. Y ahora os digo a vosotros los justos:
No andéis por las sendas de la maldad, ni por las sendas de la muerte, Ni os acerquéis a ellas, para que no seáis destruidos.
4. Pero buscad y escoged para vosotros la justicia y una vida elegida, Y caminad por las sendas de la paz,
Y viviréis y prosperaréis.
5. Y retened mis palabras en los pensamientos de vuestros corazones, Y no permitáis que se borren de vuestros corazones;
Porque sé que los pecadores tentarán a los hombres para que **maltraten a** la sabiduría, de modo que no se encuentre lugar para ella,
Y no hay tentación que pueda minar.
6. Ay de los que edifican la injusticia y la opresión Y ponen como cimiento el engaño;
Porque serán derribados de repente, Y no tendrán paz.
7. Ay de los que construyen sus casas con el pecado;
Porque desde todos sus cimientos serán derribados, Y a espada caerán.

[Y los que adquieran oro y plata en juicio perecerán repentinamente].
8. Ay de vosotros, ricos, porque habéis confiado en
vuestras riquezas, Y de vuestras riquezas os apartaréis,
Porque no os habéis acordado del Altísimo en los días de vuestras riquezas.
9. Habéis cometido blasfemia e injusticia, Y os habéis
preparado para el día de la matanza,
Y el día de las tinieblas y el día del gran juicio.
10. Así os hablo y os declaro:
El que te ha creado te derribará, Y por tu caída
no habrá compasión, Y tu Creador se alegrará de
tu destrucción.
11. Y tus justos en aquellos días serán Un
oprobio para los pecadores y los impíos.

CAPÍTULO 95

1. Oh, si mis ojos fueran [una nube de] aguas
   Para poder llorar sobre ti,
   Y derrama mis lágrimas como una nube †de†
   aguas: ¡Para que así pueda descansar de la
   angustia de mi corazón!
2. †¿Quién os ha permitido practicar el oprobio y la maldad? Y así os alcanzará el juicio, pecadores. †
3. No temáis a los pecadores, justos;
   Porque de nuevo los entregará el Señor en vuestras manos,
   Para que ejecutéis el juicio sobre ellos según vuestros deseos.
4. Ay de vosotros, que fulmináis anatemas que no tienen marcha atrás: la curación, por tanto, estará lejos de vosotros a causa de vuestros pecados.
5. Ay de vosotros, los que pagáis a vuestro prójimo
   con maldad, porque seréis pagados según vuestras
   obras.
6. Ay de vosotros, testigos mentirosos,
   Y a los que sopesan la injusticia, Pues
   de repente pereceréis.
7. Ay de vosotros, pecadores, que perseguís a los justos;
   Porque seréis entregados y perseguidos a causa de la injusticia, Y pesado será su yugo sobre vosotros.

CAPÍTULO 96

1. Tened esperanza, justos, porque de repente perecerán ante vosotros los pecadores,
    Y tendréis señorío sobre ellos según vuestros deseos. [2. Y en el día de la tribulación de los pecadores,
    Tus hijos montarán y se elevarán como
    águilas, Y más alto que los buitres será tu nido,
    Y ascenderéis y entraréis en las grietas de la tierra,
    Y las hendiduras de la roca para siempre como conejos ante los inicuos, Y las sirenas suspirarán a causa de ti, y llorarán].
3. No temáis, pues, los que habéis sufrido,
    porque la curación será vuestra porción,
    Y una luz brillante te iluminará,
    Y la voz del descanso oiréis desde el cielo.
4. Ay de vosotros, pecadores, porque vuestras riquezas os hacen aparecer como justos,
    Pero vuestros corazones os convencen de ser pecadores,
    Y este hecho será un testimonio contra vosotros para memoria de (vuestras) malas acciones.
5. Ay de vosotros, que devoráis lo más final del trigo, Y bebéis **vino en grandes tazones**,
    Y pisa con tu fuerza a los humildes.
6. Ay de vosotros, que bebéis agua **de todas las fuentes**, porque de repente os consumiréis y os marchitaréis, porque habéis abandonado la fuente de la vida.
7. Ay de vosotros, que obráis la
    injusticia, el engaño y la blasfemia:

Será un memorial contra ti para mal.
8. Ay de vosotros, poderosos,
Que con fuerza oprimís a los justos;
Porque viene el día de vuestra
destrucción.

En aquellos días vendrán muchos y buenos días para los justos, en el día de tu juicio.

CAPÍTULO 97

1. Creed, justos, que los pecadores se convertirán en
   vergüenza Y perecerán en el día de la injusticia.
2. Sabed (vosotros, pecadores) que el Altísimo está atento a vuestra destrucción,
   Y los ángeles del cielo se alegran de tu destrucción.
3. ¿Qué haréis, pecadores?
   ¿Y adónde iréis el día del juicio, cuando oigáis la voz
   de la oración de los justos?
4. Sí, os irá como a ellos,
   Contra los cuales esta palabra será un testimonio:
   "Habéis sido compañeros de pecadores".
5. Y en aquellos días la oración de los justos llegará hasta el Señor,
   Y para ti llegarán los días de tu juicio.
6. Y todas las palabras de tu injusticia serán leídas ante el Gran Santo,
   Y vuestros rostros se cubrirán de vergüenza,
   Y Él se rechazará toda obra que es fundada en la injusticia.
7. Ay de vosotros, pecadores, que vivís en medio del océano y en tierra firme,
   Cuyo recuerdo es malo contra ti.
8. Ay de vosotros, que adquirís plata y oro con injusticia y decís:
   "Nos hemos enriquecido con riquezas y tenemos
   posesiones; Y hemos adquirido todo lo que hemos
   deseado.

9. Y ahora hagamos lo que nos hemos propuesto: Porque hemos reunido plata, 9^d Y muchos son los labradores en nuestras casas". 9e Y nuestros graneros están (rebosan) llenos como de agua, 10 Sí, y como agua se escurrirán vuestras mentiras; Porque vuestras riquezas no permanecerán
Pero asciende rápidamente de ti;
Porque todo lo habéis adquirido con injusticia, Y seréis entregados a una gran maldición.

CAPÍTULO 98

1. Y ahora os juro a vosotros, a los sabios y a los necios,
que tendréis múltiples experiencias en la tierra.
2. Porque los hombres os pondréis más adornos que una
mujer, Y vestidos de colores más que una virgen:
En realeza y en grandeza y en poder, Y en
plata y en oro y en púrpura,
Y en esplendor y en alimento serán derramados como agua.
3. Por eso les faltará doctrina y sabiduría, Y perecerán por
ello junto con sus bienes; Y con toda su gloria y su
esplendor,
Y en la vergüenza y en la matanza y en la gran miseria,
Sus espíritus serán arrojados al horno de f u e g o .
4. Os he jurado, pecadores, como una montaña no se ha hecho
esclava,
Y un monte no se hace siervo de una mujer, Así el pecado
no ha sido enviado a la tierra,
Pero el hombre por sí mismo lo ha creado,
Y bajo una gran maldición caerán los que la cometan.
5. Y la esterilidad no ha sido dada a la mujer,
Pero a causa de los actos de sus propias manos muere sin hijos.
6. Os he jurado, pecadores, por el Santo Grande, que todas
vuestras malas obras se revelarán en los cielos,
Y que ninguno de tus actos de opresión quede cubierto y oculto.
7. Y no penséis en vuestro espíritu ni digáis en vuestro corazón que
no sabéis y que no veis que todo pecado se registra cada día en

cielo en presencia del Altísimo. 8. Desde ahora sabéis que toda vuestra opresión con que oprimís está escrita cada día hasta el día de vuestro juicio.

9. Ay de vosotros, insensatos, porque por vuestra insensatez pereceréis; y os rebeláis contra los sabios, por lo que la buena suerte no será vuestra parte.

10. Y ahora, sabed que estáis preparados para el día de la destrucción; por tanto, pecadores, no esperéis vivir, sino que partiréis y moriréis, pues no conocéis rescate; porque estáis preparados para el día del gran juicio, para el día de la tribulación y de la gran vergüenza para vuestros espíritus.

11. Ay de vosotros, obstinados de corazón, que obráis maldad y coméis sangre:

¿De dónde tenéis bienes para comer, beber y saciaros? De todos los bienes que el Señor Altísimo ha puesto en abundancia sobre la tierra; por eso no tendréis paz. 12. Sabed que seréis entregados en manos de los justos, y os cortarán el cuello y os matarán, y no tendrán piedad de vosotros. 13. Ay de vosotros, que os alegráis de la tribulación de los justos, porque no se cavará sepulcro para vosotros. 14. Ay de vosotros, que menospreciáis las palabras de los justos, porque no tendréis esperanza de vida. 15. Ay de vosotros, que escribís palabras mentirosas e impías; porque escriben sus mentiras para que los hombres las oigan y actúen impíamente con (su) prójimo. 16. Por eso no tendrán paz, sino que morirán de muerte súbita.

CAPÍTULO 99

1. Ay de vosotros que obráis la
   impiedad, Y os gloriáis en la
   mentira y la ensalzáis:
   Pereceréis y no tendréis una vida feliz.
2. Ay de los que pervierten las palabras de rectitud, Y
   transgreden la ley eterna,
   Y se transformarán en lo que no eran [en pecadores]: Serán
   pisoteados en la tierra.
3. En aquellos días preparaos, justos, para elevar vuestras oraciones como memorial,
   Y ponlos como testimonio ante los ángeles,
   Para que pongan el pecado de los pecadores por memorial ante el Altísimo.
4. En aquellos días se agitarán las naciones,
   Y las familias de las naciones se levantarán el día de la destrucción.
5. Y en aquellos días saldrán los indigentes y se llevarán a sus hijos,
   Y las abandonarán, de modo que sus hijos perecerán por ellas:
   Sí, abandonarán a sus hijos (que aún son) lactantes, y no volverán a ellos,
   Y no tendrán piedad de sus seres queridos.
6. Y de nuevo os juro, pecadores, que el pecado está preparado para un día de incesante derramamiento de sangre. 7. Y los que adoran piedras, e imágenes sepulcrales de oro y plata y madera ☐and στονε⟩ y arcilla, y los que adoran espíritus impuros y demonios, y toda clase de ídolos no conformes al conocimiento, no obtendrán de ellos ningún tipo de ayuda.

8. Y se volverán impíos a causa de la insensatez de sus corazones, Y sus ojos serán cegados por el temor de sus corazones Y por visiones en sus sueños.

9. Por ellos se volverán impíos y temerosos; Porque habrán realizado toda su obra en la mentira,
Y habrás adorado una piedra:
Por tanto, en un instante perecerán.

10. Pero en aquellos días serán bienaventurados todos los que acepten las palabras de la s a b i d u r í a y las comprendan,
Y observa los caminos del Altísimo, y camina por la senda de Su justicia,
Y no os hagáis impíos con los impíos,
pues ellos se salvarán.

11. Ay de vosotros, los que propagáis el mal a vuestros vecinos; porque seréis muertos en el Seol.

12. Ay de vosotros que hacéis medidas engañosas y falsas, Y (de ellos) que causáis amargura en la tierra;
Porque así serán totalmente consumidos.

13. Ay de vosotros, que construís vuestras casas con el penoso trabajo de otros,
Y todos sus materiales de construcción son los ladrillos y las piedras del pecado; os digo que no tendréis paz.

14. Ay de los que rechazan la medida y la herencia eterna de sus padres
Y cuyas almas siguen a los ídolos;
Porque no tendrán reposo.

15. Ay de los que obran la injusticia y ayudan a la opresión, Y matan a su prójimo hasta el día del gran juicio.

16. Porque Él abatirá vuestra gloria,
Y traerá afflicción sobre vuestros corazones,
Y despertará **Su fiera indignación**, Y os destruirá a todos con la espada;
Y todos los santos y justos se acordarán de vuestros pecados.

CAPÍTULO 100

1. Y en aquellos días, en un mismo lugar, los padres junto con sus hijos serán heridos
   Y hermanos unos con otros caerán en la muerte
   Hasta que los arroyos fluyan con su sangre.
2. .pues el hombre no detendrá su mano de matar a sus hijos y a los hijos de sus hijos,
   Y el pecador no retirará la mano a su hermano honrado:
   Desde el alba hasta la puesta del sol se matarán unos a otros.
3. Y el caballo caminará hasta el pecho en la sangre de los pecadores,
   Y el carro será sumergido hasta su altura.
4. En aquellos días los ángeles descenderán a los lugares secretos
   Y reunirá en un solo lugar a todos los que hicieron descender el pecado Y el Altísimo se levantará en ese día de juicio
   Para ejecutar un gran juicio entre los pecadores.
5. Y sobre todos los justos y santos designará guardianes de entre los santos ángeles
   Para guardarlos como a la niña de un ojo,
   Hasta que ponga fin a toda maldad y a todo pecado,
   Y aunque los justos duerman un largo sueño, no tienen nada que temer.
6. Y (entonces) los hijos de la tierra verán a los sabios **con seguridad**,
   Y comprenderás todas las palabras de este libro,
   Y reconoce que sus riquezas no podrán salvarlos En el derrocamiento de sus pecados.

1 ENOC

7. Ay de vosotros, Pecadores, en el día de la fuerte angustia, **Vosotros que afflictais a** los justos y los quemáis con fiuego: Seréis retribuidos según vuestras obras.

8. Ay de vosotros, obstinados de corazón,
Que veláis para maquinar la maldad:
Por eso vendrá sobre vosotros el temor
Y no habrá quien os ayude.

9. Ay de vosotros, pecadores, a causa de las palabras de vuestra boca,
Y a causa de las obras de vuestras manos que vuestra impiedad ha realizado,
En flames ardientes peores que el fiuego arderéis.

10 Y ahora, sabed que de los ángeles preguntará por vuestras obras en el cielo, del sol y de la luna y de las estrellas en referencia a vuestros pecados, porque en la tierra ejecutáis el juicio sobre los justos. 11. Y llamará a testificar contra vosotros a toda nube, niebla, rocío y lluvia; pues todos ellos se abstendrán por causa vuestra de descender sobre vosotros, y tendrán en cuenta vuestros pecados. 12. Y ahora haced regalos a la lluvia para que no sea retenida de descender sobre vosotros, ni tampoco al rocío, cuando haya recibido oro y plata de vosotros para que descienda. 13. Cuando la escarcha y la nieve con su frialdad, y todas las tormentas de nieve con todas sus plagas caigan sobre vosotros, en esos días no podréis hacerles frente.

CAPÍTULO 101

1. Observad el cielo, hijos del cielo, y toda obra del Altísimo, y temedle y no obréis mal en su presencia. 2. Si Él cierra las ventanas del cielo y retiene la lluvia y el rocío para que no desciendan sobre la tierra por vuestra causa, ¿qué haréis entonces? 3. 3. Y si envía Su ira sobre vosotros a causa de vuestras obras, no podréis pedírselo, porque dijisteis palabras soberbias e insolentes contra Su justicia; por tanto, no tendréis paz. 4. ¿No veis los **marineros** de los barcos cómo sus naves son zarandeadas por las olas, sacudidas por los vientos y en grave apuro? 5. Y por eso temen, porque todos sus bienes van con ellos por el mar, y tienen malos presentimientos de corazón de que el mar se los tragará y perecerán en él.

6. ¿No es obra del Altísimo todo el mar y todas sus aguas, y todos sus movimientos, y no ha puesto Él límites a sus actos, y lo ha configurado todo por la arena? 7. Y ante Su represión se asusta y se seca, y toda su fish muere y todo lo que hay en ella; Pero vosotros, pecadores, que estáis en la tierra, no Le teméis. 8. ¿No ha hecho Él el cielo y la tierra, y todo lo que hay en ellos? Quien ha dado entendimiento y sabiduría a todo lo que se mueve en la tierra y en el m a r . 9. ¿Acaso los **marineros** de los barcos no temen al mar? Sin embargo, los pecadores no temen al Altísimo.

CAPÍTULO 102

1. En aquellos días en que Él haya traído un grave incendio sobre vosotros, ¿adónde iréis y dónde encontraréis la liberación?
Y cuando lance Su Palabra contra ti ¿No te atemorizarás y temerás?
2. Y todas las luminarias se espantarán con gran temor,
Y toda la tierra se espantará, temblará y se alarmará.
3. Y todos los †ángeles ejecutarán sus órdenes†.
Y tratarán de ocultarse de la presencia de la Gran Gloria,
Y los hijos de la tierra temblarán y se estremecerán;
Y vosotros, pecadores, seréis malditos para siempre,
Y no tendréis paz.
4. No temáis, almas de los justos,
Y tened esperanza los que habéis muerto en justicia.
5. Y no te aflijas si tu alma al Seol ha descendido afligida,
Y que en tu vida a tu cuerpo no le fue conforme a tu bondad,
Pero **espera** el día del **juicio** de los pecadores Y el día de la maldición y del castigo.
6. Y sin embargo, cuando morís, los pecadores hablan sobre vosotros: "Como nosotros morimos, así mueren los justos,
¿Y qué beneficio cosechan por sus actos?
7. He aquí, como nosotros, así mueren ellos en el dolor y la oscuridad, ¿Y qué tienen ellos más que nosotros?
A partir de ahora somos iguales.
8. ¿Y qué recibirán y qué verán para siempre?

He aquí que también ellos han muerto,
Y desde ahora para siempre no verán la luz".

9. Os digo, pecadores, que os contentáis con comer y beber, y robar y pecar, y desnudar a los hombres, y adquirir riquezas y ver días buenos.

10. ¿Habéis visto a los justos cómo es su fin, que no se encuentra en ellos ninguna clase de violencia hasta su muerte?

11. "Sin embargo, perecieron y quedaron como si no hubieran existido, y sus espíritus descendieron al Seol con tribulación".

CAPÍTULO 103

1. Ahora, pues, os lo juro a vosotros, los justos, por la gloria del Grande y Honrado y 2 Poderoso en el dominio, y por Su grandeza os lo juro:
2. Conozco un misterio
Y he leído las tablas celestiales, Y he
visto los libros sagrados,
Y han encontrado escrito en ellos e inscrito respecto a ellos:
3. Que toda bondad, alegría y gloria están preparadas para ellos,
Y escrito para los espíritus de los que han muerto en justicia,
Y que se os dará un bien múltiple en recompensa de vuestros trabajos,
Y que tu suerte es abundantemente superior a la de los vivos.
4. Y los espíritus de los que habéis muerto en justicia viviréis y os alegraréis,
Y sus espíritus no perecerán, ni su memorial de delante de la faz del Grande
A todas las generaciones del mundo; por tanto, no temáis más su contumacia.
5. Ay de vosotros, pecadores, cuando hayáis
muerto, si morís en la riqueza de vuestros
pecados,
Y los que son como tú dicen respecto a ti:
Bienaventurados los pecadores: han visto todos sus
días.
6. Y cómo han muerto en la prosperidad y en la
riqueza, Y no han visto tribulación ni asesinato en su
vida; Y han muerto en el honor,

Y el juicio no se ha ejecutado sobre ellos durante su vida".
7. Sabed, que sus almas serán hechas descender al Seol Y serán desdichados en su gran tribulación.
8. Y entrarán vuestros espíritus en tinieblas, en cadenas y en llama ardiente, donde hay juicio doloroso;
Y el gran juicio será para todas las generaciones del mundo.
Ay de vosotros, porque no tendréis paz.
9. No lo digas respecto a los justos y buenos que están en la vida:
"En nuestros atribulados días nos hemos esforzado laboriosamente y hemos experimentado todos los problemas,
Y nos hemos encontrado con mucho mal y
hemos sido consumidos, Y hemos llegado a
ser pocos y nuestro espíritu pequeño.
10. Y hemos sido destruidos y no hemos encontrado a nadie que nos ayude ni siquiera con una palabra:
Nos han torturado [y destruido], y no hemos esperado ver la vida de un día para otro.
11. Esperábamos ser la cabeza y nos hemos convertido en la cola:
Nos hemos afanado laboriosamente y no hemos tenido
satisfacción en nuestro trabajo; Y nos hemos convertido en el
alimento de los pecadores y de los injustos, Y han puesto su yugo pesadamente sobre nosotros.
12. Se enseñorearon de nosotros los que nos aborrecían †y nos hirieron; Y ante los que nos odiaban† inclinamos la cerviz.
Pero no se compadecieron de nosotros.
13. Deseábamos alejarnos de ellos para poder escapar y descansar,
Pero no encontramos ningún lugar donde pudiéramos flee y estar a salvo de ellos.
14. Y nos quejamos a los gobernantes en nuestra
tribulación, Y clamamos contra los que nos devoraban,
Pero no atendieron a nuestros gritos
Y no quisieron escuchar nuestra voz.
15. Y ayudaron a los que nos robaban y nos devoraban y a los que nos hacían escasos; y ocultaron su opresión, y no quitaron de nosotros el yugo de los que nos devoraban y nos dispersaban y nos asesinaban, y ocultaron su asesinato, y no se acordaron de que habían levantado sus manos contra nosotros.

CAPÍTULO 104

1. Os juro que en el cielo los ángeles se acuerdan de vosotros para siempre ante la gloria d e l Grande; y vuestros nombres están escritos ante la gloria del Grande. 2. Tened esperanza; porque antes fuisteis avergonzados por la enfermedad y la afflicción; pero ahora brillaréis como las luces del cielo, brillaréis y seréis vistos, y se os abrirán las puertas del cielo. 3. Y en vuestro clamor, clamad por el juicio, y os aparecerá; porque toda vuestra tribulación recaerá sobre los gobernantes y sobre todos los que ayudaron a los que os saquearon. 4. Estad esperanzados y no desechéis vuestras esperanzas, pues tendréis una gran alegría como los ángeles del cielo.
5. ¿Qué estaréis obligados a hacer? No tendréis que esconderos el día del gran juicio y no seréis hallados como pecadores, y el juicio eterno estará lejos de vosotros por todas las generaciones del mundo. 6. Y ahora no temáis, justos, cuando veáis que los pecadores se fortalecen y prosperan en sus caminos: no seáis compañeros de ellos, sino manteneos lejos de su violencia; porque llegaréis a ser compañeros de las huestes del cielo. 7. Y, aunque vosotros, pecadores, digáis "Todos nuestros pecados no serán buscados ni anotados", sin embargo anotarán todos vuestros pecados cada día. 8. Y ahora os muestro que la luz y las tinieblas, el día y la noche, ven todos vuestros pecados. 9. No seáis impíos en vuestros corazones, y no mintáis ni alteréis las palabras de rectitud, ni acuséis de mentira las palabras del Santo Grande, ni tengáis en cuenta a vuestros ídolos; porque toda vuestra mentira y toda vuestra impiedad no resultan en justicia, sino en gran pecado. 10. Y ahora conozco este misterio: que los pecadores alterarán y pervertirán de muchas maneras las palabras de la rectitud, y hablarán palabras perversas, y mentirán, y practicarán grandes engaños, y escribirán libros acerca de sus palabras. 11. Pero cuando escriban con verdad todo mi

palabras en sus lenguas, y no cambies ni omitas nada de mis palabras, sino escríbelas todas con verdad, todo lo que yo testifiqué primero acerca de ellas. 12. Además, conozco otro misterio: que se darán libros a los justos y a los sabios para que sean causa de alegría y rectitud y de mucha sabiduría. 13. Y a ellos les serán dados los libros, y creerán en ellos y se regocijarán por ellos, y entonces serán recompensados todos los justos que hayan aprendido de ellos todos los caminos de la rectitud".

CAPÍTULO 105

1. En aquellos días el Señor les ordenó (a ellos) que convocaran y dieran testimonio a los hijos de la tierra acerca de su sabiduría: Mostrádsela, pues sois sus guías y una recompensa sobre toda la tierra. 2. Porque Yo y Mi hijo estaremos unidos a ellos para siempre en las sendas de la rectitud de sus vidas; y tendréis paz: alegraos, hijos de la rectitud. Amén.

FRAGMENTO DEL LIBRO DE NOÉ

CAPÍTULO 106

1. Pasados algunos días, mi hijo Matusalén tomó mujer para su hijo Lamec, y ella quedó embarazada de él y dio a luz un hijo. 2. Y su cuerpo era blanco como la nieve y rojo como la floración de una rosa, y el cabello de su cabeza †y sus largos mechones eran blancos como la lana, y sus ojos hermosos- ful†. Y cuando abrió los ojos, iluminó toda la casa como el sol, y toda la casa estaba muy resplandeciente. 3. Y entonces se levantó en manos de la partera, abrió la boca y † conversó con† el Señor de la justicia. 4. Y su padre Lamec tuvo miedo de él y fluyó, y vino a su padre Matusalén. 5. Y le dijo: 'He engendrado un hijo extraño, distinto y diferente del hombre, y semejante a los hijos del Dios del cielo; y su naturaleza es distinta y no es como nosotros, y sus ojos son como los rayos del sol, y su semblante es glorioso. 6. Y me parece que no procede de mí, sino de los ángeles, y temo que en sus días se produzca un prodigio en la tierra. 7. Y ahora, padre mío, estoy aquí para pedirte e implorarte que vayas a Enoc, nuestro padre, y aprendas de él la verdad, pues su morada está entre los ángeles'. 8. Y cuando Matusalén oyó las palabras de su hijo, vino a mí hasta los confines de la tierra, pues había oído que yo estaba allí, y gritó en voz alta, y yo oí su voz y vine a él. 8. Y le dije: 'Heme aquí, hijo mío, **¿por qué** has venido a mí?' 9. Y él respondió diciendo: 'Por un gran motivo de ansiedad he venido a ti, y por una visión perturbadora me he acercado'. 10. Y ahora, padre mío, escúchame: a Lamec, mi hijo, le ha nacido un hijo, cuyo semejante no existe, y su naturaleza no es como la naturaleza del hombre, y el color de su cuerpo es más blanco que la nieve y más rojo que la flor del

una rosa, y el pelo de su cabeza es más blanco que la lana blanca, y sus ojos son como los rayos del sol, y abrió los ojos e iluminó toda la casa. 11. Y se levantó en manos de la comadrona, y abrió la boca y bendijo al Señor del cielo. 12. Y su padre Lamec tuvo miedo y fledió a mí, y no creía que hubiera nacido de él, sino que era semejante a los ángeles d e l c i e l o ; y he aquí que he venido a ti para que me des a conocer la verdad'. 13. Y yo, Enoc, respondí y le dije: 'El Señor hará una cosa nueva en la tierra, y esto ya lo he visto en una visión, y te hago saber que en la generación de mi padre Jared algunos de los **ángeles** del cielo transgredieron la palabra del Señor'. 14. 16. Y he aquí que cometen pecado y transgreden la ley, y se han unido a mujeres y cometen pecado con ellas, y se han casado con algunas de ellas y han engendrado hijos de ellas. 17. Y producirán en la tierra gigantes no según el espíritu, sino según la flesh, y habrá un gran castigo en la tierra, y la tierra quedará limpia de toda impureza. 15. Sí, vendrá una gran destrucción sobre toda la tierra, y habrá un diluvio y una gran destrucción durante un año. 16. 17. Y este hijo que os ha nacido quedará sobre la tierra, y sus tres hijos se salvarán con él; cuando muera toda la humanidad que está sobre la tierra [él y sus hijos se salvarán]. 18. Y ahora haz saber a tu hijo Lamec que el que ha nacido es en verdad su hijo, y ponle por nombre Noé; porque él te será dejado, y él y sus hijos se salvarán de la destrucción, que vendrá sobre la tierra a causa de todo el pecado y de toda la injusticia, que se consumará sobre la tierra en sus días. 19. Y después de eso habrá aún más injusticia que la que se consumó por primera vez en la tierra; porque yo conozco los misterios de los santos, pues Él, el Señor, me los ha mostrado y me ha informado, y yo los he leído en las tablas celestiales.

CAPÍTULO 107

1. Y vi escrito en ellos que generación tras generación prevaricará, hasta que surja una generación de justicia, y la prevaricación sea destruida y el pecado desaparezca de la tierra, y todo bien venga sobre ella. 2. Y ahora, hijo mío, ve y haz saber a tu hijo Lamec que este hijo que ha nacido es en verdad su hijo, y que (esto) no es mentira'. 3. Y cuando Matusalén hubo oído las palabras de su padre Enoc -pues se lo había mostrado todo en secreto-, volvió y se las mostró, y llamó el nombre de aquel hijo Noé; porque él consolará la tierra después de toda la destrucción.

Apéndice del Libro de Enoc

CAPÍTULO 108

1. Otro libro que Enoc escribió para su hijo Matusalén y para los que vendrán después de él y guardarán la ley en los últimos días.
2. Vosotros, los que habéis hecho el bien, esperaréis esos días hasta que se acabe con los que obran el mal y se ponga fin a la fuerza de los transgresores.
3. Y esperad en verdad hasta que haya pasado el pecado, porque sus nombres serán borrados del libro de la vida y de los libros sagrados, y su descendencia será destruida para siempre, y sus espíritus serán muertos, y clamarán y **se** lamentarán en un lugar que es un desierto caótico, y **en el fiuego arderán**, porque allí no hay tierra.
4. Y vi allí algo parecido a una nube invisible, pues debido a su profundidad no podía mirar por encima, y vi una llama de fuego que ardía intensamente, y cosas como montañas brillantes que daban vueltas y se movían de un lado a otro.
5. Y pregunté a uno de los santos ángeles que estaban conmigo y le dije: '¿Qué es esta cosa resplandeciente? porque no es un cielo, sino sólo la llama de un fuego abrasador, y la voz del llanto y del clamor y de la lamen- tación y de un fuerte dolor'.
6. Y me dijo: 'En este lugar que ves, están arrojados los espíritus de los pecadores y de los blasfemos, de los que obran la maldad y de los que pervierten todo lo que el Señor ha dicho por boca de los profetas, es decir, lo que ha de ser.
7. Porque algunas de ellas están escritas e inscritas arriba, en el cielo, para que los ángeles las lean y sepan lo que ha de acontecer a los pecadores, y a los espíritus de los humildes, y de los que han afflicted sus cuerpos, y han sido recompensados por Dios; y de los que han sido avergonzados por los hombres malvados:

8. que aman a Dios y no amaron ni el oro ni la plata ni ninguno de los bienes que hay en el mundo, sino que entregaron sus cuerpos a la tortura.

9. Que, desde que nacieron, no anhelaron el alimento terrenal, sino que consideraron todo como un soplo pasajero, y vivieron de acuerdo con ello, y el Señor los probó mucho, y sus espíritus fueron hallados puros para que bendijesen Su nombre.

10. Y todas las bendiciones destinadas a ellos las he relatado en los libros. Y les ha asignado su recompensa, porque han sido hallados tales que amaron el cielo más que su vida en el mundo, y aunque fueron pisoteados por hombres malvados, y experimentaron abusos e injurias por parte de ellos y fueron puestos en vergüenza, sin embargo Me bendijeron.

11. Y ahora convocaré a los espíritus de los buenos que pertenecen a la generación de la luz, y transformaré a los que nacieron en las tinieblas, que en la flesh no fueron recompensados con el honor que merecía su fidelidad.

12. Y sacaré a la luz resplandeciente a los que han amado mi santo nombre, y sentaré a cada uno en el trono de su honor.

13. Y resplandecerán por tiempos sin número; porque justicia es el juicio de Dios; porque a los fieles dará fidelidad en la morada de los caminos rectos.

14. Y verán a los que nacieron en las tinieblas conducidos a las tinieblas, mientras que los justos resplandecerán.

15. Y los pecadores gritarán en voz alta y los verán resplandecientes, y en verdad irán adonde se les han prescrito días y estaciones'.

2 ENOC

CAPÍTULO 1

1 Había un hombre sabio, un gran artificer, y el Señor concibió amor por él y lo recibió, para que contemplara las moradas superiores y fuera testigo ocular del reino sabio y grande e inconcebible e inmutable de Dios Todopoderoso, de la estación muy maravillosa y gloriosa y brillante y de muchos ojos de los siervos del Señor, y del trono inaccesible del S e ñ o r , y de los grados y manifestaciones de las huestes incorpóreas y de la inefable ministración de la multitud de los elementos, y de las diversas apariciones y cantos inexpresables de la hueste de Querubines, y de la luz sin límites.

2 En aquel tiempo, dijo, cuando se cumplieron mis ciento sesenta y cinco años, engendré a mi hijo Mathusal (Matusalén).

3 Después de esto también viví doscientos años y completé de todos los años de mi vida trescientos sesenta y cinco años.

4 El primer día d e l m e s estaba sola en mi casa, descansaba en la cama y dormía.

5 Y mientras dormía, subió a mi corazón una gran angustia, y lloraba con los ojos dormidos, y no podía comprender qué era esta angustia, ni qué me sucedería.

6 Y se me aparecieron dos hombres muy grandes, como nunca los había visto en la tierra; sus rostros brillaban como el sol, sus ojos también

(eran) como una luz ardiente, y de sus labios salía fire con vestiduras y cantos de diversas clases de apariencia púrpura, sus alas (eran) más brillantes que el oro, sus manos más blancas que la nieve.

7 Estaban de pie junto a la cabecera de mi cama y empezaron a llamarme por mi nombre.

8 Me levanté de mi sueño y vi claramente a aquellos dos hombres de pie delante de mí.

9 Y yo les saludé y me sentí presa del miedo y el aspecto de mi rostro cambió por el terror, y aquellos hombres me dijeron:

10 Ten valor, Enoc, no temas; el Dios eterno nos ha enviado a ti, y he aquí que hoy subirás con nosotros al cielo, y dirás a tus hijos y a toda tu casa todo lo que harán sin ti en la tierra, en tu casa, y que nadie te busque hasta que el Señor te devuelva a ellos.

11 Y me apresuré a obedecerles y salí de mi casa y me dirigí a las puertas, como se me había ordenado, y llamé a mis hijos Math- usal (Matusalén) y Regim y Gaidad y les di a conocer todas las maravillas que aquellos (hombres) me habían contado.

CAPÍTULO 2

1 Escuchadme, hijos míos, no sé adónde voy, ni lo que me sucederá; ahora pues, hijos míos, os digo: no os apartéis de Dios ante la faz del vano, que no hizo el Cielo ni la tierra, pues éstos perecerán y quienes los adoran, y que el Señor haga confidentes vuestros corazones en el temor a él. Y ahora, hijos míos, que nadie piense en buscarme, hasta que el Señor me devuelva a vosotros.

CAPÍTULO 3

1 Sucedió que, cuando Enoc se lo contó a sus hijos, los ángeles lo tomaron en sus alas y lo llevaron al primer cielo y lo colocaron sobre las nubes. Y allí miré, y de nuevo miré más alto, y vi el éter, y me colocaron en el primer cielo y me mostraron un Mar muy grande, mayor que el mar terrestre.

CAPÍTULO 4

1 Trajeron ante mí a los ancianos y jefes de las órdenes estelares, y me mostraron doscientos ángeles, que gobiernan las estrellas y (sus) servicios a los cielos, y flyen con sus alas y rodean a todos los que navegan.

CAPÍTULO 5

1 Y aquí miré hacia abajo y vi las casas-tesoro de la nieve, y los ángeles que guardan sus terribles casas-tesoro, y las nubes de donde salen y a donde van.

CAPÍTULO 6

1 Me mostraron el tesoro del rocío, semejante al aceite de oliva, y la apariencia de su forma, como la de todas las flores de la tierra; además, muchos ángeles guardaban los tesoros de estas cosas, y cómo se cerraban y abrían.

CAPÍTULO 7

1 Y aquellos hombres me tomaron y me condujeron al segundo cielo, y me mostraron tinieblas, mayores que las tinieblas terrenas, y allí vi prisiones colgadas, vigiladas, esperando el juicio grande e ilimitado, y estos ángeles (espíritus) eran de aspecto oscuro, más que las tinieblas terrenas, e incesantemente hacían llorar durante todas las horas.

2 Y dije a los hombres que estaban conmigo ¿Por qué los torturan incesantemente? Me respondieron Estos son apóstatas de Dios, que no obedecieron los mandatos de Dios, sino que

se aconsejaron con su propia voluntad, y se apartaron con su príncipe, que también (está) sujeto al fijo cielo.

3 Sentí gran compasión por ellos, y me saludaron y me dijeron Hombre de Dios, ruega por nosotros al Señor; y yo les respondí: ¿Quién soy yo, un hombre mortal, para que ruegue por los ángeles (espíritus)? ¿Quién sabe adónde voy o qué me sucederá? ¿O quién rogará por mí?

CAPÍTULO 8

1 Y aquellos hombres me tomaron de allí, y me llevaron al tercer cielo, y me colocaron allí; y miré hacia abajo, y vi el producto de estos lugares, tal como nunca se ha conocido por la bondad.

2 Y vi todos los árboles que dan flores dulces y contemplé sus frutos, que desprendían un olor dulce, y todos los alimentos que producen burbujeaban con una exhalación fragante.

3 Y en medio de los árboles, el de la vida, en el lugar donde descansa el Señor cuando sube al paraíso; y este árbol es de una bondad y fragancia inefables, y está adornado más que todo lo existente; y por todos lados (es) de forma dorada y bermellón y fire y lo cubre todo, y tiene producto de todos los frutos.

4 Su raíz está en el jardín, en el extremo de la tierra.

5 Y el paraíso está entre la corruptibilidad y la incorruptibilidad.

6 Y salen dos manantiales que despiden miel y leche, y sus manantiales despiden aceite y vino, y se separan en cuatro partes, y dan vueltas con curso tranquilo, y descienden al PARAÍSO DEL EDÉN, entre lo corruptible y lo incorruptible.

7 Y de ahí salen a lo largo de la tierra, y tienen una revolución en su círculo igual que los demás elementos.

8 Y aquí no hay árbol infructuoso, y todo lugar está bendecido.

9 Y (hay) trescientos ángeles muy brillantes, que guardan el jardín, y con incesantes cantos dulces y voces nunca silenciosas sirven al Señor durante todos los días y todas las horas.

10 Y dije Qué dulce es este lugar, y aquellos hombres me dijeron:

CAPÍTULO 9

1 Este lugar, oh Enoc, está preparado para los justos, que soportan toda clase de ofensas de los que exasperan sus almas, que apartan sus ojos de la iniquidad y juzgan rectamente, y dan pan al hambriento y cubren de ropa al desnudo,

y levantan a los caídos, y ayudan a los huérfanos heridos, y que caminan sin falta ante la faz del Señor, y sólo a él sirven, y para ellos está preparado este lugar de herencia eterna.

CAPÍTULO 10

1 Y aquellos dos hombres me condujeron a la parte norte, y me mostraron un lugar muy terrible, y (había) toda clase de torturas en aquel lugar: cruel oscuridad y penumbra sin luz, y allí no hay luz, sino un turbio fuego que se eleva constantemente, y (hay) un río fétido que sale, y todo aquel lugar está en llamas por todas partes, y por todas partes (hay) escarcha y hielo, sed y escalofríos, mientras que la los lazos son muy crueles, y los ángeles (espíritus) temibles y despiadados, portando armas furiosas, torturas despiadadas, y dije:

2 Ay, ay, qué terrible es este lugar.

3 Y aquellos hombres me dijeron Este lugar, oh Enoc, está preparado para los que deshonran a Dios, que en la tierra practican el pecado contra natura, que es la corrupción de niños al modo sodomítico, la fabricación de magia, los encantamientos y las hechicerías diabólicas, y que se jactan de sus malas acciones, robando, mintiendo, calumniando, envidiando, rencorosamente, fornicando, asesinando, y que, malditos, roban las almas de los hombres, que, viendo a los pobres arrebatarles sus bienes y enriquecerse ellos mismos, los perjudican por los bienes ajenos; que, pudiendo saciar al vacío, hicieron morir al hambriento; pudiendo vestir, desnudaron al desnudo; y que no conocieron a su creador, y se inclinaron ante los dioses sin alma (y sin vida), que no pueden ver ni oír, dioses vanos, (que también) construyeron imágenes talladas y se inclinan ante manos impuras-.

¡Obra, para todos éstos está preparado este lugar entre éstos, para herencia eterna.

CAPÍTULO 11

1 Aquellos hombres me tomaron y me llevaron hasta el cuarto cielo, y me mostraron todas las sucesivas salidas y todos los rayos de la luz del sol y de la luna.

2 Y medí sus pasos, y comparé su luz, y vi que la luz del sol es mayor que la de la luna.

3 Su círculo y las ruedas sobre las que va siempre, como el viento que pasa con una velocidad muy maravillosa, y día y noche no tiene descanso.

4 Su paso y su regreso (son acompañados por) cuatro grandes estrellas, (y) cada estrella tiene bajo sí mil estrellas, a la derecha de la rueda del sol, (y por) cuatro a la izquierda, cada una de las cuales tiene bajo sí mil estrellas, en total ocho mil, que salen con el sol continuamente.

5 Y de día la asisten fifiecientas miríadas de ángeles, y de noche mil.

6 Y unos de seis alas salen con los ángeles ante la rueda del sol hacia los fiery flames, y cien ángeles encienden el sol y lo hacen arder.

CAPÍTULO 12

1 Y miré y vi otros elementos fliantes del sol, cuyos nombres (son) Phoenixes y Chalkydri, maravillosos y portentosos, con pies y cola e n forma de león, y cabeza de cocodrilo, su aspecto (es) empurpurado, como el arco iris; su tamaño (es) de novecientas medidas, sus alas (son como) las de los ángeles, cada una (tiene) doce, y asisten y acompañan al sol, llevando calor y rocío, según l e s ha sido ordenado por Dios.

2 Así (el sol) gira y va, y se eleva bajo el cielo, y su curso va bajo la tierra con la luz de sus rayos incesantemente.

CAPÍTULO 13

1 Aquellos hombres me llevaron al este y me colocaron a las puertas del sol, donde el sol sale según la regulación de las estaciones y el circuito de los meses de todo el año, y el número de las horas del día y de la noche.
 2 Y vi seis puertas abiertas, cada una de las cuales tenía sesenta y un estadios y un cuarto de estadio, y las medí con exactitud y comprendí que su tamaño era tal que el sol salía y se dirigía hacia el oeste, se emparejaba y salía a lo largo de todos los meses, y volvía a salir de las seis puertas según la sucesión de las estaciones; así (el período) de todo el año se finalizaba tras los regresos de las cuatro estaciones.

CAPÍTULO 14

1 Y de nuevo aquellos hombres me llevaron a las partes occidentales, y me mostraron seis grandes puertas abiertas correspondientes a las puertas orientales, frente a donde se pone el sol, según el número de los días trescientos sesenta y cinco y un cuarto.

2 Así desciende de nuevo a las puertas occidentales, (y) aleja su luz, la grandeza de su resplandor, bajo la tierra; pues como la corona de su resplandor está en el cielo con el Señor, y custodiada por cuatrocientos ángeles, mientras que el sol gira en rueda bajo la tierra, y permanece siete grandes horas en la noche, y pasa la mitad (de su curso) bajo la tierra, cuando llega a la aproximación oriental en la octava hora de la noche, lleva sus luces, y la corona de su resplandor, y el sol flama más que fire.

CAPÍTULO 15

1 Entonces los elementos del sol, llamados Phoenixes y Chalkydri rompen a cantar, por lo que toda ave flutters con sus alas, regocijándose ante el dador de luz, y rompieron a cantar a la orden del Señor.

2 El dador de luz viene a dar resplandor a todo el mundo, y toma forma el guardián de la mañana, que son los rayos del sol, y sale el sol de la tierra, y recibe su brillo para iluminar toda la faz de la tierra, y me mostraron este cálculo de la marcha del sol.

3 Y las puertas por las que entra, son las grandes puertas del cálculo de las horas del año; por eso el sol es una gran creación, cuyo circuito (dura) veintiocho años, y vuelve a empezar desde el principio.

CAPÍTULO 16

1 Aquellos hombres me mostraron el otro curso, el de la luna, doce grandes puertas, coronadas de oeste a este, por las que la luna entra y sale de los tiempos acostumbrados.

2 Entra por la primera puerta a los lugares occidentales del sol, por la primera puerta con (treinta)-uno (días) exactos, por la segunda puerta con treinta y un días exactos, por la tercera con treinta días exactos, por la cuarta con treinta días exactos, por la quinta con treinta y un días exactos, por la sexta con treinta y un días exactos, por la séptima con treinta días exactos, por la octava con treinta y un días exactos, por la novena con treinta y un días exactos, por la décima con treinta días exactos, por la undécima con treinta y un días exactos, por la duodécima con veintiocho días exactos.

3 Y atraviesa las puertas occidentales en el orden y número de las orientales, y cumple los trescientos sesenta y cinco días y cuarto del año solar, mientras que el año lunar tiene trescientos fifty-four, y le faltan (a él) doce días del círculo solar, que son los epactos lunares de todo el año.

4 Así, también, el gran círculo contiene quinientos treinta y dos años.

5 El cuarto (de un día) se omite durante tres años, el cuarto lo cumple exactamente.

6 Por eso son llevados fuera del cielo durante tres años y no se añaden al número de días, porque cambian el tiempo de los años a dos nuevos meses hacia la terminación, a otros dos hacia la disminución.

7 Y cuando se finan las puertas occidentales, vuelve y se dirige a la

oriental a las luces, y va así día y noche por los círculos celestes, más bajo que todos los círculos, más veloz que los vientos celestes, y que los espíritus y los elementos y los ángeles flying; cada ángel tiene seis alas.

8 Tiene un recorrido de siete veces en diecinueve años.

CAPÍTULO 17

1 En medio de los cielos vi soldados armados, sirviendo al Señor, con tímpanos y órganos, con voz incesante, con dulce voz, con dulce e incesante (voz) y variado canto, que es imposible describir, y (que) asombra a toda mente, tan maravilloso y maravilloso es el canto de esos ángeles, y me deleité escuchándolo.

CAPÍTULO 18

1 Los hombres me llevaron al quinto cielo y me colocaron allí, y vi a muchos e innumerables soldados, llamados Grigori, de apariencia humana, y su tamaño era mayor que el de los grandes gigantes, y sus rostros con- errados, y el silencio de sus bocas perpetuo, y no había ningún servicio en el quinto cielo, y dije a los hombres que estaban conmigo:

2 ¿Por qué están éstos muy marchitos y sus rostros melancólicos, y sus bocas silenciosas, y (por qué) no hay servicio en este cielo?

3 Y me dijeron Estos son los Grigori, que con su príncipe Satanail (Satanás) rechazaron al Señor de la luz, y después de ellos están los que están retenidos en grandes tinieblas en el segundo cielo, y tres de ellos descendieron a la tierra desde el trono del Señor, al lugar Ermón, y rompieron sus votos en el hombro de la colina Ermon y vieron a las hijas de los hombres lo buenas que son, y tomaron para sí esposas, y ensuciaron la tierra con sus obras, quienes en todos los tiempos de su edad hicieron la anarquía y la mezcla, y nacen gigantes y grandes hombres maravillosos y gran enemistad.

4 Y por eso Dios los juzgó con gran juicio, y lloran por sus hermanos y serán castigados en el gran día del Señor.

5 Y dije a los Grigori: He visto a tus hermanos y sus obras, y sus grandes tormentos, y he rogado por ellos, pero el Señor los ha condenado (a estar) bajo tierra hasta que (el cielo y la tierra existentes) terminen para siempre.

6 Y dije ¿Por qué esperáis, hermanos, y no servís delante de la faz del Señor, y no habéis puesto vuestros servicios delante de la faz del Señor, para que no enfadéis del todo a vuestro Señor?

7 Y escucharon mi admonición, y hablaron a las cuatro filas del cielo, y he aquí que, mientras yo estaba con aquellos dos hombres, cuatro trompetas tocaron a la vez con gran voz, y los Grigori prorrumpieron en cánticos a una voz, y su voz se elevó ante el Señor lastimera y conmovedora.

CAPÍTULO 19

1 Y de allí aquellos hombres me tomaron y me llevaron al sexto cielo, y allí vi siete bandas de ángeles, muy brillantes y muy gloriosos, y sus rostros resplandecían más que el resplandor del sol, relucientes, y no hay diferencia en sus rostros, ni en su comportamiento, ni en su manera de vestir; y éstos hacen las órdenes, y aprenden los movimientos de las estrellas, y la alteración de la luna, o la revolución del sol, y el buen gobierno del mundo.

2 Y cuando ven hacer el mal, hacen mandamientos e instrucción, y cantos dulces y fuertes, y todos (cantos) de alabanza.

3 Estos son los arcángeles que están por encima de los ángeles, miden toda la vida en el cielo y en la tierra, y los ángeles que están (designados) sobre las estaciones y los años, los ángeles que están sobre los ríos y el mar, y que están sobre los frutos de la tierra, y los ángeles que están sobre toda hierba, dando alimento a todos, a todo ser viviente, y los ángeles que escriben todas las almas de los hombres, y todas sus obras y sus vidas ante la faz del Señor; en medio de ellos hay seis Fénix y seis Querubines y seis de seis alas que cantan continuamente a una voz, y no es posible describir su canto, y se regocijan ante el Señor en el estrado de sus pies.

CAPÍTULO 20

1 Y aquellos dos hombres me alzaron de allí al séptimo cielo, y vi allí una luz muy grande, y fiery tropas de grandes arcángeles, fuerzas incorpóreas, y dominios, órdenes y gobiernos, Querubines y serafines, tronos y muchos o j o s , nueve regimientos, las estaciones Ioanit de luz, y me asusté, y empecé a temblar de gran terror, y aquellos hombres me cogieron y me condujeron tras ellos, y me dijo

2 Ten valor, Enoc, no temas, y muéstrame al Señor desde lejos, sentado en su altísimo trono. Pues ¿qué hay en el décimo cielo, puesto que el Señor mora allí?

3 En el décimo cielo está Dios, que en lengua hebrea se llama Aravat.

4 Y todas las tropas celestiales vendrían y se colocarían en los diez peldaños según su rango, y se inclinarían ante el Señor, y volverían a sus lugares con alegría y felicidad, cantando canciones en la luz ilimitada con voces pequeñas y tiernas, sirviéndole gloriosamente.

CAPÍTULO 21

1 Y los Querubines y Serafines que están alrededor del trono, los de seis alas y muchos ojos no se apartan, permaneciendo ante la faz del Señor haciendo su voluntad, y cubren todo su trono, cantando con voz suave ante la faz del Señor: Santo, santo, santo, Señor Gobernante de Sabaoth, los cielos y la tierra están llenos de Tu gloria.

2 Cuando vi todas estas cosas, aquellos hombres me dijeron: Enoc, hasta aquí se nos ha ordenado que viajemos contigo, y aquellos hombres se alejaron de mí y entonces no los vi.

3 Y me quedé solo al final del séptimo cielo y tuve miedo, caí de bruces y me dije Ay de mí, ¿qué me ha sucedido?

4 Y el Señor envió a uno de sus gloriosos, el arcángel Gabriel, y (él) me dijo: Ten valor, Enoc, no temas, levántate ante el rostro del Señor hacia la eternidad, levántate, ven conmigo.

5 Yo le respondí y dije en mi interior Señor mío, mi alma se ha alejado de mí, de terror y temblor, y he llamado a los hombres que me han conducido hasta este lugar, en ellos he confiado, y (es) con ellos con quienes voy ante la faz del Señor.

6 Y Gabriel me arrebató, como una hoja arrebatada por el viento, y me puso ante el rostro del Señor.

7 Y vi el octavo cielo, que en hebreo se llama Muzaloth, cambiador de las estaciones, de la sequía y de la humedad, y de las doce constelaciones del círculo del firmamento, que están sobre el séptimo cielo.

8 Y vi el noveno cielo, que en hebreo se llama Kuchavim,

donde están los hogares celestiales de las doce constelaciones del círculo del firmamento.

CAPÍTULO 22

1 En el décimo cielo, (que se llama) Aravoth, vi el aspecto del rostro del Señor, semejante al hierro hecho resplandor en el fuego, y sacado fuera, emitiendo chispas, y arde.

2 Así (en un momento de la eternidad) vi el rostro del Señor, pero el rostro del Señor es inefable, maravilloso y muy espantoso, y muy, muy terrible.

3 ¿Y quién soy yo para hablar del ser inefable del Señor y de su rostro tan maravilloso? Y no puedo decir la cantidad de sus muchas instrucciones, y de sus diversas voces, el trono del Señor (es) muy grande y no hecho con manos, ni la cantidad de los que están de pie a su alrededor, tropas de Querubines y Serafines, ni su canto incesante, ni su belleza inmutable, y quién dirá la grandeza inefable de su gloria.

4 Caí de rodillas y me postré ante el Señor, y el Señor con sus labios me dijo:

5 Ten valor, Enoc, no temas, levántate y ponte ante mi rostro en la eternidad.

6 Y el archiconocido Miguel me levantó y me llevó ante el rostro del Señor.

7 Y el Señor dijo a sus siervos tentándolos: Que Enoc vaya ante mi rostro a la eternidad, y los gloriosos se postraron ante el Señor y dijeron: Deja que Enoc vaya según tu palabra.

8 Y el Señor dijo a Miguel: Ve y saca a Enoc (de) sus vestiduras terrenales, y úngelo con mi dulce ungüento, y ponlo en las vestiduras de mi gloria.

9 Y Miguel hizo así, como el Señor le había dicho. Me ungió y me vistió, y el aspecto de aquel ungüento es más que el gran

luz, y su ungüento es como dulce rocío, y su olor suave, resplandeciente como el rayo del sol, y me miré, y (yo) era como (transfigurado) uno de sus gloriosos.

10 Y el Señor llamó a uno de sus arcángeles llamado Pravuil, cuyo conocimiento era más rápido en sabiduría que el de los demás arcángeles, que escribía todas las obras del Señor; y el Señor dijo a Pravuil: Saca los libros de mis almacenes, y una caña de escritura rápida, y dásela a Enoc, y entrégale de tu mano los libros selectos y consoladores.

CAPÍTULO 23

1 Y me contaba todas las obras del cielo, de la tierra y del mar, y todos los elementos, sus pasos y salidas, y los truenos de los truenos, el sol y la luna, las salidas y cambios de las estrellas, las estaciones, los años, los días y las horas, las salidas del viento, los números de los ángeles y la formación de sus cantos, y todas las cosas humanas, la lengua de cada canto y vida humana, los mandamientos, instrucciones y cantos de dulce voz, y todas las cosas que es fitting aprender.

2 Y Pravuil me lo dijo: Todo lo que te he dicho, lo hemos escrito. Siéntate y escribe todas las almas de la humanidad, por muchas que nazcan, y los lugares preparados para ellas hasta la eternidad; pues todas las almas están preparadas hasta la eternidad, antes de la formación del mundo.

3 Y todo el doble de treinta días y treinta noches, y escribí todas las cosas con exactitud, y escribí trescientos sesenta y seis libros.

CAPÍTULO 24

1 Y el Señor me llamó y me dijo Enoc, siéntate a mi izquierda con Gabriel.

2 Y me postré ante el Señor, y el Señor me habló: Enoc, amado, todo (lo que) ves, todas las cosas que están finidas te lo digo desde antes del principio, todo lo que creé del no ser, y las cosas visibles (físicas) de las invisibles (espirituales).

3 Escucha, Enoc, y asimila estas mis palabras, pues no he contado mi secreto a mis ángeles, ni les he dicho su ascenso, ni mi reino sin fin, ni han comprendido mi creación, que hoy te digo.

4 Porque antes de que todas las cosas fuesen visibles (físicas), sólo yo andaba en las cosas invisibles (espirituales), como el sol de oriente a occidente y de occidente a oriente.

5 Pero incluso el sol tiene paz en sí mismo, mientras que yo no encontré paz, porque estaba creando todas las cosas, y concebí el pensamiento de poner cimientos y de c r e a r l a creación visible (física).

CAPÍTULO 25

1 Ordené en las (partes) más bajas, que las cosas visibles (físicas) descendieran de las invisibles (espiri- tuales), y Adoil descendió muy grande, y lo contemplé, y he aquí que tenía un vientre de gran luz.

2 Y le dije Deshazte, Adoil, y deja que lo visible (físico) (salga) de ti.

3 Y se deshizo, y salió una gran luz. Y yo (estaba) en el en medio de la gran luz, y como de la luz nace la luz, surgió una gran era, y mostró toda la creación, que yo había pensado crear.

4 Y vi que (era) bueno.

5 Y coloqué para mí un trono, y tomé asiento en él, y dije a la luz: Sube más arriba y fíjate en lo alto del trono, y sé un fundamento para las cosas más elevadas.

6 Y por encima de la luz no hay nada más, y entonces me incliné y miré desde mi trono.

CAPÍTULO 26

1 Y convoqué por segunda vez a lo más bajo, y dije Que Archas salga con fuerza, y salió con fuerza de lo invisible (espiritual).

2 Y salió Arcas, duro, pesado y muy rojo.

3 Y dije Ábrete, Arcas, y que nazca de ti, y se deshizo, surgió una era, muy grande y muy oscura, portadora de la creación de todas las cosas inferiores, y vi que (era) buena y le dije:

4 Ve desde allí abajo y hazte fuerte, y sé el fundamento de las cosas inferiores, y así sucedió, y él bajó y se hizo fuerte, y se convirtió en el fundamento de las cosas inferiores, y por debajo de la oscuridad no hay nada más.

CAPÍTULO 27

1 Y ordené que se tomara de la luz y de las tinieblas, y dije: Sé espeso, y se convirtió en eso, y lo extendí con la l u z , y se convirtió en agua, y la extendí sobre la oscuridad, por debajo de la luz, y luego hice firmes las aguas, es decir, sin fondo, e hice cimientos de luz alrededor del agua, y creé siete círculos desde el interior, e imaginé (el agua) como cristal húmedo y seco, es decir, como vidrio, (y) la circuncesión de las aguas y los demás elementos, y mostré a cada uno de e l l o s su camino, y a las siete estrellas cada una de ellas en su cielo, para que fueran así, y vi que era bueno.

2 Y separé entre la luz y entre las tinieblas, es decir, en medio del agua a un lado y a otro, y dije a la luz que fuera el día, y a las tinieblas que fuera el día.

tinieblas, para que fuese de noche, y hubo tarde y mañana el primer día.

CAPÍTULO 28

1 Y entonces hice firme el círculo celestial, e hice que el agua inferior que está bajo el cielo se r e u n i e r a en un todo, y que el caos se secara, y así fue.

2 De las olas creé roca dura y grande, y de la roca amontoné lo seco, y a lo seco lo llamé tierra, y al medio de la tierra lo llamé abismo, es decir, lo que no tiene fondo, reuní el mar en un solo lugar y lo até con un yugo.

3 Y dije al mar He aquí que te doy (tus) límites eternos, y no te desprenderás de tus partes componentes.

4 Así hice rápido el firmamento. Este día me llamé el firmante creado [domingo].

CAPÍTULO 29

1 Y para todas las tropas celestiales imaginé la imagen y la esencia del fuego, y mi ojo miró la roca muy dura y rígida, y del brillo de mi ojo el relámpago recibió su maravillosa naturaleza, (que) es tanto fuego en el agua como agua en el fuego, y uno no apaga al otro, ni el uno seca al otro, por lo que el relámpago es más brillante que el sol, más suave que el agua y más rígido que la roca dura.

2 Y de la roca corté un gran fire, y del fire creé las órdenes de los incorpóreos diez tropas de ángeles, y sus armas son fiery sus vestiduras un flame ardiente, y ordené que cada uno permaneciera en su orden.

3 Y uno de entre el orden de los ángeles, habiéndose apartado con el orden que estaba bajo él, concibió un pensamiento imposible, colocar su trono más alto que las nubes sobre la tierra, para hacerse igual en rango a mi poder.

4 Y lo arrojé desde lo alto con sus ángeles, y quedó flying en el aire continuamente por encima del abismo.

CAPÍTULO 30

1 Al tercer día ordené a la tierra que hiciera crecer árboles grandes y fructíferos, y colinas, y semillas para sembrar, y planté el Paraíso, y lo cerqué, y puse como armados (guardianes) flaming ángeles, y así creé la renovación.

2 Luego llegó la noche, y llegó la mañana del cuarto día.

3 [Miércoles.] El cuarto día ordené que hubiera grandes luces en los círculos celestes.

4 En el primer círculo superior coloqué las estrellas Kruno, en el segundo Afrodita, en el tercero Aris, en el quinto Zoues, en el sexto Ermis, en el séptimo la luna menor, y lo adorné con las estrellas menores.

5 Y en la parte inferior coloqué el sol para la iluminación del día, y la luna y las estrellas para la iluminación de la noche.

6 El sol que debía ir según cada constelación, doce, y designé la sucesión de los meses y sus nombres y sus vidas, sus truenos y sus marcas de las horas, cómo debían sucederse.

7 Luego llegó la noche y la mañana del quinto día.

8 [Jueves]. El quinto día ordené al mar que produjera insectos y aves de plumas de muchas variedades, y todos los animales que se arrastran sobre la tierra, que van sobre la tierra en cuatro patas y se elevan en el aire, machos y hembras, y todas las almas que respiran el espíritu de la vida.

9 Y llegó la tarde, y llegó la mañana del sexto día.

10 [Viernes]. El sexto día ordené a mi sabiduría que creara al hombre a partir de siete consistencias: una, su flesh de la tierra; dos, su sangre del rocío; tres, sus ojos del sol; cuatro, sus huesos de la piedra; five, su inteligencia de la rapidez de los ángeles y de la nube; seis, sus venas y su cabello de la hierba de la tierra; siete, su alma de mi aliento y del viento.

11 Y le di siete naturalezas: al flesh el oído, a los ojos la vista, al alma el olfato, a las venas el tacto, a la sangre el gusto, a los huesos la resistencia, a la inteligencia la dulzura [el goce].

12 Concibí una astucia para decir: Creé al hombre de naturaleza invisible (espiritual) y de naturaleza visible (física), de ambas son su muerte y su vida y su imagen, conoce el habla como alguna cosa creada, pequeño en la grandeza y de nuevo grande en la pequeñez, y lo coloqué en la tierra, un segundo ángel, honorable, grande y glorioso, y lo nombré soberano para que gobernara en la tierra y tuviera mi sabiduría, y no hubo nadie como él en la tierra de todas mis criaturas existentes.

13 Y le puse un nombre, de las cuatro partes componentes, de oriente, de occidente, de sur, de norte, y le puse cuatro estrellas especiales, y le puse por nombre Adán, y le mostré los dos caminos, el de la luz y el de las tinieblas, y le dije:

14 Esto es bueno, y esto malo, que yo sepa si tiene amor hacia mí, u odio, para que quede claro quién de su raza me ama.

15 Porque yo he visto su naturaleza, pero él no ha visto su propia naturaleza, por lo tanto (por) no ver pecará peor, y dije Después del pecado (¿qué hay) sino la muerte?

16 Y puse sueño en él y se durmió. Y tomé de él una costilla y le creé una mujer, para que la muerte le llegara por su mujer, y tomé su última palabra y la llamé madre, es decir, Eva.

CAPÍTULO 31

1 Adán tiene vida en la tierra, y yo creé un jardín en el Edén, en el oriente, p a r a que observara el testamento y cumpliera el mandamiento.

2 Hice que se le abrieran los cielos, para que viera a los ángeles cantando la canción de la victoria, y la luz sin penumbra.

3 Y estuvo continuamente en el paraíso, y el diablo comprendió que quería crear otro mundo, porque Adán era el señor de la tierra, para gobernarla y controlarla.

4 El diablo es el espíritu maligno de los lugares inferiores, como fugitivo hizo Sotona de los cielos, pues su nombre era Satanail (Satán), así se hizo diferente de los ángeles, (pero su naturaleza) no cambió (su) inteligencia en cuanto a (su) comprensión de (las cosas) justas y pecaminosas.

5 Y comprendió su condena y el pecado que había cometido antes, por lo que concibió el pensamiento contra Adán, de tal forma que entró y sedujo a Eva (Eva), pero no tocó a Adán.

6 No maldije al hombre, ni a la tierra, ni a las demás criaturas, sino los malos frutos del hombre y sus obras.

CAPÍTULO 32

1 Yo le dije Tierra eres, y a la tierra de donde te tomé irás, y no te arruinaré, sino que te enviaré a donde te tomé.

2 Entonces podré recibirte de nuevo en Mi segunda presencia.

3 Y bendije a todas mis criaturas visibles (físicas) e invisibles (espiri- tuales). Y Adán estuvo fin y medio en el paraíso.

4 Y bendije el séptimo día, que es el sábado, en el que descansó de todas sus obras.

CAPÍTULO 33

1 Y designé también el octavo día, para que el octavo día fuera el primero creado después de mi obra, y para que (los siete primeros) giraran en la forma del séptimo mil, y para que al principio del octavo mil hubiera un tiempo de no contar, sin fin, sin años ni meses ni semanas ni días ni horas.
    2 Y ahora, Enoc, todo lo que te he dicho, todo lo que has comprendido, todo lo que has visto de las cosas celestiales, todo lo que has visto en la tierra, y todo lo que he escrito en libros por mi gran sabiduría, todo esto lo he ideado y creado desde el fundamento superior hasta el inferior y hasta el final, y no hay consejero ni heredero para mis creaciones.
    3 Soy autoeterno, no hecho con las manos y sin cambio.
    4 Mi pensamiento es mi consejero, mi sabiduría y mi palabra están hechas, y mis ojos observan todas las cosas cómo están aquí y tiemblan de terror.
    5 Si vuelvo mi rostro, todas las cosas serán destruidas.
    6 Y aplica tu mente, Enoc, y conoce al que te habla, y toma de ahí los libros que tú mismo has escrito.
    7 Y te doy a Samuil y a Raguil, que te han guiado, y los libros, y desciende a la tierra y cuenta a tus hijos todo lo que te he dicho y todo lo que has visto, desde el cielo inferior hasta mi trono, y a todas las tropas.
    8 Pues yo he creado todas las fuerzas, y no hay ninguna que se me resista o que no se me someta. Pues todos se someten a mi monarquía y trabajan para mi único gobierno.
    9 Dales los libros de la escritura y los leerán.

y me conocerán como creador de todas las cosas, y comprenderán cómo no hay otro Dios más que yo.

10 Y que distribuyan los libros de tu puño y letra: de hijos a hijos, de generación en generación, de naciones a naciones.

11 Y yo te daré a ti, Enoc, mi intercesor, el arcipreste Miguel, por las escrituras de tus padres Adán, Set, Enós, Cainán, Mahaleleel y Jared, tu padre.

CAPÍTULO 34

1 Han rechazado mis mandamientos y mi yugo, ha surgido una simiente sin valor, que no teme a Dios, y no han querido inclinarse ante mí, sino que han comenzado a inclinarse ante dioses vanos, y han negado mi unidad, y han cargado toda la tierra de falsedades, de ofensas, de abominables lascivias, es decir, unos con otros, y de toda clase de otras impías maldades, que es repugnante relatar.

2 Por eso haré descender un diluvio sobre la tierra y destruiré a todos los hombres, y toda la tierra se desmoronará en una gran oscuridad.

CAPÍTULO 35

1 He aquí que de su descendencia surgirá otra generación, muy posterior, pero de ellos muchos serán muy insaciables.

2 El que resucite a esa generación, (deberá) revelarles los libros de tu puño y letra, de tus padres, (a ellos) a quienes debe señalar la tutela del mundo, a los hombres fieles y obreros de mi súplica, que no reconocen mi nombre en vano.

3 Y lo contarán a otra generación, y aquellos (otros) que hayan leído serán glorificados después, más que los primeros.

CAPÍTULO 36

1 Ahora, Enoc, te doy el plazo de treinta días para que los pases en tu casa, y lo cuentes a tus hijos y a toda tu casa, para que todos oigan de mi r o s t r o lo que les sea contado por ti, para que lean y entiendan que no hay otro Dios sino yo.

2 Y que guarden siempre mis mandamientos, y comiencen a leer y a tomar en los libros de tu letra.

3 Y al cabo de treinta días enviaré a mi ángel por ti, y te llevará de la tierra y a tus hijos a mí.

CAPÍTULO 37

1 Y el Señor llamó a uno de los ángeles mayores, terrible y amenazador, y lo puso junto a mí, de aspecto blanco como la nieve, y sus manos como el hielo, con apariencia de gran escarcha, y me heló la cara, porque no podía soportar el terror del Señor, como no es posible soportar el fiuego de una estufa y el calor del sol, y la escarcha del aire.

2 Y el Señor me dijo Enoc, si tu rostro no se congela aquí, ningún hombre podrá contemplar tu rostro.

CAPÍTULO 38

1 Y el Señor dijo a aquellos hombres que me habían conducido primero Dejad que Enoc descienda a la tierra con vosotros, y esperadle hasta el día determinado.

2 Y me colocaron por la noche en mi lecho.

3 Y Mathusal (Matusalén), que esperaba mi llegada, velando de día y de noche junto a mi lecho, se llenó de temor cuando oyó mi llegada, y le dije: Que se reúna toda mi familia, para que les cuente todo.

CAPÍTULO 39

1 Oh hijos míos, amados míos, escuchad la amonestación de vuestro padre, en cuanto sea conforme a la voluntad del Señor.

2 Se me ha permitido venir a vosotros hoy y anunciaros, no de mis labios, sino de los labios del Señor, todo lo que es y era y todo lo que es ahora, y todo lo que será hasta el día del juicio.

3 Porque el Señor me ha dejado venir a vosotros, oíd, pues, las palabras de mis labios, de un hombre hecho grande para vosotros, pero yo soy uno que ha visto el rostro del Señor, como el hierro hecho resplandor de fire que lanza chispas y arde.

4 Tú miras ahora mis ojos, (los ojos) de un hombre grande de significado para ti, pero yo he visto los ojos del Señor, que brillan como los rayos del sol y llenan de asombro los ojos del hombre.

5 Vosotros veis ahora, hijos míos, la diestra de un hombre que os ayuda, pero yo he visto la diestra del Señor filando el cielo mientras me ayudaba.

6 Tú ves el compás de mi trabajo como el tuyo propio, pero yo he visto el compás ilimitado y perfecto del Señor, que no tiene fin.

7 Oyes las palabras de mis labios, como yo oí las palabras del Señor, como grandes truenos incesantes con lanzamiento de nubes.

8 Y ahora, hijos míos, escuchad los discursos del padre de la tierra, cuán temible y espantoso es presentarse ante la faz del soberano de la tierra, cuánto más terrible y espantoso es presentarse ante la faz del soberano del cielo, el controlador (juez) de vivos y muertos, y de las tropas celestiales. ¿Quién puede soportar ese dolor sin fin?

CAPÍTULO 40

1 Y ahora, hijos míos, lo sé todo, pues esto (es) de labios del Señor, y esto lo han visto mis ojos, desde el principio hasta el fin.

2 Yo lo sé todo y lo he escrito todo en los libros, los cielos y su fin, y su plenitud, y todos los ejércitos y sus marchas.

3 He medido y descrito las estrellas, la gran multitud incontable (de ellos).

4 ¿Qué hombre ha visto sus revoluciones y sus entradas? Pues ni siquiera los ángeles ven su número, mientras que yo he escrito todos sus nombres.

5 Y medí el círculo del sol, y medí sus rayos, conté las horas, escribí también todas las cosas que pasan sobre la tierra, he escrito las cosas que se nutren, y toda semilla sembrada y no sembrada, que produce la tierra y todas las plantas, y toda hierba y toda flor, y sus dulces olores, y sus nombres, y las moradas de las nubes, y su composición, y sus alas, y cómo llevan la lluvia y las gotas de lluvia.

6 Y yo investigué todas las cosas, y escribí el camino del trueno y del relámpago, y me mostraron las llaves y sus guardianes, su ascenso, el camino por el que van; se deja salir (suavemente) a medida por una cadena, no sea que por Una cadena pesada y violenta lance las nubes furiosas y destruya todas las cosas de la tierra.

7 Escribí las casas-tesoro de la nieve, y los almacenes del frío y de los aires helados, y observé que el poseedor de las llaves de su estación, llena las nubes con ellas, y no agota las casas-tesoro.

8 Y escribí los lugares de reposo de los vientos y observé y vi cómo sus portadores de llaves llevan balanzas y medidas; primero, las ponen en (una) balanza, luego en la otra las pesas y las sueltan según la medida astutamente sobre toda la tierra, no sea que con su fuerte respiración hagan tambalearse la tierra.

9 Y medí toda la tierra, sus montes, y todas las colinas, los campos, los árboles, las piedras, los ríos, todas las cosas existentes que anoté, la altura desde la tierra hasta el séptimo cielo, y hacia abajo hasta el infierno más bajo, y el lugar del juicio, y el infierno muy grande, abierto y lloroso.

10 Y vi cómo los prisioneros sufren, esperando el juicio sin límites.

11 Y anoté a todos los juzgados por el juez, y todo su juicio (y sentencias) y todas sus obras.

CAPÍTULO 41

1 Y vi a todos los antepasados de (todos) los tiempos con Adán y Eva (Eva), y suspiré y rompí a llorar y dije de la ruina de su deshonra:

2 Ay de mí por mi infirmidad y (por la) de mis antepasados, y pensé en mi corazón y dije:

3 Bienaventurado (es) el hombre que no ha nacido o que ha nacido y no peca ante la faz del Señor, que no viene a este lugar, ni trae el yugo de este lugar.

CAPÍTULO 42

1 Vi a los guardianes y a los guardianes de l a s puertas del infierno de pie, como grandes serpientes, y sus rostros como lámparas que se apagan, y sus ojos de fuego, sus dientes afilados, y vi a todos
    las obras del Señor, cómo son rectas, mientras que las obras de los hombres son unas (buenas) y otras malas, y en sus obras se conoce a los que mienten malignamente.

CAPÍTULO 43

1 Yo, hijos míos, medí y escribí toda obra y toda medida y todo juicio justo.

2 Así como (un) año es más honorable que otro, también (un) hombre es más honorable que otro, unos por sus grandes bienes, otros por su sabiduría de corazón, otros por su intelecto particular, otros por su astucia, unos por su silencio de labios, otros por su limpieza, otros por su fuerza, otros por su venida, otros por su juventud, otros por su agudo ingenio, otros por su forma de cuerpo, otros por su sensibilidad, que se oiga en todas partes, pero no hay nadie mejor que el que teme a Dios, él será más glorioso en el tiempo venidero.

CAPÍTULO 44

1 Habiendo creado el Señor con sus manos al hombre, a semejanza de su rostro, lo hizo pequeño y grande.

2 Quien injuria el rostro del gobernante y aborrece el rostro del Señor, ha despreciado el rostro del Señor, y quien descarga su ira sobre cualquier hombre sin injuria, la gran ira del Señor lo cortará, quien escupe sobre el rostro del hombre con reproche, será cortado en el gran juicio del Señor.

3 Bienaventurado el hombre que no dirige su corazón con malicia contra ningún hombre, y ayuda al herido y condenado, y levanta al abatido, y hará caridad con el necesitado, porque en el día del gran juicio todo peso, toda medida y todo contrapeso (estarán) como en el mercado, es decir (estarán) colgados en balanzas y de pie en el mercado, (y cada uno) aprenderá su propia medida, y según su medida recibirá su recompensa.

CAPÍTULO 45

1 Quien se apresure a hacer ofrendas ante la faz del Señor, el Señor, por su parte, apresurará esa ofrenda concediendo su obra.

2 Pero quien aumente su lámpara ante la faz del Señor y no haga verdadero juicio, el Señor (no) aumentará su tesoro en el reino de l o alto.

3 Cuando el Señor exija pan, o velas, o (la)flesh (de las bestias), o cualquier otro sacrificio, entonces eso no es nada; pero Dios exige corazones puros, y con todo eso (sólo) pone a prueba el corazón del hombre.

CAPÍTULO 46

1 Escucha, pueblo mío, y acoge las palabras de mis labios.

2 Si alguien lleva algún regalo a un gobernante terrenal, y tiene pensamientos desleales en su corazón, y el gobernante lo sabe, ¿no se enfadará con él, y no rechazará sus regalos, ni le entregará a juicio?

3 O (si) un hombre se hace pasar por bueno ante otro mediante el engaño de la lengua, pero (tiene) maldad en su corazón, entonces (el otro) ¿no comprenderá la traición de su corazón, y él mismo será condenado, puesto que su falsedad era evidente para todos?

4 Y cuando el Señor envíe una gran luz, entonces habrá juicio para justos e injustos, y nadie escapará a la noticia.

CAPÍTULO 47

1 Y ahora, hijos míos, reflexionad en vuestros corazones, fijaos bien en las palabras de vuestro padre, que todas (vienen) a vosotros de labios del Señor.

2 Coge estos libros de puño y letra de tu padre y léelos.

3 Porque los libros son muchos, y en ellos aprenderás todas las obras del Señor, todo lo que ha existido desde el principio de la creación y existirá hasta el fin de los tiempos.

4 Y si observáis mi escritura, no pecaréis contra el Señor; porque no hay otro sino el Señor, ni en el cielo, ni en la tierra, ni en los (lugares) más bajos, ni en el (único) fundamento.

5 El Señor ha puesto los cimientos en lo desconocido, y ha extendido los cielos visibles (físicos) e invisibles (espirituales); ha fijado la tierra sobre las aguas, y ha creado innumerables criaturas, y ¿quién ha contado el agua y los cimientos de lo infijo, o el polvo de l a tierra, o la arena del mar, o las gotas de la lluvia, o el rocío de la mañana, o el soplo del viento? ¿Quién ha llenado la tierra y el mar, y el indisoluble invierno?

6 Corté las estrellas de fi r e , y decoré el cielo, y lo puse en medio de ellos.

CAPÍTULO 48

1 Que el sol recorre los siete círculos celestes, que son la cita de ciento ochenta y dos tronos, que desciende en un día corto, y de nuevo ciento ochenta y dos, que desciende en un día grande, y tiene dos tronos en los que descansa, girando de un lado a otro sobre los tronos de los meses, desde el día diecisiete del mes Tsivan desciende hasta el mes Thevan, desde el diecisiete de Thevan sube.

2 Y así se acerca a la tierra, entonces la tierra se alegra y hace crecer sus frutos, y cuando se aleja, entonces la tierra se entristece, y los árboles y todos los frutos no tienen florescencia.

3 Todo esto lo midió, con buena medida de horas, y fijó Una medida por su sabiduría, de lo visible (físico) y de lo invisible (espiritual).

4 De lo invisible (espiritual) hizo todas las cosas visibles (físicas), siendo él mismo invisible (espiritual).

5 Así os lo hago saber, hijos míos, y distribuyo los libros a vuestros hijos, en todas vuestras generaciones, y entre las naciones que tengan el sentido de temer a Dios, que los reciban, y que lleguen a amarlos más que a cualquier alimento o golosina terrenal, y los lean y se apliquen a ellos.

6 Y a los que no entienden al Señor, a los que no temen a Dios, a los que no aceptan, sino que rechazan, a los que no reciben los (libros), les espera un juicio terrible.

7 Bienaventurado el hombre que lleve su yugo y los arrastre, porque será liberado el día del gran juicio.

CAPÍTULO 49

⚜

1 Os lo juro, hijos míos, pero no lo juro por ningún juramento, ni por el cielo ni por la tierra, ni por ninguna otra criatura creada por Dios.

2 El Señor dijo: No hay en mí juramento ni injusticia, sino verdad.

3 Si no hay verdad en los hombres, que juren con las palabras: Sí, sí, o bien: No, no.

4 Y yo os juro, sí, sí, que no ha habido hombre en el seno de su madre, (sino que) ya antes, incluso a cada uno hay un lugar preparado para el reposo de esa alma, y una medida fixida de cuánto se pretende que un hombre sea probado en este mundo.

5 Sí, hijos, no os engañéis, porque previamente se ha preparado un lugar para cada alma de hombre.

CAPÍTULO 50

1 He puesto por escrito la obra de cada hombre y ninguno de los nacidos en la tierra puede permanecer oculto ni sus obras permanecer ocultas.

2 Veo todas las cosas.

3 Ahora pues, hijos míos, gastad con paciencia y mansedumbre el número de vuestros días, para que heredéis la vida eterna.

4 Soporta por amor del Señor toda herida, toda lesión, todo mal palabra y ataque.

5 Si os ocurren males, no los devolváis ni al prójimo ni al enemigo, porque el Señor los devolverá por vosotros y será vuestro vengador en el día del gran juicio, para que no haya venganza aquí entre los hombres.

6 Cualquiera de vosotros que gaste oro o plata por el bien de su hermano, recibirá un amplio tesoro en el mundo venidero.

7 No hagáis daño a las viudas, ni a los huérfanos, ni a los extranjeros, para que no caiga sobre vosotros la ira de Dios.

CAPÍTULO 51

1 Extiende tus manos a los pobres según tus fuerzas.

2 No escondas tu plata en la tierra.

3 Ayuda al hombre fiel en la afflicción, y la afflicción no te fincará en el tiempo de tu aflicción.

4 Y todo yugo penoso y cruel que venga sobre vosotros, llevadlo todo por amor del Señor, y así hallaréis vuestra recompensa en el día del juicio.

5 Es bueno ir mañana, mediodía y tarde a la morada del Señor, para gloria de tu creador.

6 Porque todo lo que respira (cosa) le glorifica, y toda criatura visible (física) e invisible (espiritual) le devuelve la alabanza.

CAPÍTULO 52

1 Bienaventurado el hombre que abre sus labios en alabanza al Dios de Sabaoth y alaba al Señor con su corazón.

2 Maldito todo hombre que abre los labios para despreciar y calumniar a su prójimo, porque desprecia a Dios.

3 Dichoso el que abre los labios bendiciendo y alabando a Dios.

4 Maldito sea ante el Señor, todos los días de su vida, el que abre los labios para maldecir e injuriar.

5 Bienaventurado el que bendice todas las obras del Señor.

6 Maldito el que desprecia la creación del Señor.

7 Bendito el que mira hacia abajo y levanta a los caídos.

8 Maldito el que busca y ansía la destrucción de lo que no es suyo.

9 Bienaventurado el que mantiene firmes desde el principio los cimientos de sus padres.

10 Maldito el que pervierte los decretos de sus antepasados.

11 Bendito el que imparte paz y amor.

12 Maldito el que perturba a los que aman a su prójimo.

13 Bienaventurado el que habla con lengua y corazón humildes a todos.

14 Maldito el que habla de paz con su lengua, mientras que en su corazón no hay paz sino espada.

15 Porque todas estas cosas se pondrán al descubierto en las balanzas y en los libros, el día del gran juicio.

CAPÍTULO 53

1 Y ahora, hijos míos, no digáis: Nuestro padre está delante de Dios y ruega por nuestros pecados, pues no hay quien ayude al hombre que ha pecado.

2 Ya ves cómo escribí todas las obras de todo hombre, antes de su creación, (todo) lo que se hace entre todos los hombres desde siempre, y nadie puede contar ni relatar mi escritura, porque el Señor ve todas las imaginaciones del hombre, cómo son vanas, dónde yacen en los tesoros del corazón.

3 Y ahora, hijos míos, fijaos bien en todas las palabras de vuestro padre que os digo, no sea que os arrepintáis, diciendo: ¿Por qué no nos lo dijo nuestro padre?

CAPÍTULO 54

1 En aquel tiempo, sin comprenderlo, dejad que estos libros que os he dado sean herencia de vuestra paz.

2 Entrégalos a todos los que los quieran, e i n s t r ú y e l o s, para que vean las obras tan grandes y maravillosas del Señor.

CAPÍTULO 55

1 Hijos míos, he aquí que se acerca el día de mi término y tiempo.

2 Pues los ángeles que irán conmigo están delante de mí y me instan a que me aleje de ti; están aquí en la tierra, esperando lo que se les ha dicho.

3 Porque mañana subiré al cielo, a la Jerusalén más alta, a mi herencia eterna.

4 Por eso te ordeno que hagas ante la faz del S e ñ o r todo (su) bien.

CAPÍTULO 56

1 Habiendo respondido Mathosalam a su padre Enoc, dijo ¿Qué es agradable a tus ojos, padre, que yo pueda hacer ante tu rostro, para que bendigas nuestras moradas, y a tus hijos, y para que tu pueblo se glorifique a través de ti, y entonces (que) puedas partir así, como dijo el Señor?

2 Enoc respondió a su hijo Mathosalam (y) dijo: Oye, hijo, desde el momento en que el Señor me ungió con el ungüento de su g l o r i a , (no ha habido) alimento en mí, y mi alma no se acuerda de los goces terrenales, ni quiero nada terrenal.

CAPÍTULO 57

1 Hijo mío Methosalam, convoca a todos tus hermanos y a toda tu casa y a los ancianos d e l p u e b l o , para que pueda hablar con ellos y partir, como está previsto para mí.

2 Y Methosalam se dio prisa y convocó a sus hermanos, Regim, Riman, Uchan, Chermion, Gaidad y a todos los ancianos del pueblo ante el rostro de su padre Enoc; y los bendijo (y) les dijo:

CAPÍTULO 58

1 Escuchadme, hijos míos, hoy.

2 En aquellos días en que el Señor descendió a la tierra por causa de Adán, y visitó a todas sus criaturas, que él mismo había creado, después de todo esto creó a Adán, y el Señor llamó a todas las bestias de la tierra, a todos los reptiles y a todas las aves que vuelan por los aires, y los llevó a todos ante la faz de nuestro padre Adán.

3 Y Adán dio los nombres a todas las cosas que vivían en la tierra.

4 Y el Señor lo nombró soberano de todo, y le sometió todas las cosas que estaban bajo sus manos, y las hizo mudas y las embotó para que fueran mandadas por el hombre y le estuvieran sujetas y le obedecieran.

5 Así también creó el Señor a cada hombre señor de todos sus bienes.

6 El Señor no juzgará ni a una sola alma de bestia por causa del hombre, sino que adjudicará las almas de los hombres a sus bestias en este mundo; pues los hombres tienen un lugar especial.

7 Y así como cada alma del hombre es según su número, de igual modo no perecerán las bestias, ni todas las almas de las bestias que creó el Señor, hasta el gran juicio, y acusarán al hombre s i las alimenta mal.

CAPÍTULO 59

1 Quien defile el alma de las bestias, defile su propia alma.

2 Porque el hombre trae animales limpios para hacer sacrificio por el pecado, a fin de curar su alma.

3 Y s i traen para sacrifice animales limpios, y aves, el hombre tiene cura, cura su alma.

4 Todo te es dado por comida, átalo por los cuatro pies, que es hacer bien la cura, él cura su alma.

5 Pero quien mata bestias sin heridas, mata sus propias almas y defiles su propia flesh.

6 Y el que hace a una bestia cualquier injuria, en secreto, es mala práctica, y definirá su propia alma.

CAPÍTULO 60

1 El que obra la muerte del alma de un hombre, mata su propia alma y mata su propio cuerpo, y no hay cura para él para siempre.

2 El que mete a un hombre en cualquier lazo, él mismo se clavará en él, y no habrá remedio para él para siempre.

3 Quien pone a un hombre en cualquier recipiente, su castigo no faltará en el gran juicio de todos los tiempos.

4 El que obra torcidamente o habla mal contra cualquier alma, no se hará justicia a sí mismo para siempre.

CAPÍTULO 61

1 Y ahora, hijos míos, guardad vuestros corazones de toda injusticia, que el Señor aborrece. Como el hombre pide a Dios algo para su propia alma, así haga con toda alma viviente, porque yo sé todas las cosas, cómo en el gran tiempo venidero hay mucha heredad preparada para los hombres, buena para los buenos y mala para los malos, sin número muchos.

2 Bienaventurados los que entran en las casas buenas, porque en las casas malas no hay paz ni retorno de ellas.

3 ¡Escuchad, hijos míos, pequeños y grandes! Cuando el hombre pone un buen pensamiento en su corazón, trae regalos de sus trabajos ante la faz del Señor y sus manos no los hicieron, entonces el Señor apartará su rostro del trabajo de su mano, y (ese) hombre no podrá fincar el trabajo de sus manos.

4 Y si sus manos lo hicieron, pero su corazón murmura, y su corazón no cesa de hacer murmurar sin cesar, no tiene ninguna ventaja.

CAPÍTULO 62

1 Bienaventurado el hombre que en su paciencia presenta con fe sus ofrendas ante el rostro del Señor, porque encontrará el perdón de los pecados.

2 Pero si se retracta antes de tiempo, no hay arrepentimiento para él; y si pasa el tiempo y no hace por su propia voluntad lo prometido, no hay arrepentimiento después de la muerte.

3 Porque toda obra que el hombre hace antes de tiempo, es todo engaño ante los hombres y pecado ante Dios.

CAPÍTULO 63

1 Cuando el hombre vista al desnudo y llene al hambriento, encontrará recompensa de Dios.

2 Pero si su corazón murmura, comete un doble mal: la ruina de sí mismo y de lo que da; y para él no habrá fin de recompensa a causa de ello.

3 Y si su propio corazón está lleno de su comida y de su propia comida, vestido con su propia ropa, comete desacato, y perderá todo su aguante de pobreza, y no encontrará recompensa de sus buenas obras.

4 Todo hombre soberbio y magnilocuente es odioso al Señor, y todo discurso falso, revestido de falsedad; será cortado con la hoja de la espada de la muerte, y arrojado a la hoguera, y arderá para siempre.

CAPÍTULO 64

1 Cuando Enoc hubo dicho estas palabras a sus hijos, todos los pueblos de cerca y de lejos oyeron cómo el Señor llamaba a Enoc. Tomaron consejo juntos:

2 Vayamos a besar a Enoc, y se reunieron dos mil hombres y llegaron al lugar de Achuzán donde estaba Enoc y sus hijos.

3 Y los ancianos del pueblo, toda la asamblea, vinieron y se inclinaron y empezaron a besar a Enoc y le dijeron:

4 Padre nuestro Enoc, (que) seas (bendecido) por el Señor, gobernante eterno, y bendice ahora a tus hijos y a todo el pueblo, para que seamos glorificados hoy ante tu rostro.

5 Pues serás glorificada ante la faz del Señor para siempre, ya que el Señor te eligió a ti antes que a todos los hombres de la tierra, y te designó escritora de toda su creación, visible (física) e invisible (espiritual), y redentora de l o s pecados del hombre, y ayudante de tu casa.

CAPÍTULO 65

1 Y Enoc respondió a todo su pueblo diciendo Oíd, hijos míos, antes de que fueran creadas todas las criaturas, el Señor creó las cosas visibles (físicas) y las invisibles (espirituales).

2 Y cuanto tiempo hubo y pasó, entiende que después de todo eso creó al hombre a semejanza de su propia forma, y puso en él ojos para ver, y oídos para oír, y corazón para reflectar, e intelecto con qué deliberadamente.

3 Y vio el Señor todas las obras del hombre, y creó todas sus criaturas, y dividió el tiempo, y del tiempo fijó los años, y de los años señaló los meses, y de los meses señaló los días, y de los días señaló siete.

4 Y en ellas señaló las horas, las midió con exactitud, para que el hombre pudiera reflexionar sobre el tiempo y contar los años, los meses y las horas, (su) alternancia, principio y fin, y para que pudiera contar su propia vida, desde el principio hasta la muerte, y reflexionar sobre su pecado y escribir su obra mala y buena; porque ninguna obra está oculta ante el Señor, para que todo hombre conozca sus obras y no transgreda nunca todos sus mandatos, y guarde mi escritura de generación en generación.

5 Cuando termine toda la creación visible (física) e invisible (espiritual), tal como el Señor la creó, entonces todo hombre irá al gran juicio, y entonces perecerá todo el tiempo, y los años, y de ahí en adelante habrá

no serán ni meses, ni días, ni horas, estarán adheridos y no se contarán.

6 Habrá un eón, y todos los justos que escapen al gran juicio del Señor, serán reunidos en el gran eón, para los justos comenzará el gran eón, y vivirán eternamente, y entonces tampoco habrá entre ellos ni trabajo, ni enfermedad, ni humillación, ni ansiedad, ni necesidad, ni brutalidad, ni noche, ni tinieblas, sino una gran luz.

7 Y tendrán un gran muro indestructible, y un paraíso resplandeciente e incorruptible (eterno), porque todas las cosas corruptibles (mortales) pasarán, y habrá vida eterna.

CAPÍTULO 66

1 Y ahora, hijos míos, guardad vuestras almas de toda injusticia, tal como la aborrece el Señor.

2 Camina ante su rostro con terror y temblor y sírvele sólo a él.

3 Inclínate ante el Dios verdadero, no ante ídolos mudos, sino inclínate ante su semejanza, y trae todas las ofrendas justas ante la faz del Señor. El Señor odia lo que es injusto.

4 Porque el Señor ve todas las cosas; cuando el hombre piensa en su corazón, entonces aconseja a los intelectos, y todo pensamiento está siempre ante el Señor, que hizo firme la tierra y puso sobre ella a todas las criaturas.

5 Si miras al cielo, allí está el Señor; si piensas en las profundidades del mar y en todo el subsuelo, allí está el Señor.

6 Pues el Señor creó todas las cosas. No te inclines ante las cosas hechas por el hombre, dejando al Señor de toda la creación, porque ninguna obra puede permanecer oculta ante el rostro del Señor.

7 Caminad, hijos míos, en la longanimidad, en la mansedumbre, en la honestidad, en la provocación, en el dolor, en la fe y en la verdad, en (la confianza en) las promesas, en la enfermedad, en el maltrato, en las heridas, en la tentación, en la desnudez, en la privación, amándoos unos a otros, hasta que salgáis de esta edad de males, para que lleguéis a ser herederos del tiempo sin fin.

8 Bienaventurados los justos que escaparán al gran juicio, porque resplandecerán más que el sol siete veces, pues en este mundo la séptima parte se aparta de todo, luz, tinieblas, alimento, goce, tristeza, paraíso, tortura, fire, escarcha y otras cosas; lo puso todo por escrito, para que lo leyeras y lo entendieras.

CAPÍTULO 67

1 Cuando Enoc hubo hablado con el pueblo, el Señor envió tinieblas a la tierra, y hubo tinieblas que cubrieron a los hombres que estaban con Enoc, y llevaron a Enoc al cielo más alto, donde (está) el Señor; y éste lo recibió y lo puso ante su rostro, y las tinieblas desaparecieron de la tierra, y volvió la luz.

2 Y el pueblo vio y no comprendió cómo había sido apresado Enoc, y glorificó a Dios, y encontró un rollo en el que estaba trazado El Dios Invisible (espiritual); y todos se fueron a sus moradas.

CAPÍTULO 68

1 Enoc nació el sexto día del mes de Tsivan, y vivió trescientos sesenta y cinco años.

2 Fue llevado al cielo el primer día del mes de Tsivan y permaneció en el cielo sesenta días.

3 Escribió todos estos signos de toda la creación, que el Señor creó, y escribió trescientos sesenta y seis libros, y los entregó a sus hijos y permaneció en la tierra

treinta días, y fue llevado de nuevo al cielo el sexto día del mes de Tsivan, en el mismo día y hora en que había nacido.

4 Así como la naturaleza de todo hombre en esta vida es oscura, también lo son su concepción, su nacimiento y su partida de esta vida.

5 A qué hora fue concebido, a qué hora nació y a qué hora también murió.

6 Methosalam y sus hermanos, todos hijos de Enoc, se apresuraron a erigir un altar en aquel lugar llamado Achuzan, de donde y a donde Enoc había sido llevado al cielo.

7 Y tomaron bueyes sacrificiales y convocaron a toda la gente y sacrificaron el sacrificio ante la faz del Señor.

8 Todo el pueblo, los ancianos del pueblo y toda la asamblea acudieron a la fiesta y trajeron regalos a los hijos de Enoc.

9 E hicieron una gran fiesta, regocijándose y alegrándose tres días, alabando a Dios, que les había dado tal señal por medio de Enoc, que había hallado gracia en él, y que debían transmitirla a sus hijos de generación en generación, de edad en edad.

10 Amén.

3 ENOC

CAPÍTULO 1

INTRODUCCIÓN : R. Ismael asciende al cielo para contemplar la visión del Merkaba y
se entrega a cargo de Metatrón
Y ENOC ANDUVO CON DIOS : Y NO FUE ; PORQUE DIOS SE LO LLEVÓ
(Gén. v. 24)
Rabí Ismael dijo :
(1) Cuando ascendí a lo alto para contemplar la visión del Merkaba y había entrado en el seis Salas, una dentro de la otra:

(2) En cuanto llegué a la puerta de la séptima Sala, me quedé inmóvil en oración ante el Santo,
Bendito sea Él, y, alzando mis ojos a lo alto (es decir, hacia la Majestad Divina), dije :
(3) " Señor del Universo, te ruego que el mérito de Aarón, hijo de Amram, el amante de la paz
y perseguidor de la paz, que recibiste la corona del sacerdocio de Tu Gloria en el monte del Sinaí,
valga para mí en esta hora, para que Qafsiel*, el príncipe, y los ángeles con él no obtengan poder
sobre mí ni arrojarme de los cielos ".
(4) Entonces el Santo, bendito sea, me envió a Metatrón, su Siervo ('Ebed) el ángel, el

Príncipe de la Presencia, y él, desplegando sus alas, con gran alegría vino a mi encuentro para salvarme
de su mano.

(5) Y me tomó de la mano a la vista de ellos, diciéndome: "Entra en paz ante el alto y
exaltado Rey3 y contempla la imagen del Merkaba".

(6) Entonces entré en la séptima Sala, y me condujo al campamento(s) de Shekina y me puso ante
6el Santo, bendito sea, para contemplar el Merkaba.

(7) Tan pronto como los príncipes de la Merkaba y los Serafines Llamativos me percibieron, fijaron sus
ojos sobre mí. Al instante, temblores y estremecimientos se apoderaron de mí, caí al suelo y quedé entumecido por
la imagen radiante de sus ojos y la espléndida apariencia de sus rostros; hasta que el Santo,
Bendito sea, les reprendió diciendo:

(8) "Mis siervos, mis Serafines, mis Querubines y mis 'Ophanniml Cubrid vuestros ojos ante
Ismael, hijo mío, amigo mío, amado mío y gloria mía, ¡que no tiemble ni se estremezca!".

(9) Entonces vino Metatrón, el Príncipe de la Presencia, y me devolvió el espíritu y me puso sobre mi cabeza.
pies.

(10) Después de ese (momento) no hubo en mí fuerza suficiente para decir una canción ante el Trono de
Gloria del Rey glorioso, el más poderoso de todos los reyes, el más excelente de todos los príncipes, hasta después de la
Había pasado una hora.

(11) Al cabo de una hora, el Santo, bendito sea, me abrió las puertas de Shekina,
las puertas de la Paz, las puertas de la Sabiduría, las puertas de la Fuerza, las puertas del Poder, las puertas del
Habla (Dibbur), las puertas de la Canción, las puertas de Qedushsha, las puertas del Canto.

(12) E iluminó mis ojos y mi corazón con palabras de salmo, de canto, de alabanza, de exaltación,
acción de gracias, exaltación, glorificación, himno y panegírico. Y al abrir la boca, pronunciando un canto
ante el Santo, bendito sea, el Santo Chayyoth debajo y encima del Trono de Gloria
respondió y dijo: "¡SANTO!" y "¡BENDITA SEA LA GLORIA DE YHWH DESDE SU LUGAR!".
(es decir, cantó la Qedushsha).

CAPÍTULO 2

⤸

Las clases más elevadas de ángeles hacen indagaciones sobre
  R. Ismael que son contestadas por Metatrón
  R. Ismael dijo:
  (1) En esa hora las águilas de la Merkaba, los flamantes 'Ophannim y los Serafines de consumir
    fire preguntó Metatrón, diciéndole*:*
  (2) "¡Joven! ¿Por qué permites que un nacido de mujer entre y contemple el Merkaba? Del cual
    nación, ¿de qué tribu es éste? ¿Cuál es su carácter?"
  (3) Metatrón respondió y les dijo : "De la nación de Israel *a quien el* Santo, *bendito sea*
    Él, escogió para su pueblo de entre setenta lenguas (naciones), de la tribu de Leví, a quienes puso
    como contribución a su nombre y de la descendencia de Aarón que el *Santo, bendito* sea,
    eligió para su siervo y puso sobre él la corona del sacerdocio en el Sinaí".
  (4) Entonces hablaron y dijeron: "Ciertamente, éste es digno de contemplar el Merkaba". Y ellos
    dijo: "¡Feliz es el pueblo que se encuentra en tal caso!".

CAPÍTULO 3

Metatrón tiene 70 nombres, pero Dios le llama 'Juventud'
  R. Ismael dijo:
  (1) En aquella hora1 pregunté a Metatrón, el ángel, el Príncipe de la Presencia: "¿Cuál es tu nombre?"
  (2) Me respondió "Tengo setenta nombres, que corresponden a las setenta lenguas del mundo y
    todos ellos se basan en el nombre de Metatrón, ángel de la Presencia; pero mi Rey me llama "Juventud".
  (Na'ar)"

CAPÍTULO 4

*Metatrón es idéntico a Enoc, que fue trasladado al cielo
en la época del Diluvio*
R. Ismael dijo :
(1) Pregunté a Metatrón y le dije "¿Por qué eres llamado por el nombre de tu Creador, por setenta
nombres? Tú eres más grande que todos los príncipes, más alto que todos los ángeles, más amado que todos los
siervos, honrados por encima de todos los poderosos en realeza, grandeza y gloria : ¿por qué los llaman
te ' Juventud ' en los altos cielos ?"
(2) Respondió y me dijo " Porque yo soy Enoc, hijo de Jared.
(3) Porque cuando la generación del flood pecó y se confundió en sus obras, diciendo a
Dios: 'Apártate de nosotros, pues no deseamos el conocimiento de tus caminos' (Job xxi.
14), entonces el Santo
Uno, bendito sea, me quitó de en medio de ellos para ser testigo contra ellos en los altos cielos
a todos los habitantes del mundo, para que no digan: 'El Misericordioso es cruel".
(4) Qué pecaron todas aquellas multitudes, sus mujeres, sus hijos y sus, hijas, sus caballos, sus
mulos y sus ganados y sus bienes, y todas las aves del mundo, todo lo cual el Santo,
bendito sea Él, destruido del mundo junto con ellos en las aguas del flood?

(5) *De ahí que el Santo, bendito* sea, *me elevara en vida ante sus ojos para ser un*
testigo contra ellos ante el mundo futuro. Y el Santo, *bendito* sea, *me asignó por príncipe*
y un gobernante entre los ángeles ministradores.
(6) *En aquella hora tres de los ángeles ministradores, 'UZZA, 'AZZA y 'AZZAEL salieron y*
presentaron cargos contra mí en los altos cielos, diciendo ante el Santo, *bendito* sea: *"No dijeron rectamente los Antiguos* (Primeros) *ante Ti:* < *¡No crees al hombre!* ' " El *Santo, bendito* sea, *respondió y les dijo "He hecho y soportaré,*
Sí, yo llevaré y libraré". (Is. xlvi. 4.)
(7) *En cuanto me vieron, dijeron ante Él: "¡Señor del Universo! ¿Qué es éste que*
debe ascender a la altura de las alturas? ¿No es uno de entre los hijos de [los hijos de] aquellos
que perecieron en los días del Diluvio? "¿Qué hace en el Raqia'?"
(8) *De nuevo, el Santo, bendito* sea, *respondió y les dijo: "¿Qué sois vosotros, que entráis y*
¿hablar en mi presencia? Me deleito en éste más que en todos vosotros, y por eso será un príncipe
y un gobernante sobre vosotros en los altos cielos".
(9) *Entonces todos se levantaron y salieron a mi encuentro, se postraron ante mí y dijeron:*
"Feliz eres tú y feliz es tu padre porque tu Creador te favorece".
(10) *Y como soy pequeño y joven entre ellos en días, meses y años, por eso me llaman*
me "Juventud" (Na'ar).

CAPÍTULO 5

La idolatría de la generación de Enosh hace que Dios elimine
la Shekina de la tierra. La idolatría inspirada por 'Azza,
'Uzza y 'Azziel

R.Ismael dijo Metatrón, el Príncipe de la Presencia, me dijo:

(1) Desde el día en que el Santo, bendito sea, expulsó al primer Adán del Jardín de
Edén (y en adelante), Shekina moraba sobre un Kerub bajo el Árbol de la Vida.

(2) Y los ángeles ministradores se reunían y descendían del cielo en grupos, de
la Raqia en compañías y desde los cielos en campamentos para hacer Su voluntad en todo el mundo.

(3) Y el primer hombre y su generación estaban sentados ante la puerta del Jardín para contemplar el
aspecto radiante de la Shekina.

(4) Pues el silendor de la Shekina atravesó el mundo de un extremo a otro (con un esplendor)
365.000 veces (la) del globo del sol. Y todo el que se sirvió del esplendor del
Shekina, sobre él no se posaron flies ni mosquitos, ni estuvo enfermo ni sufrió dolor alguno. No
los demonios obtuvieron poder sobre él, ni pudieron herirle.

(5) Cuando el Santo, bendito sea, salió y entró: del Jardín al Edén, del Edén al Jardín, del Jardín a Raqia y de Raqia al Jardín del Edén entonces todo y todos contemplaron el esplendor de Su Shekina y no fueron heridos;

(6) hasta el tiempo de la generación de Enosh, que era el jefe de todos los adoradores de ídolos del mundo.

(7) ¿Y qué hizo la generación de Enós? Fueron de un extremo al otro del mundo, y
cada uno trajo plata, oro, piedras preciosas y perlas en montones como montes y colinas
haciendo de ellos ídolos por todo el mundo. Y erigieron los ídolos en todos los rincones del
mundo: el tamaño de cada ídolo era de 1000 parasangs.

(8) E hicieron descender el sol, la luna, los planetas y las constelaciones, y los colocaron ante
los ídolos a su derecha y a su izquierda, para atenderlos como se atiende al Santo,
Bendito sea Él, como está escrito (1 Reyes xxii. 19): "Y todo el ejército del cielo estaba junto a él sobre
en la mano derecha y en la izquierda".

(9) ¿Qué poder había en ellos para que fueran capaces de derribarlos? No habrían sido
pudieron derribarlos de no ser por 'Uzza, 'Azza y 'Azziel, que les enseñaron hechicerías mediante las cuales
los hizo descender y se sirvió de ellos

(10) En aquel tiempo los ángeles ministradores presentaron cargos (contra ellos) ante el Santo, bendito
sea Él, diciendo ante él "¡Amo del Mundo! ¿Qué tienes que hacer con los hijos de los hombres? Como
está escrito (Sal. viii. 4) '¿Qué es el hombre (Enosh) para que te acuerdes de él?' 'Mah Adam' no es
escrito aquí, sino "Mah Enosh", pues él (Enosh) es el jefe de los adoradores de ídolos.

(11) ¿Por qué has abandonado el más alto de los altos cielos, la morada de tu glorioso Nombre, y el
alto y exaltado Trono en 'Araboth Raqia' en las alturas y te has ido y moras con el hijos de los hombres que adoran a los ídolos e igualarte a los ídolos.

(12) Ahora tú estás en la tierra y los ídolos también. ¿Qué tienes que hacer con los habitantes de la
tierra que adoran a los ídolos"?

(13) Entonces el Santo, bendito sea, levantó Su Shekina de la tierra, de en medio de ellos.

(14) En ese momento llegaron los ángeles ministradores, las tropas de los ejércitos y los ejércitos de 'Araboth en

mil campamentos y diez mil ejércitos : cogieron trompetas y tomaron los cuernos en sus manos y

rodeó la Shekina con toda clase de cánticos. Y ascendió a los altos cielos, como está escrito

(Sal. xlvii. 5): "Dios ha subido con grito, el Señor con sonido de trompeta".

CAPÍTULO 6

Enoc se elevó al cielo junto con la Shekina.
 Protestas de los ángeles respondidas por Dios
  R. Ismael dijo Metatrón, el Ángel, el Príncipe de la Presencia, me dijo :
  (1) Cuando el Santo, bendito sea, quiso elevarme a lo alto, envió primero a 'Anafiel H (H =
   Tetragrammaton) el Príncipe, y me quitó de en medio de ellos a la vista de ellos y me llevó en gran
   gloria sobre un fiero carro con fierosos caballos, siervos de la gloria. Y me elevó a lo alto
   cielos junto con la Shekina.
  (2) En cuanto llegué a los altos cielos, al Santo Chayyoth, a los 'Ophannim, a los Serafines, a los
   Kerubim, las Ruedas de la Merkaba (los Galgallim), y los ministros del fire consumidor,
   percibiendo mi olor a una distancia de 365.000 miríadas de parasangs, dijo: "¿Qué olor de una
   nacido de mujer y qué sabor de gota blanca (es éste) que asciende a lo alto, y (he aquí, que no es más que) un
   mosquito entre los que 'dividen flames (de fi r e)'?".
  (3) El Santo, bendito sea, respondió y les habló: "Mis servidores, mis ejércitos, mis
   ¡Kerubim, mis 'Ophannim, mis Serafines! ¡No os disgustéis por ello! Puesto que todos los
   hijos de los hombres me han negado a mí y a mi gran Reino y se han ido a adorar ídolos, he

quité mi Shekina de entre ellos y la he elevado a lo alto. Pero ésta que he
tomado de entre ellos es un ELEGIDO entre (los habitantes de) el mundo y es igual a
todos ellos en la fe, la rectitud y la perfección de las obras y lo he tomado por (como) tributo de
mi mundo bajo todos los cielos".

CAPÍTULO 7

Enoc se elevó sobre las alas de la Shekina al lugar del
  Trono, la Merkaba y las huestes angélicas
    R. Ismael dijo: Metatrón, el Ángel, el Príncipe de la Presencia, **me** *dijo:*
    (1) Cuando **el** *Santo, bendito* sea, *me apartó de la generación del Diluvio, me levantó*
      en alas del viento de Shekina hasta lo más alto del cielo y me llevó a los grandes palacios de
      el "Araboth Raqia" en las alturas, donde están el glorioso Trono de Shekina, la Merkaba, las tropas de
      la cólera, los ejércitos de la vehemencia, el fiery Shin'anim', el flaming Kerubim, y el ardiente
        'Ophannim, los **flamingos** *siervos, los flashing Chashmattim y los Serafines relampagueantes. Y él*
      me colocó (allí) para asistir al Trono de Gloria día tras día.

CAPÍTULO 8

Las puertas (de los tesoros del cielo) se
   abrieron a Metatrón
   R. Ismael dijo : Metatrón, el Príncipe de la Presencia, me dijo :
   (1) Antes de que me designara para asistir al Trono de Gloria, el Santo, bendito sea, abrió a
   me
   trescientas mil puertas de la Comprensión
   trescientas mil puertas de la Sutileza
   trescientas mil puertas de la Vida
   trescientas mil puertas de gracia y bondad trescientas mil
   puertas de amor
   trescientas mil puertas de Tora trescientas
   mil puertas de mansedumbre
   trescientas mil puertas de mantenimiento
   trescientas mil puertas de misericordia
   trescientas mil puertas de miedo al cielo
   (2) En aquella hora el Santo, bendito sea, añadió en mí sabiduría a la sabiduría, inteligencia a la
   entendimiento, sutileza a sutileza, conocimiento a conocimiento, misericordia a misericordia, instrucción
   a instrucción, amor a amor, bondad a bondad, bondad a bondad,
   mansedumbre a mansedumbre, poder a poder, fuerza a fuerza, poder a poder, brillantez
   a resplandor, belleza a belleza, esplendor a esplendor, y fui honrado y adornado con

todas estas cosas buenas y dignas de alabanza más que todos los hijos del c i e l o .

CAPÍTULO 9

Enoc recibe bendiciones del Altísimo y es adornado con atributos angélicos

R. Ismael dijo : Metatrón, el Príncipe de la Presencia, me dijo :

(1) Después de todas estas cosas, el Santo, bendito sea, puso Su mano sobre mí y me bendijo con 5360 bendiciones.

(2) Y fui criado y engrandecido al tamaño de la longitud y anchura del mundo.

(3) E hizo que me crecieran 72 alas, 36 a cada lado. Y cada ala era como el todo mundo.

(4) Y fijó en mí 365 ojos: cada ojo era como la gran luminaria.

(5) Y Él no dejó ningún tipo de esplendor, brillo, resplandor, belleza en (de) todas las luces del universo que Él no se fixó en mí.

CAPÍTULO 10

Dios coloca a Metatrón en un trono a la puerta del séptimo
　　Sala y anuncia a través del Heraldo, que Metatrón
　　a partir de ahora es el representante de Dios y soberano de toda la
　　príncipes de reinos y todos los hijos d e l cielo, salvo
　　los ocho altos príncipes llamaban a YHWH por el nombre de su Rey
　　R. Ismael dijo : Metatrón, el Príncipe de la Presencia, me dijo :

(1)　Todas estas cosas el **Santo**, bendito **sea**, hizo para mí: Me hizo un Trono, semejante a la
　　Trono de Gloria. Y extendió sobre mí una cortina de esplendor y de brillante apariencia, de belleza,
　　gracia y misericordia, semejante a la cortina del Trono de G l o r i a ; y sobre ella estaban fijadas todas las clases de
　　luces del universo.
(2)　Y la colocó a la puerta de la Séptima Sala y me sentó en ella.
(3)　Y el heraldo salió por todos los cielos, diciendo: Este es Metatrón, mi siervo. He hecho
　　en príncipe y gobernante sobre todos los príncipes de mis reinos y sobre todos los hijos de
　　cielo, excepto los ocho grandes príncipes, los honrados y reverenciados que son llamados YHWH, por los

nombre de su Rey.

(4) Y todo ángel y todo príncipe que tenga una palabra que decir en mi presencia (ante mí) irá

a su presencia (ante él) y le hablará (en su lugar).

(5) Y toda orden que os dé en mi nombre, observadla y cumplidla. Para el Príncipe de

Sabiduría y al Príncipe del Entendimiento le he encomendado que le instruya en la sabiduría de

de las cosas *celestiales y de las terrenales, de la sabiduría de este mundo y del venidero.*

(6) Además, lo he puesto sobre todos los tesoros de los palafitos de Araboih y sobre todos los almacenes

de vida que tengo en los altos cielos.

CAPÍTULO 11

Dios revela todos los misterios y secretos a Metatrón
 R. Ismael dijo : Metatrón, el ángel, el Príncipe de la Presencia, me
 dijo:
 (1) A partir de entonces el *Santo, bendito* sea, *me reveló todos los misterios de la Torá y todas las*
 secretos de la sabiduría y todas las profundidades de la Ley Perfecta; y todos los pensamientos de corazón de los seres vivos y
 todos los secretos del universo y todos los secretos de la Creación me fueron revelados tal como son
 revelada al Hacedor de la Creación.
 (2) Y observé atentamente para contemplar los secretos de la profundidad y el maravilloso misterio. Antes de que
 el hombre pensó en secreto, yo (lo) vi y antes de que un hombre hiciera una cosa yo la contemplé.
 (3) Y no hubo cosa en lo alto ni en lo profundo que se me *ocultase.*

CAPÍTULO 12

*Dios viste a Metatrón con un manto de gloria, le pone una
corona real en la cabeza y le llama "el YHWH Menor"*

R. Ismael dijo: Metatrón, el Príncipe de la Presencia, me dijo:

(1) Por el amor con que el Santo, bendito sea, me amó más que todos los
hijos del cielo, me hizo una vestidura de gloria en la que estaban fijadas toda clase de luces, y me
vísteme con ella.

(2) Y me hizo un manto de honor en el que estaban fijadas todas las clases de belleza, esplendor, brillo
y majestuosidad.

(3) Y me hizo una corona real en la que estaban fijadas cuarenta y nueve piedras preciosas semejantes a la luz.
del globo del sol.

(4) Pues su esplendor se extendió por las cuatro partes del Araboth Raqia, y en (a través de) el
en los siete cielos y en las cuatro partes del mundo. Y lo puso sobre mi cabeza.

(5) Y me llamó EL MENOR YHWH en presencia de toda su casa celestial; como es
escrito (Ex. xxiii. 21): "Porque mi nombre está en él".

CAPÍTULO 13

Dios escribe con estilo flamígero en la corona de
 Metatrón las letras cósmicas por las que fueron
 creados el cielo y la tierra
 R. Ismael dijo : Metatrón, el ángel, el Príncipe de la Presencia, la Gloria de todos los cielos, dijo a
 me :
 (1) Por el gran amor y misericordia con que el Santo, bendito sea, amó y
 me quiso más que a todos los hijos del cielo, Escribió con su timbre con un estilo flaming
 sobre la corona de mi cabeza las letras por las que fueron creados el cielo y la tierra, los mares y los ríos,
 las montañas y las colinas, los planetas y las constelaciones, los relámpagos, los vientos, los terremotos y las voces
 (truenos), la nieve y el granizo, el viento tempestuoso y la tempestad ; las letras por las que fueron creadas todas
 las necesidades del mundo y de todos los órdenes de la Creación.
 (2) Y cada carta enviada una y otra vez como si fueran relámpagos, una y otra vez como si fueran
 antorchas, una y otra vez como si fueran flamas de fire, una y otra vez (rayos) como [como] la salida del sol.
 y la luna y los planetas.

CAPÍTULO 14

～

Todos los príncipes supremos, los ángeles elementales y los
    ángeles planetarios y siderales temen y tiemblan al ver a
    Metatrón coronado
    R. Ismael dijo Metatrón, el Ángel, el Príncipe de la Presencia, me dijo :
    (1) Cuando el Santo, bendito sea, puso esta corona sobre mi cabeza, *(entonces) temblaron ante mí todos los*
    Príncipes de Reinos que están en la altura de 'Araboth Raqiaf y todas las huestes de todos los cielos; y
    incluso los príncipes (de) los 'Elim, los príncipes (de) los 'Er'ellim y los príncipes (de) los Tafsarim, que
    son mayores que todos los ángeles ministradores que ministran ante el Trono de Gloria, temblaron, temieron
    y temblaron ante mí cuando me contemplaron.
    (2) Incluso Sammael, el Príncipe de los Acusadores, que es más grande que todos los príncipes de los reinos de
    alto; temieron y temblaron ante mí.
    (3) Y aun el ángel del fuego, *y el ángel del granizo, y el ángel del viento, y el ángel de la*
    relámpago, y el ángel de la ira, y el ángel del trueno, y el ángel de la nieve, y el ángel de la lluvia ; y el ángel del día, y el ángel de la noche, y el ángel del sol y el ángel de la luna, y el ángel de los planetas y el ángel de las constelaciones que gobiernan la
    mundo bajo sus manos, temieron y temblaron y se espantaron ante mí, cuando me vieron.

(4) Estos son los nombres de los gobernantes del mundo: *Gabriel, el ángel del* fuego, *Baradiel, el ángel*
del granizo, Ruchiel que está designado sobre el viento, Baraqiel que está designado sobre los relámpagos,
Za'amiel que está designado sobre la vehemencia, Ziqiel que está designado sobre las chispas, Zi'iel que
es designado sobre la conmoción, Zdaphiel que es designado sobre el viento tempestuoso, Ra'amiel que es
designado sobre los truenos, Rctashiel que está designado sobre el terremoto, Shalgiel que está
designado sobre la nieve, Matariel que está designado sobre la lluvia, Shimshiel que está designado sobre
el día, Lailiel que está designado sobre la noche, Galgalliel que está designado sobre el globo del
sol, 'Ophanniel que está designado sobre el globo de la luna, Kokbiel que está designado sobre el
planetas, Rahatiel que está designado sobre las constelaciones.
(5) Y cayeron todos postrados al verme. *Y no pudieron contemplarme a causa de*
la majestuosa gloria y belleza de la aparición de la luz resplandeciente de la corona de gloria sobre mi
cabeza.

CAPÍTULO 15

Metatrón transformado en fire

R. Ismael dijo : Metatrón, el ángel, el Príncipe de la Presencia, la Gloria de todo el cielo, *dijo a me :*

(1) Tan pronto como el Santo, *bendito sea, me tomó a (Su) servicio para asistir al Trono de Gloria*

y las Ruedas (Galgallim) de la Merkaba y las necesidades de Shekina, inmediatamente mi flesh fue convertido en llamas, *mis tendones en* llamas, *mis huesos en brasas de enebro ardiente, la luz...*

de mis párpados en esplendor de relámpagos, mis globos oculares en marcas de fuego, *el cabello de mi cabeza en* punto flames, *todos mis miembros en alas de fuego ardiente y todo mi cuerpo en* fuego *resplandeciente.*

(2) Y a mi derecha había divisiones 6 de fiery flames, *a mi izquierda ardían* fire-marcas, *redondas.*

a mi alrededor soplaban vientos de tormenta y tempestad y delante y detrás de mí rugían los

trueno con terremoto.

FRAGMENTO DE "ASCENSIÓN DE MOISÉS

(1) R. Ismael dijo: Me dijo Metatrón, el Príncipe de la Presencia y el príncipe sobre todos los

príncipes y se pone delante de Aquel que es mayor que todos los Elohim. Y entra bajo el
   Trono de Gloria. Y tiene un gran tabernáculo de luz en lo alto. Y hace brotar el fuego de
   sordera y la pone (en) los oídos de los Santos Chayyoth, para que no oigan la voz del
   Palabra (Dibbur) que sale de la boca de la Majestad Divina.
   (2) Y cuando Moisés ascendió a lo alto, ayunó 121 ayunos, hasta que las moradas del chashmal fueron
   se abrió ante él; y vio el corazón dentro del corazón del León y vio los innumerables compañías de los ejércitos le *rodeaban. Y deseaban* quemarle. *Pero Moisés rogó por*
   misericordia, primero para Israel y después para sí mismo; y Aquel que está sentado en el Merkaba abrió el
   ventanas que están sobre las cabezas de los Kerubim. Y una hueste de 1800 defensores y el Príncipe de
   la Presencia, Metatrón, con ellos salieron al encuentro de Moisés. Y tomaron las oraciones de Israel y
   ponlos como una corona sobre la cabeza del Santo, *bendito* sea.
   (3) Y dijeron (Deut. vi. 4): "Escucha, Israel; el Señor, nuestro Dios, es un solo Señor *"y su rostro brilló*
   y se regocijaron por Shekinay dijeron a Metatrón: "¿Qué son éstos? ¿Y a quién dan todo
   este honor y esta gloria?" Y ellos respondieron "Al Glorioso Señor de I s r a e l ".
   Y hablaron:
   "Escucha, Israel: El Señor, nuestro Dios, es un solo Señor. A quién se le dará abun- dancia de honor y
   majestad sino a Ti YHWH, la Majestad Divina, el Rey, vivo y eterno".
   (4) En aquel momento habló Akatriel Yah Yehod Sebaoth y dijo a Metatrón, el Príncipe de los
   Presencia: "Que ninguna oración que rece ante mí vuelva (a él) vacía. Escucha su oración y
   fulfil su deseo sea (sea) grande o pequeño".
   (5) Entonces Metatrón, el Príncipe de la Presencia, dijo a Moisés:
   "¡Hijo de Amram! No temas, pues ahora Dios se deleita en ti. Y pide tu deseo de la Gloria y de la
   Majestad. Porque tu rostro brilla de un extremo al otro del mundo". Pero Moisés le respondió "(I
   temor) no sea que traiga la culpa sobre mí". Metatrón le *dijo: "Recibe las letras del juramento, en*
   (por) el cual no hay ruptura del pacto" *(que excluye cualquier ruptura del pacto).*

CAPÍTULO 16

Probablemente más
  Metatrón despojado de su privilegio de presidir un Trono
  propio a causa del error de Acher al tomarlo por un
  segundo Poder Divino.
  R. Ismael dijo: Metatrón, el Ángel, el Príncipe de la Presencia, la Gloria de todo el cielo, me *dijo*:
  (1) Al principio estaba sentado en un gran Trono a la puerta de la Séptima Sala; y juzgaba a los
    hijos del cielo, la casa de lo alto por autoridad del Santo, bendito sea. *Y yo*
      dividido Grandeza, Realeza, Dignidad, Gobernación, Honor y Alabanza, y Diadema y Corona de
        Gloria a todos los príncipes de los reinos, mientras yo presidía (lit. sentado) en la Corte Celestial
          (Yeshiba), y los príncipes de los reinos estaban delante de mí, a mi derecha y a mi izquierda junto a
            autoridad del *Santo, bendito sea.*
  (2) Pero cuando Acher llegó a contemplar la visión del Merkaba y fijó sus ojos en mí, temió
    y tembló delante de mí, y su alma se atemorizó hasta apartarse de él, a causa del miedo,
      horror y pavor de mí, cuando me vio sentado en un trono como un rey con todos los ministros
        los ángeles que están a mi lado como mis servidores y todos los príncipes de los reinos adornados con coronas
          que me rodean:

(3) en ese momento abrió la boca y dijo "¡En efecto, hay dos Poderes Divinos en el cielo!".

(4) Entonces Bath Qol (la Voz Divina) salió del cielo desde delante de la Shekina y

dijo: "¡Volved, hijos descarriados (Jer. iii. 22), excepto Acher!".

(5) Entonces llegó 'Aniyel, el Príncipe, el honrado, glorificado, amado, maravilloso, venerado y temible

uno, por encargo del Santo, bendito sea, y me dio sesenta golpes con latigazos de fire

y me hizo ponerme en pie.

CAPÍTULO 17

*Los príncipes de los siete cielos, del sol, de la luna, de
los planetas y de las constelaciones y sus conjuntos de
ángeles*

R. Ismael dijo : Metatrón, el ángel, el Príncipe de la Presencia, la gloria de todos los cielos, dijo a

a mí:

(1) Siete (son los) príncipes, los grandes, hermosos, venerados, maravillosos y honrados que son

designados sobre los siete cielos. Y éstos son: MIKAEL, GABRIEL, SHATQIEL, SHACHAQIEL, BAKARIEL, BADARIEL, PACHRIEL.

(2) Y cada uno de ellos es el príncipe del ejército de (un) cielo. Y cada uno de ellos es

acompañado de 496.000 miríadas de ángeles ministradores.

(3) MIKAEL, el gran príncipe, está designado sobre el séptimo cielo, el más alto, que está en el

Araboth. GABRIEL, el príncipe del ejército, está designado sobre el sexto cielo que está en Makón.

SHATAQIEL, príncipe del ejército, está designado sobre el quinto cielo que está en Ma'on.

SHAHAQI'EL, príncipe del ejército, está designado sobre el cuarto cielo que está en Zebul.

BADARIEL, príncipe del ejército, está designado sobre el tercer cielo que está en Shehaqim.

BARAKIEL, príncipe del ejército, está destinado sobre el segundo cielo que está en la altura de

(Merom) Raqia.

PAZRIEL, príncipe del ejército, es nombrado sobre el primer cielo que está en Wilón, que está en
Shamayim.
(4) Bajo ellos está GALGALLIEL, el príncipe que está designado sobre el globo (galgal) del sol,
y con él 96 grandes y honrados ángeles que mueven el sol en Raqia'.
(5) Bajo ellos está 'OPHANNIEL, el príncipe que está puesto sobre el globo ('ophari) de la luna. Y
con él hay 88 ángeles que mueven el globo de la luna 354 mil parasangs cada noche en el
momento en que la luna se sitúa en el Este en su punto de inflexión. Y cuando la luna se sitúa en el Este
¿en su punto de inflexión? Respuesta: en el decimoquinto día de cada mes.
(6) Debajo de ellos está RAHATIEL, el príncipe designado sobre las constelaciones. Y él es
acompañado de 72 grandes y honrados ángeles. ¿Y por qué se le llama RAHATIEL? Porque él
hace correr a las estrellas (marhit) en sus órbitas y recorre 339 mil parasangs cada
noche de Oriente a Occidente, y de Occidente a Oriente. Pues el Santo, bendito sea, ha
hizo una tienda para todos ellos, para el sol, la luna, los planetas y las estrellas en la que viajan a
noche del Oeste al Este.
(7) Bajo ellos está KOKBIEL, el príncipe designado sobre todos los planetas. Y con él están
365.000 miríadas de ángeles ministradores, grandes y honrados que mueven los planetas de ciudad en ciudad
ciudad y de provincia en provincia en la Raqia' de los cielos.
(8) Y sobre ellos hay SETENTA Y DOS PRINCIPADOS DE REINO en lo alto que corresponden a la
72 lenguas del mundo. Y todas ellas están coronadas con coronas reales y vestidas con ropas reales
y envueltos en mantos reales. Y todos ellos van montados en caballos reales y llevan en sus manos
cetros en sus manos. Y ante cada uno de ellos, cuando viaja en Raqia', siervos reales
corren con gran gloria y majestad como en la tierra viajan (los príncipes) en carro(s)
con jinetes y grandes ejércitos y en gloria y grandeza con alabanza, canto y honor.

CAPÍTULO 18

El orden de los rangos de los ángeles y el homenaje
   que reciben los rangos superiores de los inferiores
   R. Ismael dijo: Metatrón, el Ángel, el Príncipe de la Presencia, la gloria de todo el cielo, me *dijo:*
   (1) LOS ÁNGELES DEL PRIMER CIELO, cuando ven a su príncipe, desmontan
      de sus caballos y caen de bruces.
   Y EL PRÍNCIPE DEL PRIMER CIELO, cuando ve al príncipe del segundo cielo
      desmonta, se quita la corona de gloria de la cabeza y cae de bruces.
   Y EL PRÍNCIPE DEL SEGUNDO CIELO, cuando ve al Príncipe del tercer cielo
      se quita la corona de gloria de la cabeza y cae de bruces.
   Y EL PRÍNCIPE DEL TERCER CIELO, cuando ve al príncipe del cuarto cielo, dice
      se quita la corona de gloria de la cabeza y cae de bruces.
   Y EL PRÍNCIPE DEL CUARTO CIELO, cuando ve al príncipe del fijo cielo, le
      se quita la corona de gloria de la cabeza y cae de bruces.
   x*Y EL PRÍNCIPE DEL QUINTO CIELO, cuando ve al príncipe del sexto cielo, dice*
      se quita la corona de gloria de la cabeza y cae de bruces.
   Y EL PRÍNCIPE DEL SEXTO CIELO, cuando ve al príncipe del séptimo cielo, dice
      se quita la corona de gloria de la cabeza y cae de bruces.

(2) Y EL PRÍNCIPE DEL SÉPTIMO CIELO, cuando ve a LOS SETENTA Y DOS
PRINCIPES DE REINO, se quita la corona de gloria de la cabeza y cae de bruces.
2
(3) Y los setenta y dos príncipes de los reinos, cuando vean A LOS PORTEROS DEL
PRIMERA SALA DE LA RAQIA ÁRABE en lo más alto, se quitan la corona real de su

cabeza y caen de bruces.
3Y LOS PORTEROS DE LA PRIMERA SALA, al ver a los porteros de la segunda
Sala, se quitan la corona de gloria de la cabeza y caen de bruces.
Y LOS PORTEROS DE LA SEGUNDA SALA, al ver a los porteros de la tercera
Sala, se quitan la corona de gloria de la cabeza y caen de bruces.
Y LOS PORTEROS DE LA TERCERA SALA, al ver a los porteros de la cuarta
Sala, se quitan la corona de gloria de la cabeza y caen de bruces.
Y LOS PORTEROS DE LA CUARTA SALA, cuando vean a los porteros de la firma
Sala, se quitan la corona de gloria de la cabeza y caen de bruces.
Y LOS PORTEROS DE LA QUINTA SALA, al ver a los porteros de la sexta
Sala, se quitan la corona de gloria de la cabeza y caen de bruces.
Y LOS PORTEROS DE LA SEXTA SALA, al ver a los PORTEROS DE LA SÉPTIMA SALA, se quitan la corona de gloria de la cabeza y caen de bruces.
(4) Y los porteros de la séptima Sala, al ver a LOS CUATRO GRANDES PRINCIPES, los

honorables, *QUE SON NOMBRADOS SOBRE LOS CUATRO CAMPAMENTOS DE*
SHEKINA, eliminan
la(s) corona(s) de gloria de su cabeza y caigan sobre sus rostros.
(5) Y los cuatro grandes príncipes, al ver a TAG'AS, el príncipe, grande y honrado con el canto
(y) alabanza, a la cabeza de todos los hijos del cielo, *quitan la corona de gloria de su cabeza*
y caen de bruces.
(6) Y Tag' as, el gran y honrado príncipe, cuando ve a BARATTIEL, el gran príncipe de tres
fingers en la altura de 'Araboth, el cielo más alto, se quita la corona de gloria de la cabeza
y cae de bruces.

(7) Y Barattiel, el gran príncipe, cuando ve a HAMÓN, el gran príncipe, el temible y
honrado, agradable y terrible que hace temblar *a todos los hijos del cielo, cuando llega el momento*
se acerca (que se fija) para el dicho del '(Tres veces) Santo', como está escrito (Isa. xxxiii. 3): "En el
ruido del tumulto (hamon) los pueblos son fled; *a la elevación de ti mismo las naciones son dispersadas"*
se quita la corona de gloria de la cabeza y cae de bruces.
(8) Y Hamon, el gran príncipe, cuando ve a TUTRESIEL, el gran príncipe, quita la
corona de gloria de su cabeza y cae sobre su rostro.
(9) Y Tutresiel H', el gran príncipe, cuando ve a ATRUGIEL, el gran príncipe, quita el
corona de gloria de su cabeza y cae sobre su rostro.
(10) Y Atrugiel el gran príncipe, cuando ve a NA'ARIRIEL H', el gran príncipe, quita el
corona de gloria de su cabeza y cae sobre su rostro.
(n) Y Na'aririel H', *el gran príncipe, cuando ve a SASNIGIEL H', el gran príncipe, se quita*
la corona de gloria de su cabeza y cae sobre su rostro.
(12) Y Sasnigiel H', cuando ve a ZAZRIEL H', el gran príncipe, se quita la corona de gloria
de la cabeza y le cae en la cara.
(13) Y Zazriel H', el príncipe, al ver a GEBURATIEL H', el príncipe, se quita la corona
de gloria de su cabeza y cae de bruces.
(14) Y Geburatiel H', *el príncipe, cuando ve a 'ARAPHIEL H', el príncipe, se quita la corona*
de gloria de su cabeza y cae de bruces.
(15) Y 'Araphiel H', el príncipe, cuando ve a 'ASHRUYLU, el príncipe, que preside en toda la
sesiones de los hijos del cielo, *se quita la corona de gloria de la cabeza y cae sobre su*
cara.
(16) Y Ashruylu H, el príncipe, cuando ve a GALLISUR H', EL PRÍNCIPE, QUE REVELA
TODOS LOS SECRETOS DE LA LEY (Torá), se quita la corona de gloria de la cabeza y cae
en la cara.
(17) Y Gallisur H', el príncipe, *cuando ve a ZAKZAKIEL H', el príncipe que ha sido designado para*
anota los méritos de Israel en el Trono de Gloria, quita la corona de gloria de su cabeza

y cae de bruces.

(18) Y Zakzakiel H', el gran príncipe, cuando ve a 'ANAPHIEL H', el príncipe que guarda el

llaves de los Salones celestiales, se quita la corona de gloria de la cabeza y cae de bruces. Por qué

¿se le llama por el nombre de 'Anafiel? Porque la rama de su honor y majestad y su corona

y su esplendor y su brillo cubren (ensombrecen) todas las cámaras de 'Araboth Raqia el

tan alto como el Hacedor del Mundo (les hace sombra). Como está escrito respecto a los

Hacedor del Mundo (Hab. iii. 3): "Su gloria cubrió los cielos, y la tierra se llenó de su

alabanza", así también el honor y la majestad de 'Anafiel cubren todas las glorias de 'Araboth el más alto.

(19) Y cuando ve a SOTHER 'ASHIEL H', el príncipe, el grande, temible y honrado, él

se quita la corona de gloria de la cabeza y cae de bruces. ¿Por qué se le llama Sother Ashiel?

Porque está designado sobre las cuatro cabezas del río fiery frente al Trono de Gloria; y

cada príncipe que sale o entra ante la Shekina, sale o entra sólo por su permiso.

Pues los sellos del río fiery le han sido confiados. Y además, su altura es de 7000 miríadas de

parasangs. Y agita el fire del río ; y sale y entra ante la Shekina para

exponer lo que está escrito (registrado) sobre los habitantes del mundo. Según

escrito (Dan. vii. 10) : "el juicio fue fijado, y los libros fueron abiertos".

(20) Y Sother 'Ashiel el príncipe, cuando ve a SHOQED CHOZI, el gran príncipe, el poderoso,

terrible y honrado, se quita la corona de gloria de la cabeza y cae de bruces.

¿Y por qué se le llama Shoqed Chozi? Porque pesa todos los méritos (del hombre) en una balanza en el

presencia del Santo, bendito sea.

(21) Y cuando vea a ZEHANPURYU H', el gran príncipe, el poderoso y terrible, honrado,

glorificado y temido en toda la casa celestial, se quita la corona de gloria de la cabeza y

se cae de bruces. ¿Por qué se le llama Zehanpuryu? Porque reprende al río fiery lo empuja *de vuelta a su sitio.*

(22) Y cuando ve a 'AZBUGA H', el gran príncipe, glorificado, reverenciado, honrado, adornado,

maravilloso, exaltado, amado y temido entre todoslos grandes príncipes que conocen el misterio del

Trono de Gloria, se quita la corona de gloria de la cabeza y cae de bruces. *¿Por qué*

llamado 'Azbuga? Porque en el futuro ceñirá (vestirá) a los justos y piadosos del mundo con

las vestiduras de la vida y envolverlos en el manto de la vida, para que vivan en ellos una vida eterna.

(23) Y cuando vea a los dos grandes príncipes, a los fuertes y glorificados que están de pie sobre él

él, se quita la corona de gloria de la cabeza y cae de bruces. *Y estos son los nombres de*

los dos príncipes:

SOPHERIEL H' (QUIEN) KILLETH, (Sopheriel H' el Asesino), el gran príncipe, el honrado,

glorificado, intachable, venerable, antiguo y poderoso; (y) SOPERIEL H' (QUE) HACE

VIVO (Sopheriel H' el Vivificador), el gran príncipe, el honrado, glorificado, intachable, antiguo y

poderoso.

(24) ¿Por qué se le llama Sopheriel H' el que mata (Sopheriel H' el Asesino)?

Porque ha sido nombrado

sobre los libros de los muertos : [para que] cada uno, cuando se acerque *el día de su muerte, lo escriba*

en los libros de los muertos.

¿Por qué se le llama Sopheriel H' que da vida (Sopheriel H' el Vivificador)? Porque es

designado sobre los libros de los vivos (de la vida), para que todo aquel a quien el Santo, bendito sea

El, traerá a la vida, lo inscribe en el libro de los vivos (de la vida), por autoridad de MAQOM.

Tal vez podrías decir: "Puesto que el Santo, bendito sea, está sentado en un trono, ellos también están

sentado al escribir". (Respuesta): La Escritura nos lo enseña (1 Reyes xxii. 19, 2 Crón. xviii. 18) :

"Y todo el ejército del cielo está junto a él".

"La hueste del cielo" (se dice) para mostrarnos, *que incluso los Grandes Príncipes, ninguno como los cuales*

hay en los altos cielos, no cumplfil las peticiones de la Shekina de otro modo que de pie. Pero

¿cómo (es posible) que (sean capaces de) escribir, cuando están de pie?

Es así :

(25) Uno está parado sobre las ruedas de la tempestad y el otro está parado sobre las ruedas de la

viento-tormenta.

El uno está revestido de **vestiduras** *reales, el otro está revestido de vestiduras reales.*

El uno está envuelto en un manto de majestad y el otro está envuelto en un manto de majestad.

El uno está coronado con una corona real, y el otro está coronado con una corona real.

El cuerpo de uno está lleno de ojos, y el cuerpo del otro está lleno de ojos.

La apariencia de uno es semejante a la apariencia de los relámpagos, y la apariencia del otro es

como la aparición de relámpagos.

Los ojos de uno son como el sol en su fuerza, y los ojos del otro son como el sol en su

puede.

La altura de uno es como la altura de los siete cielos, y la altura del otro es como la altura de

los siete cielos.

Las alas de la una son tan (muchas como) los días del año, y las alas de la otra son tan (muchas

como) los días del año.

Las alas de uno se extienden sobre la anchura de Raqia', y las alas del otro se extienden sobre la

amplitud de Raqia.

Los labios de uno son como las puertas de Oriente, y los labios del otro son como las puertas de Oriente.

La lengua de uno es tan alta como las olas del mar, y la lengua del otro es tan alta como el

olas del mar.

De la boca de uno sale *una* flama, *y de la boca del otro* sale *una flama.*

'De la boca de uno salen relámpagos y de la boca del otro salen

relámpagos.

Del sudor de uno se enciende el fuego, y del sudor del otro se enciende el fuego.

De la lengua de uno arde una antorcha, y de la lengua del otro arde una antorcha.

En la cabeza del uno hay una piedra de zafiro, y en la cabeza del otro hay un zafiro

piedra.

En los hombros de uno hay una rueda de un querubín veloz, y en los hombros del otro

hay una rueda de un querubín veloz.
Uno tiene en la mano un pergamino en llamas, el otro tiene en la mano un pergamino en llamas. Uno tiene en la mano un estilo flaming, el otro tiene en la mano un estilo *flaming. La longitud del pergamino es de 3000 miríadas de parasangs ; el tamaño del estilo es de*
3000 miríadas de
parasangs; el tamaño de cada letra que escriben es de 365 parasangs.

CAPÍTULO 19

Rikbiel, el príncipe de las ruedas de la Merkaba. Los
alrededores de la Merkaba. La conmoción entre las
huestes angélicas en el momento de la Qedushsha.
R. Ismael dijo Metatrón, el Ángel, el Príncipe de la Presencia, me
dijo :
(1) Por encima de 2 estos tres ángeles, de estos grandes príncipes, hay un Príncipe, distinguido, honrado,
noble, glorificado, adornado, temible, valiente, fuerte, grande, magnificado, glorioso, coronado, maravilloso,
exaltado, irreprochable, amado, señorial, alto y sublime, antiguo y poderoso, semejante a quien no hay ninguno
entre los príncipes. Su nombre es RIKBIEL H', el gran y venerado Príncipe que está junto al
Merkaba.
(2) ¿Y por qué se le llama RIKBIEL? Porque está designado sobre las ruedas de la Merkaba, y
son entregados a su cargo.
(3) ¿Y cuántas son las ruedas? Ocho; dos en cada dirección. Y hay cuatro vientos
rodeándolos por *todas partes. Y estos son sus nombres "el Viento Tormentoso", "la Tempestad", "el
Viento Fuerte" y "Viento de Terremoto".
(4) Y debajo de ellos corren continuamente cuatro fiery-ríos, un fiery-río a cada lado. Y alrededor
alrededor de ellas, entre los ríos, se plantan (colocan) cuatro nubes, y éstas son: "nubes de fuego",

"nubes de lámparas", "nubes de carbón", "nubes de azufre" y están frente a [sus] ruedas.

(5) Y los pies del Jayyoth descansan sobre las ruedas. Y entre una rueda y otra ruge el terremoto y truena el trueno.

*(6) Y cuando se acerca el momento de recitar la Canción, (entonces) los multi*tudes de ruedas son

conmovido, la multitud de las nubes tiembla, todos los jefes (shallishim) se asustan, todos los

los jinetes (parashim) se enfurecen, todos los poderosos (gibborim) se excitan, todas las huestes (seba'im) se

atemorizados, todas las tropas (gedudim) están atemorizadas, todos los designados (memunnim) se *apresuran, todos*

los príncipes (sarim) y los ejércitos (chayyelim) están consternados, todos los siervos (mesharetim) desfallecen y

todos los ángeles (mal'akim) y divisiones (degalim) se afanan con dolor.

(7) Y una rueda hace un sonido que se oye a la otra y un Kerub a otro, un Chayya. a

otro, un Serafín a otro (diciendo) (Sal. lxviii. 5) "Ensalzad al que cabalga en 'Araboth, por su

nombra a Jah y regocíjate ante él".

CAPÍTULO 20

CHAYYLIEL, el príncipe de los Chayyoth

R. Ismael dijo Metatrón, el ángel, el Príncipe de la Presencia, me dijo:

(1) Por encima de éstos hay un príncipe grande y poderoso. Su nombre es CHAYLIEL H', noble y

príncipe venerado, príncipe glorioso y poderoso, príncipe grande y venerado, príncipe ante el cual todos

tiemblan los hijos del cielo, un príncipe que es capaz de tragarse toda la tierra

en uno

momento (en un bocado).

(2) ¿Y por qué se le llama CHAYYLIEL H'? Porque está designado sobre el Santo Chayyoth y

golpea a los Chayyoth con latigazos de fire: y los glorifiza, cuando dan alabanza y gloria y

regocijándose y hace que se apresuren a decir "Santo" y "Bendita sea la Gloria de H' de su

lugar!" (es decir, el Qedushshd).

CAPÍTULO 21

El Chayyoth
   R. Ismael dijo Metatrón, el ángel, el Príncipe de la Presencia, me dijo :
   (1) Cuatro (son) los Chayyoth correspondientes a los cuatro vientos. Cada Chayya es como el espacio del
      todo el mundo. Y cada uno tiene cuatro caras ; y cada cara es como la cara de Oriente.
   (2) Cada uno tiene cuatro alas y cada ala es como la cubierta (techo) del universo.
   (3) Y cada una tiene caras en medio de las caras y alas en medio de las alas. El tamaño de las
      caras es (como el tamaño de) 248 caras, y el tamaño de las alas es (como el tamaño de) 365 alas.
   (4) Y cada uno está coronado con 2000 coronas sobre su cabeza. Y cada corona es semejante al arco en
      la nube. Y su esplendor es semejante al esplendor del globo del sol. Y las chispas que
      salen de cada uno son como el esplendor del lucero del alba (planeta Venus) en Oriente.

CAPÍTULO 22

KERUBIEL, el Príncipe de los Kerubim.
   Descripción del Kerubim
   R. Ismael dijo Metatrón, el ángel, el Príncipe de la Presencia, me dijo :
   (1) Por encima de estos la hay un príncipe, noble, maravilloso, fuerte y alabado con toda clase de elogios.
   Su nombre es KERUBIEL H', un príncipe poderoso, lleno de poder y fuerza un príncipe de alteza, y
   La alteza (es) con él, un príncipe justo, y la rectitud (es) con él, un príncipe santo, y
   la santidad (está) con él, un príncipe glorificado en (por) mil ejércitos, exaltado por diez mil ejércitos.
   (2) Ante su ira tiembla la tierra, ante su enojo se conmueven los campos, de miedo a él los
   los cimientos se tambalean, ante su represión tiemblan los 'Araboth.
   (3) Su estatura está llena de carbones (ardientes). La altura de su estatura es como la altura de los siete
   cielos la anchura de su estatura es como la anchura de los siete cielos y el grosor de su
   Su estatura es como la de los siete cielos.
   (4) La abertura de su boca es como una lámpara de f u e g o *. Su lengua es un fuego consumidor. Sus cejas son*
   como el esplendor del relámpago. Sus ojos son como chispas de resplandor. Su semblante es
   como un fuego ardiente.
   (5) Y sobre su cabeza hay una corona de santidad en la que (corona) está esculpido el Nombre Explícito,

y de él salen relámpagos. Y el arco de Shekina está entre sus hombros.
(6) Y su espada es semejante a un relámpago; y en sus lomos hay saetas semejantes a un flame, *y*
sobre su armadura y su escudo hay un fuego *consumidor, y sobre su cuello hay carbones encendidos.*
enebro y (también) a su alrededor (hay brasas de enebro ardiendo).
(7) Y el esplendor de Shekina está sobre su rostro ; y los cuernos de majestad sobre sus ruedas; y un real
diadema sobre su cráneo.
(8) Y su cuerpo está lleno de ojos. Y unas alas cubren toda su alta estatura (lit. la altura
de su estatura es todo alas).
(9) En su mano derecha arde una llama, y en la izquierda un fuego; *y carbones arden desde el suelo.*
él. Y firebrands salen de su cuerpo. *Y relámpagos salen de su* rostro. *Con él siempre hay trueno sobre (en) trueno, a su lado siempre hay terremoto sobre (en) terremoto.*
(10) Y los dos príncipes de la Merkaba están con él.
(11) Por qué se le llama KERUBIEL H', el Príncipe. Porque está designado sobre el carro del
Kerubim. Y los poderosos Kerubim son entregados a su cargo. Y adorna las coronas de sus cabezas
y pule la diadema sobre su cráneo.
(12) Magnifica la gloria de su apariencia. Y glorifiza la belleza de su majestad. Y él
aumenta la grandeza de su honor. Hace que se entone el cántico de su alabanza. Él intensifies
su hermosa fuerza. *Él hace brillar el resplandor de su gloria. Él embellece su misericordia bondadosa y bondad amorosa. Él enmarca la equidad de su resplandor. Hace que su misericordia*
belleza aún más bella. Glorifica su recta majestad. Ensalza el orden de su alabanza, a
establece la morada de aquel "que habita en los Querubines".
(13) Y los Kerubim están de pie junto al Santo Chayyoth, y sus alas están levantadas hasta sus
cabezas (lit. son como la altura de sus
cabezas) y Shekina está (descansando)
sobre ellas
y el resplandor de la Gloria está sobre sus rostros
y canto y alabanza en su boca
y sus manos están debajo de sus alas y
sus pies están cubiertos por sus alas y
cuernos de gloria están sobre sus cabezas

y el esplendor de Shekina sobre su rostro y
Shekina está (descansando) sobre ellos
y piedras de zafiro a su alrededor y
columnas de fire en sus cuatro lados y
columnas de fire junto a ellas.
(14) Hay un zafiro en un lado y otro zafiro en otro lado y debajo de los zafiros
hay brasas de enebro ardiendo.
(15) Y un Kerub está de pie en cada dirección, pero las alas de los Kerubim se
rodean mutuamente.
    sobre sus cráneos en gloria; y los extendieron para cantar con ellos una canción
al que habita en el
    nubes y alabar con ellas la temible majestad del rey de reyes.
    (16) Y KERUBIEL H', el príncipe que está designado sobre ellos, los
arregla con elegancia,
    órdenes bellos y agradables y los exalta en toda clase de exaltación, dignidad y
gloria. Y
    los apresura en gloria y poder para que cumplan a cada **instante** *la voluntad de su*
Creador.
Pues por encima de su
    cabezas elevadas mora continuamente la gloria del alto rey "que mora en el Kerubim".

CAPÍTULO 23

(ADICIONAL)
(1) Y hay un tribunal ante el Trono de Gloria,
(2) en la que ningún serafín ni ángel puede entrar, y es de 36.000 miríadas de parasangs, como está escrito
(Is.vi.2): "y los Serafines están de pie sobre él" (la última palabra del pasaje escriturario es
Lamech-Vav" [valor numérico: 36]).
(3) Como valor numérico Lamech-Vav (36) el número de los puentes que hay.
(4) Y hay 24 miríadas de ruedas de f u e g o. Y los ángeles ministradores son 12.000 miríadas. Y
hay 12.000 ríos de granizo y 12.000 tesoros de nieve. Y en los siete Salones hay carros de
fire y flames, sin cuenta, ni fin ni búsqueda.
R. Ismael me dijo Metatrón, el ángel, el Príncipe de la Presencia, me dijo:
(1) ¿Cómo están los ángeles en las alturas? Dijo Pie: Como un puente que se coloca sobre un río para que
todos pueden pasar por encima, del mismo modo se coloca un puente desde el principio de la entrada hasta el final.
(2) Y tres ángeles ministradores la rodean y entonan un cántico ante YHWH, el Dios de Israel. Y
hay ante ella señores de espanto y capitanes de temor, mil veces mil y diez
mil veces diez mil en número y cantan alabanzas e himnos ante YHWH, el Dios de

Israel.

(3) Hay *numerosos puentes: puentes de fuego y numerosos puentes de granizo. También numerosos ríos*
 de granizo, numerosos tesoros de nieve y numerosas ruedas defire.

(4) ¿Y cuántos son los ángeles ministradores? 12.000 miríadas: seis (mil miríadas) arriba y
 seis (mil miríadas] abajo. Y 12.000 son los tesoros de nieve, seis arriba y seis abajo. Y
 24 miríadas de ruedas de f u e g o, 12 arriba y 12 abajo. Y rodean al
 puentes y los ríos de fuego y los ríos de granizo. Y hay numerosos ángeles en miniatura,
 formando entradas, para todas las criaturas que están en medio de ella, correspondiendo a (sobre
 contra) los caminos de Raqia Shamayim.

(5) ¿Qué hace YHWH, el Dios de Israel, el Rey de la Gloria? El Dios Grande y Temible, poderoso en
 fuerza, cubre su rostro.

(6) En Araboth hay 660.000 miríadas de ángeles de gloria de pie ante el Trono de Gloria y
 las divisiones de flaming fire. Y el Rey de la Gloria cubre Su rostro; pues de lo contrario el (Araboth
 Raqia1 se desgarraría en medio de ella a causa de la majestad, el esplendor, la belleza, el resplandor,
 hermosura, brillo, resplandor y excelencia de la apariencia de (el Santo,) bendito sea.

(7) Hay numerosos ángeles ministradores que cumplen su voluntad, numerosos reyes, numerosos príncipes en
 los 'Araboth de su deleite, ángeles venerados entre los gobernantes del cielo, distinguidos,
 adornados con cantos y trayendo a la memoria el amor: (que) se espantan ante el esplendor de la
 Shekina, y sus ojos quedan deslumbrados por la resplandeciente belleza de su Rey, sus rostros se ennegrecen y
 les fallan las fuerzas.

(8) Salen ríos de gozo, ríos de alegría, ríos de regocijo, ríos de triunfo, ríos de
 amor, corrientes de amistad (otra lectura:) de conmoción y se flow sobre y salir delante de
 el Trono de Gloria y engrandécete y atraviesa las puertas de los caminos de 'Araboth Raqia en el
 a la voz de los gritos y la música de los CHAYYOTH, a la voz del regocijo de los timbales de

sus 'OPHANNIM y a la melodía de los címbalos de sus Kerubim. Y se engrandecen y van

se alborotaron con el sonido del himno: "SANTO, SANTO, SANTO, ES EL SEÑOR DE

EJÉRCITOS; TODA LA TIERRA ESTÁ LLENA DE SU GLORIA".

CAPÍTULO 24

R. Ismael dijo: Metatrón, el Príncipe de la Presencia **me** dijo:
(1) ¿Cuál es la distancia entre un puente y otro? 12 miríadas de parasangs. Su ascenso es de 12 miríadas de **parasangs**, y su descendencia 12 miríadas de parasangs.

(2) (La distancia) entre los ríos del terror y los ríos del miedo es de 22 miríadas de parasangs; entre los ríos de granizo y los ríos de oscuridad 36 miríadas de parasangs; entre las cámaras de relámpagos y las nubes de compasión 42 miríadas de parasangs; entre las nubes de compasión y la Merkaba 84 miríadas de parasangs; entre la Merkaba y los Kerubim 148 miríadas de parasangs; entre los Kerubim y los 'Ophannim 24 miríadas de parasangs; entre los los Ophannim y las cámaras de cámaras 24 miríadas de parasangs; entre las cámaras de cámaras y el Santo Chayyoth 40.000 miríadas de parasangs; entre un ala (del Chayyoth) y otra 12 miríadas de parasangios; y la anchura de cada una de las alas es de esa misma medida; y la distancia entre el Santo Chayyoth y el Trono de Gloria es de 30.000 miríadas de parasangs.

(3) Y desde el pie del Trono hasta el asiento hay 40.000 miríadas de parasangs. Y el nombre de Aquel que está sentado sobre ella: ¡que se santifique el nombre!

(4) Y los arcos del Arco están colocados sobre el 'Araboth, y son 1000 millares y 10.000
veces diez mil (de parasangs) de altura. Su medida es posterior a la medida del 'Irin y
Qaddishin (Vigilantes y Santos). Como está escrito (Gen. ix. 13) "Mi arco he puesto en el
nube". Aquí no está escrito "pondré" sino "ya he puesto", (es decir) ya; nubes que rodean al
Trono de Gloria. Al pasar Sus nubes, los ángeles del granizo (se convierten en) carbón ardiente.

(5) Y un fire de voz desciende de junto al Santo Chayyoth. Y por el soplo de esa
voz "corren" (Ez. i. 14) a otro lugar, temiendo que les mande ir; y "vuelven" para que no les hiera desde el otro lado. Por eso "corren y vuelven" (Ez. i. 14).

(6) Y estos arcos de la Proa son más bellos y radiantes que el resplandor del sol durante
el solsticio de verano. Y son más blancos que un flaming fire y son grandes y hermosos.

(7) Encima de los arcos del Arco están las ruedas de los 'Ophannim. Su altura es de 1000 mil y
10.000 veces 10.000 unidades de medida después de la medida de los Serafines y las Tropas (Gedudim).

CAPÍTULO 25

Los vientos que soplan
bajo las alas de los Kerubim
R. Ismael dijo Metatrón, el Ángel, el Príncipe de la Presencia, me dijo :
(1) Hay numerosos vientos que soplan bajo las alas de los Kerubim.
Allí sopla "el Viento incubador", como está escrito (Gn. i. 2): "y el viento de Dios soplaba
sobre la faz de las aguas ".
(2) Allí sopla "el Viento Fuerte", como se dice (Ex. xiv. 21): "y el Señor hizo que el mar se fuera
por un fuerte viento del este durante toda la noche".
(3) Allí sopla "el Viento del Este "como está escrito (Ex. x. 13): "el viento del este trajo la langosta".
(4) Allí sopla "el Viento de las Codornices", como está escrito (Núm. xi. 31): "Y salió un viento
del Señor y trajo codornices".
(5) Allí sopla "el Viento de los Celos", como está escrito (Núm.v.14): "Y vino el viento de los celos
sobre él".
(6) Allí sopla el "Viento de Terremoto", como está escrito (i Reyes .xix. 1 1): "y después el viento
del terremoto ; pero el Señor no estaba en el terremoto".
(7) Allí sopla el "Viento de H' " como está escrito (Ex. xxxvii. i) : "y me sacó el viento

de H' y bájame".

(8) Allí sopla el "Viento Maligno", como está escrito (i Sam. xvi. 23): "y el viento maligno se alejó de
él".

(9) Allí sopla el "Viento de Sabiduría" 5y el "Viento de Comprensión" y el "Viento de

Conocimiento" y el "Viento del Temor de H'", como está escrito (Is. xi. 2): "Y el viento de H' descansará

sobre él; viento de sabiduría y de inteligencia, viento de consejo y de poder, viento de

conocimiento y del miedo.
(10) Allí sopla el "Viento de la Lluvia", como está escrito (Prov. xxv. 23): "el viento del norte produce

lluvia".
(11) Allí sopla el "Viento de los relámpagos", como está escrito (Jer.x.13, li. 16): "hace relámpagos

para la lluvia y saca el viento de sus tesoros ".
(12) Allí sopla el "Viento que rompe las rocas", como está escrito (i Reyes xix. n): "el Señor pasó

y un viento grande y recio (desgarró los montes y desmenuzó las rocas ante el Señor)".
(13) Allí sopla el "Viento de Calma del Mar", como está escrito (Gn. viii. i): "y Dios

hizo pasar un viento sobre la tierra y apaciguó las aguas".
(14) Allí sopla el "Viento de Ira", como está escrito (Job i. 19) : "y he aquí que vino un gran

viento del desierto e hirió las cuatro esquinas de la casa y ésta cayó".
(15) Allí sopla el "Viento de Tormenta", como está escrito (Sal. cxlviii. 8) : "Viento de Tormenta, cumpliendo su

palabra".
(16) Y Satanás está entre estos vientos, pues "viento-tormenta" no es otra cosa que "Satanás", y todo

estos vientos no soplan sino bajo las alas de los Kerubim, como está escrito (Sal. xviii. n) : "y él

cabalgaba sobre un querubín y hacía fly, *sí, y flew velozmente sobre las alas del viento".*

(17) ¿Y adónde van todos estos vientos? La Escritura nos enseña que salen de debajo del

alas de los Kerubim y descienden sobre el globo del sol, como está escrito (Eccl. i. 6) : " El viento

va hacia el sur y gira hacia el norte; gira continuamente en su curso
y el viento 14 vuelve de nuevo a sus circuitos ". Y del globo del sol vuelven y

descienda sobre los ríos y los mares, sobre] los montes y las colinas, como está escrito
 (Am.iv.13): "Porque he aquí el que forma las montañas y crea el viento".
 (18) Y de los montes y de las colinas vuelven y descienden a los mares y a los ríos ; y
 de los mares y los ríos vuelven y descienden sobre (las) ciudades y provincias y del
 ciudades y provincias regresan y descienden al Jardín, y del Jardín regresan y
 descendió al Edén, como está escrito (Gen.iii. 8): "caminando por el Jardín con el viento del día". Y en el
 en medio del Jardín se juntan y soplan de un lado a otro y se perfuman con
 las especias del Jardín incluso desde sus partes más remotas, hasta que se separan unas de otras y, filadas
 con el aroma de las especias puras, traen el olor de las partes más remotas del Edén y las especias
 del Jardín a los justos y piadosos que en el tiempo venidero heredarán el Jardín del Edén
 y el Árbol de la Vida, como está escrito (Cant. iv. 16) : "Despierta, viento del norte, y ven al sur;
 sopla sobre mi jardín, para que broten sus especias. Que mi amado entre en su jardín
 y comer sus preciosos **frutos**".

CAPÍTULO 26

Los diferentes carros del *Santo, bendito sea Él*
  R. Ismael dijo Metatrón, el Ángel, el Príncipe de la Presencia, la gloria de todo el cielo, me dijo :
  (1) Numerosos carros tiene el Santo, *bendito* sea*:*
  Tiene los "Carros de (los) Kerubim", como está escrito (Sal.xviii.11, 2 Sam.xxii.11): "Y cabalgó
    sobre un querubín e hizo fly*".*
  (2) Tiene los "Carros del Viento", como está escrito (ib.) : "y él flew velozmente sobre las alas del
    viento ".
  (3) Tiene los "Carros de (la) Nube Veloz", como está escrito (Is. xix. i): "He aquí que el Señor cabalga
    sobre una nube veloz".
  (4) Tiene "los Carros de las Nubes", como está escrito (Ex. xix. 9): "He aquí que vengo a ti en una nube".
  (5) Tiene los "Carros del Altar", como está escrito (Am. ix. i) : "Vi al Señor de pie sobre el
    Altar".
  (6) Tiene los "Carros de Ribbotaim", como está escrito (Sal.Ixviii. 18) : "Los carros de Dios son
    Ribbotaim ; miles de ángeles ".
  (7) Tiene los "Carros de la Tienda", como está escrito (Deut.xxxi. 15) : "Y el Señor apareció en el
    Tienda en una columna de nube ".
  (8) Tiene los "Carros del Tabernáculo", como está escrito (Lev. i. 1): "Y el Señor habló a

fuera del tabernáculo".

(9) Tiene los "Carros de la Misericordia", como está escrito (Núm. vii. 89): "entonces oyó la Voz

hablándole desde el propiciatorio".

(10) Tiene los "Carros de Piedra de Zafiro", como está escrito (Ex. xxiv. 10) : "y había bajo

sus pies como si fueran una obra pavimentada de piedra de zafiro".

(11) Tiene los "Carros de las Águilas", como está escrito (Ex. xix. 4) : "Os he llevado sobre alas *de águilas".*

Aquí no se habla literalmente de águilas, sino de "los que se mueven como águilas".

(12) Tiene los "carros del Grito", como está escrito (Sal. xlvii. 6) : "Dios ha subido con un grito".

(13) Tiene los "Carros de 'Araboth", como está escrito (Sal.lxviii. 5): "Ensalzad a Aquel que cabalga sobre

Araboth".

(14) Él tiene los "Carros de Nubes Espesas", como está escrito (Sal. civ. 3): "que hace que la espesura

nubla Su carro".

(15) Tiene los "Carros de la Chayyoth*", como está escrito (Ez. i. 14) : "y la Chayyoth*

corren y vuelven*". Corren con permiso y vuelven con permiso, pues Shekina está por encima de sus*

cabezas.

(16) Tiene los "Carros de Ruedas (Galgallim)", como está escrito (Ez. x. 2): "Y dijo: Entra

entre las ruedas giratorias".

(17) mentira tiene los "Carros de un Veloz Kerub", como está escrito (Sal.xviii.10 e Is.xix.1): "montado en un

querubín veloz".

Y en el momento en que cabalga sobre un veloz querubín, al poner uno de Sus pies sobre él, antes de que se ponga

el otro pie sobre su espalda*, recorre dieciocho mil mundos de un solo vistazo. Y él discierne y ve en todos ellos y sabe lo que hay en todos ellos y entonces pone el otro pie*

sobre él, según está escrito (Ez. xlviii. 35): "Alrededor de dieciocho mil".

¿De dónde sabemos que Él mira a través de cada uno de ellos cada día? Está escrito (Sal. xiv. 2):

"Miró desde el cielo a los hijos de los hombres para ver si había alguno que entendiera,

que buscaban a Dios".

(i8) Tiene los "Carros de los 'Ophannim", como está escrito (Ez. x. 12): "y los 'Ophannim estaban llenos de ojos alrededor". 12

3 ENOC

(19) Tiene los "Carros de Su Santo Trono", como está escrito (Sal. xlvii. 8) Dios está sentado en
   su santo trono".

(20) Tiene los "carros del Trono de Yah", como está escrito (Ex. xvii. 16) : "Porque una mano es
   elevado sobre el Trono de Jah".

(21) Tiene los "Carros del Trono del Juicio", como está escrito (Is. v. 16): "pero el Señor de
   los ejércitos serán exaltados en el juicio".

(22) Tiene los "Carros del Trono de Gloria", como está escrito (Jer. xvii. 12) : "El Trono de
   La gloria, puesta en lo alto desde el **principio**, *es el lugar de nuestro santuario".*

(23) Tiene los "Carros del Trono Alto y Exaltado", como está escrito (Is. vi. i): "Vi al Señor
   sentado en el trono alto y exaltado".

CAPÍTULO 27

'Ofanniel, el príncipe de los 'Ofannim.
 Descripción del "Ophannim
 R. Ismael dijo Metatrón, el Ángel, el Príncipe de la Presencia, me dijo :
 (1) Por encima de ellos hay un gran príncipe, venerado, alto, señorial, temible, antiguo y fuerte.
 'OPHPHANNIEL H es su nombre.
 (2) Tiene dieciséis caras, cuatro caras en cada lado,(también) cien alas en cada lado. Y tiene 8466
 ojos, correspondientes a los días del año. [2190 -y algunos dicen 2116- a cada lado] [2191 /2196
 y dieciséis a cada lado].
 (3) Y esos dos ojos de su rostro, en cada uno de ellos relámpagos flashing, y de cada uno de
 sus firebras arden ; y ninguna criatura es capaz de contemplarlas : pues cualquiera que las mire
 se quema al instante.
 (4) Su altura es (como) la distancia de 2500 años de viaje. Ningún ojo puede contemplar y ninguna boca contar
 el poder de su fuerza, salvo el Rey de reyes, el Santo, bendito sea.
 (5) ¿Por qué se llama 'OPHPHANNIEL ?
 Porque ha sido designado sobre los 'Ophannim y los 'Ophannim son entregados a su cargo. Está
 todos los días y los atiende y embellece. Y exalta y ordena su apartamiento y pule

su lugar y hace brillar sus moradas, iguala sus rincones y limpia sus
asientos. Y espera en ellos temprano y tarde, de día y de noche, para aumentar su belleza, para hacer que
grande su dignidad y hacerles "diligentes en la alabanza a su Creador".
(6) Y todos los 'Ophannim están llenos de ojos, y todos ellos están llenos de resplandor; setenta y dos zafiros
piedras de zafiro sobre sus vestidos, a su derecha, y setenta y dos piedras de zafiro sobre sus vestidos, a su derecha.
sus vestidos sobre su lado izquierdo.
(7) Y cuatro piedras de carbunclo están fijadas en la corona de cada uno, cuyo esplendor
procede en las cuatro direcciones de 'Araboth como el esplendor del globo del sol procede en
todas las direcciones del universo. ¿Y por qué se llama Carbunclo (Bareqet)? Porque su esplendor es
como la aparición de un relámpago (Baraq). Y tiendas de esplendor, tiendas de brillo, *tiendas de*
brillo como de zafiro y carbunclo los encierran por el aspecto resplandeciente de su
ojos.

CAPÍTULO 28

SERAFIEL, el Príncipe de los Serafines.
   Descripción de los Serafines
   R. Ismael dijo Metatrón, el Ángel, el Príncipe de la Presencia, me dijo :
   (1) Por encima de éstos hay un príncipe, maravilloso, noble, grande, honorable, poderoso, terrible, un jefe
   y líder 1 y un escriba rápido, glorificado, honrado y amado.
   (2) Está totalmente fileno de esplendor, lleno de alabanza y resplandor; y está totalmente lleno de
   resplandor, de luz y de belleza; y todo él está lleno de bondad y grandeza.
   (3) Su semblante es todo él semejante (al de) los ángeles, pero su cuerpo es semejante al de un águila.
   (4) Su esplendor es semejante a los relámpagos, su aspecto a las marcas de fuego, su belleza a las chispas,
   su honor como carbones ardientes, su majestad como casimales, su resplandor como la luz del planeta
   Venus.
   Su imagen es semejante a la Luz Mayor. Su altura es como la de los siete cielos. La luz de
   sus cejas es como la luz séptuple.
   (5) La piedra de zafiro sobre su cabeza es tan grande como todo el universo y semejante al esplendor de
   los mismos cielos en resplandor.
   (6) Su cuerpo está lleno de ojos como las estrellas del cielo, innumerables e insondables. Cada ojo es como

el planeta Venus. Sin embargo, hay algunos de ellos semejantes a la Luz Menor y otros semejantes a la

Luz Mayor. Desde sus tobillos hasta sus rodillas (son) como estrellas de relámpago, desde sus rodillas hasta

sus muslos semejantes al planeta Venus, desde sus muslos hasta sus lomos semejantes a la luna, desde sus lomos

hasta el cuello como el sol, desde el cuello hasta el cráneo como la Luz Imperecedera. (Cf. Sof. iii. 5.)

(7) La corona de su cabeza es semejante al esplendor del Trono de Gloria. La medida de la

corona es la distancia de 502 años de viaje. No hay ningún tipo de esplendor, de brillo, de

tipo de resplandor, ningún tipo de luz en el universo que no esté fijada en esa corona.

(8) El nombre de ese príncipe es SERAPHIEL H". Y la corona que lleva en la cabeza, su nombre es "el Príncipe

de la Paz". ¿Y por qué se le llama con el nombre de SERAFIEL '? Porque ha sido designado sobre la

Serafines. Y los Serafines Nombrados son entregados a su cargo. Y él los preside de día y

de noche y les enseña el canto, la alabanza, la proclamación de la belleza, el poder y la majestad; para que puedan

proclaman la belleza de su Rey en toda clase de Alabanzas y Sanctificación (Qedushsha).

(9) ¿Cuántos son los Serafines? Cuatro, que corresponden a los cuatro vientos del mundo. ¿Y cuántos

¿Cuántas alas tiene cada uno de e l l o s *? Seis, correspondientes a los seis días de la Creación. ¿Y cuántas*

¿tienen *muchas caras? Cada una de ellas cuatro* caras.

(10) La medida de los Serafines y la altura de cada uno de ellos corresponden a la altura del

siete cielos. El tamaño de cada ala es como la medida de toda Raqia' . El tamaño de cada rostro es como

la de la cara de Oriente.

(11) Y cada uno de ellos emite una luz semejante al esplendor del Trono de Gloria, de modo que

ni siquiera el Santo Chayyoth, los honrados 'Ophannim, ni el majestuoso KeruUm son capaces de contemplar

ella. A todo el que la contempla se le oscurecen los ojos a causa de su gran esplendor.

(12) ¿Por qué se les llama Serafines? Porque queman (saraph) las tablas de escritura de Satanás : Cada

día Satanás está sentado, junto con SAMMAEL, el Príncipe de Roma, y con DUBBIEL, el Príncipe de Persia, y escriben las iniquidades de Israel en tablas de escritura que entregan a los

Serafines, para que los presenten ante el *Santo, bendito* sea, *a fin de que pueda destruir a Israel del mundo. Pero los Serafines saben por los secretos del* Santo, *bendito sea*

Él, que no desea que este pueblo Israel perezca. ¿Qué hacen los Serafines? Todos los días hacen

los reciben (aceptan) de la mano de Satanás y los queman en la hoguera ardiente frente al

alto y exaltado Trono para que no se presenten ante el *Santo, bendito* sea, *en el*

tiempo en que esté sentado en el Trono del Juicio, juzgando al mundo entero con la verdad.

CAPÍTULO 29

RADWERIEL, el guardián del Libro de los Récords
R. Ismael dijo: Metatrón, el Ángel de H', el Príncipe de la Presencia, me dijo :
(1) Por encima de los Serafines hay un príncipe, exaltado sobre todos los príncipes, maravilloso más que todos
los servidores. Su nombre es RADWERIEL H' que está designado sobre los tesoros de los libros.
(2) Saca el Estuche de los Escritos (con) el Libro de los Registros en él, y lo lleva ante el
Santo, bendito sea. Y rompe los sellos de la caja, la abre, saca los libros y
los entrega ante el Santo, bendito sea. Y el Santo, bendito sea, los recibe
de su mano y se las da a la vista de los Escribas, para que las lean en el Gran Bet Din.
(El tribunal de justicia) en la altura de "Araboth Raqia", ante la casa celestial.
(3) ¿Y por qué se le llama RADWERIEL? Porque de cada palabra que sale de su boca
un ángel es creado : y está en los cantos (en la compañía de cantos) de los ángeles ministradores
y pronuncia un canto ante el Santo, bendito sea Él cuando se acerque el momento de recitar el
el (Tres veces) Santo.

CAPÍTULO 30

El 'Irin y el Qaddishin

R. Ismael dijo : Metatrón, el Ángel, el Príncipe de la Presencia, me dijo :

(1) Por encima de todos ellos hay cuatro grandes príncipes, Irin y Qaddishin de nombre: elevados, honrados, reverenciados, amados, maravillosos y gloriosos, mayores que todos los hijos del cielo.

No hay como ellos entre todos los príncipes celestiales y ninguno su igual entre todos los Sirvientes. Para cada uno de ellos es igual a todos los demás juntos.

(2) Y su morada está frente al Trono de Gloria, y su lugar de permanencia frente al Santo, bendito sea, para que el resplandor de su morada sea una reflección del resplandor de el Trono de Gloria. Y el esplendor de su rostro es una reflección del esplendor de Shekina.

(3) Y son glorificados por la gloria de 4la Majestad Divina (Gebura) y alabados por (a través de) la elogio de Shekina.

(4) Y no sólo eso, sino que el Santo, bendito sea, no hace nada en su mundo sin firmarlo primero.

consultándoles, *sino después de* hacerlo. *Como está escrito (Dan. iv. 17) : "La sentencia es por el*
  decreto del 'Irin y la exigencia por la palabra del Qaddishin".
  (5) Los llrin son dos y los Qaddishin son dos. Y cómo están ante el Santo, *¿bendito sea Él? Debe entenderse, que un 'Ir está de pie a un lado y el otro 'Ir al otro lado, y un Qaddish está de pie a un lado y el otro al otro lado.*
  (6) Y siempre exaltan a los humildes, y abaten a tierra a los soberbios, y exalta hasta la altura a los que son humildes.
  (7) Y cada día, como el Santo, *bendito sea, está sentado en el Trono del Juicio y juzga a todo el mundo, y los Libros de los Vivos y los Libros de los Muertos se abren ante*
  Él, entonces todos los hijos del cielo están ante él con miedo, temor, asombro y temblor. En
  ese tiempo, (cuando) el Santo, *bendito sea, esté sentado en el Trono del Juicio para ejecutar*
  juicio, su vestido es blanco como la nieve, el pelo de su cabeza como lana pura y toda su
  Su manto es como la luz resplandeciente. Y está cubierto de justicia por todas partes como de una cota de malla.
  (8) Y esos 'Irm y Qaddishin están ante él como los officantes de un tribunal ante el juez. Y
  plantean y argumentan cada caso y cierran el caso que se presenta ante el *Santo, bendito* sea, *en*
  juicio, según está escrito (Dan. iv. 17) : "La sentencia es por decreto del 'Irm y la demanda por la palabra del Qaddishin".
  (9) Unos discuten y otros dictan sentencia en el Gran Bet Din de 'Araboth. Algunos de
  hacen las peticiones ante la Divina Majestad y algunos cierran los casos ante el Altísimo
  Arriba. Otros finalizan bajando y (confirmando) ejecutando las sentencias en la tierra de abajo.
  Según está escrito (Dan. iv. 13 , 14) : " He aquí que un 'Ir y un Qaddish- bajaron del cielo
  y gritó en voz alta y dijo así: Derribad el árbol, cortad sus ramas, sacudid sus hojas y
  esparce su fruto; que las bestias se aparten de debajo de él, y las aves de sus ramas ".
  (10) Por qué se llaman 'Irin y Qaddishint Por la razón de que santifican el cuerpo y el espíritu

con latigazos de fuego al tercer día del juicio, como está escrito (Os. vi. 2):
"Después de dos días
 nos resucitará: al tercero nos **resucitará**, *y viviremos delante de él".*

CAPÍTULO 31

Descripción de una clase de ángeles
R. Ismael dijo: Metatrón, el Ángel, el Príncipe de la Presencia, **me dijo***:*
(1) Cada uno de ellos tiene setenta nombres que corresponden a las setenta lenguas del mundo. Y todas
de ellos están (basados) en el nombre del Santo, bendito sea. *Y cada uno de los nombres es*
escrito con estilo flamígero sobre la Corona Temible (Keiher Nora) que está en la cabeza del alto
y exaltado Rey.
(2) Y de cada uno de ellos salen chispas y relámpagos. Y cada uno de ellos es acosado
con cuernos de esplendor alrededor. De cada uno brillan *luces, y cada uno es rodeado de tiendas de resplandor, de modo que ni siquiera los Serafines y los Chayyoth, que son mayores*
que todos los hijos del cielo son capaces de contemplarlos.

CAPÍTULO 32

Los 72 príncipes de los Reinos y el Príncipe del Mundo
    oficiando en el Gran Sanedrín del cielo.
    R. Ismael dijo: Metatrón, el Ángel, el Príncipe de la Presencia, **me** *dijo:*
    (1) Siempre que el Gran Bet Din está sentado en el "Araboth Raqia" en las alturas no se abre el
    boca para nadie en el mundo, salvo para aquellos grandes príncipes que son llamados H' por el nombre del Santo
    Uno, bendito sea Él.
    (2) ¿Cuántos son esos príncipes? Setenta y dos príncipes de los reinos del mundo, además del
    Príncipe del Mundo que habla (suplica) a favor del mundo ante el Santo, *bendito* sea,
    cada día, a la hora en que se abre el libro en el que están registrados todos los hechos del mundo,
    según está escrito (Dan.vii.10) : "Se fijó el juicio y se abrieron los libros".

CAPÍTULO 33

*(Los atributos de) la Justicia, la
   Misericordia y la Verdad junto al
   Trono del Juicio*
   R. Ismael dijo Metatrón, el Ángel, el Príncipe de la Presencia, me dijo :
   (1) En el momento en que el **Santo***, bendito* **sea***, esté sentado en el Trono, del Juicio, (entonces)*
   La Justicia está de pie a Su derecha y la Misericordia a Su izquierda y la Verdad ante Su rostro.
   (2) Y cuando el hombre entra ante Él para ser juzgado,(entonces) sale del esplendor de
   la Misericordia hacia él como (si fuera) un bastón y se coloca frente a él. Entonces el hombre cae sobre su
   rostro, (y) todos los ángeles de destrucción temen y tiemblan ante él, según está escrito
   (Is.xvi. 5): "Y con misericordia será establecido el trono, y se sentará en él con verdad".

CAPÍTULO 34

La ejecución del juicio sobre los impíos. La espada de Dios
  R. Ismael dijo Metatrón, el Ángel, el Príncipe de la Presencia, me dijo :
  (1) Cuando el Santo, bendito sea, abra el Libro mitad fire y mitad f l a m e ,
(entonces)
  salen de delante de Él en todo momento para ejecutar con Su espada el juicio
sobre los impíos
  (que es) sacado de su vaina y cuyo esplendor brilla como un relámpago e impregna
  el mundo de un extremo a otro, como está escrito (Is. Ixvi. 16): "Porque con fire
abogará el Señor
  (y por su espada con todo flesh*)".*
  (2) Y todos los habitantes del mundo (lit. los que vienen al mundo) temen y
tiemblan ante
  cuando contemplen Su espada afilada como un rayo desde un extremo del
mundo hasta el otro
  otro, y chispas y flashes del tamaño de las estrellas de Raqia' saliendo de él; según es
  escrito (Deut. xxxii. 41): "Si afilo el rayo de mi espada*".*

CAPÍTULO 35

Los ángeles de la Misericordia, de la Paz y de la Destrucción por
  el Trono del Juicio. Los escribas, (vss. i, 2)
  Los ángeles junto al Trono de Gloria y el
  fiery ríos bajo ella. (vss. 3-5)
R. Ismael dijo Metatrón, el Ángel, el Príncipe de la Presencia, me dijo:
  (1) En el momento en que el Santo, bendito sea, esté sentado en el Trono del Juicio, (entonces) el
  los ángeles de la Misericordia están de pie a Su derecha, los ángeles de la Paz están de pie a Su izquierda y los
  Los ángeles de la Destrucción están frente a Él.
  (2) Y un escriba está de pie debajo de Él, y otro escriba encima de Él.
  (3) Y los gloriosos Serafines rodean el Trono por sus cuatro lados con muros de relámpagos, y el
  'Ophannim, rodéalos con firas de fuego alrededor del Trono de G l o r i a. Y nubes de fuego
  y nubes de flames los rodean a derecha e izquierda; y el Santo Chayyoth lleva el
  Trono de Gloria desde abajo: cada uno con tres fingers. La medida de los dedos de cada uno es
  800.000 y 700 veces cien, (y) 66.000 parasangs.

(4) Y bajo los pies del Chayyoth corren y flocan *siete ríos de fiery. Y los*
La anchura de cada río es de 365 mil parasangs y su profundidad es de 248 mil miríadas de parasangs.
Su longitud es inescrutable e inmensurable.
(5) Y cada río gira en arco en las cuatro direcciones de 'Araboth Raqict y (a partir de ahí)
  desciende a Ma'on y se detiene, y de Ma1on a Zebul, de Zebul a Shechaqim, de Shechaqim a Raqia' , de Raqia' a Shamayim y de Shamayim sobre las cabezas de los impíos.
  que están en la Gehenna, como está escrito (Jer. xxiii. 19): "He aquí un torbellino del Señor, su furor,
  se ha ido, sí, una tempestad arrebatadora; estallará sobre la cabeza de los impíos".

CAPÍTULO 36

Los diferentes círculos concéntricos alrededor del Chayyoth,
   compuestos de fire, agua, piedras de granizo, etc. y de los
   ángeles que pronuncian
   el responsorio Qedushsha
   R. Ismael dijo Metatrón; el Ángel, el Príncipe de la Presencia, me dijo :
   (1) Los cascos del Chayyoth están rodeados por siete nubes de carbones
       encendidos.
Las nubes de
   Los carbones encendidos están rodeados en el exterior por siete paredes de
fl a m e (s) . *Las siete paredes de* fl a m e *(s)*
   *están rodeados por fuera por siete muros de piedras de granizo (piedras de 'Et-
gabish, Ez. xiii. 11,13,*
   *xxviii. 22). Las piedras de granizo están rodeadas por fuera por x piedras de
granizo (piedra de Barad). El*
   las piedras de granizo están rodeadas por fuera por piedras de "las alas de la
       tempestad
".
   *Las piedras de "las alas de la tempestad" están rodeadas por fuera de flames
de* fire. *Los flames*
   de fuego están rodeadas por las cámaras del torbellino. *Las cámaras del
torbellino son*
   rodeado en el exterior por el fuego y el agua.
   *(2) Alrededor del fuego y del agua están los que pronuncian el "Santo".
Alrededor de los que pronuncian*
   *los "Santos" son los que pronuncian los "Bienaventurados"'. Alrededor de los que
pronuncian el "Bendito" están los*
       *nubes brillantes. Las nubes brillantes están rodeadas por fuera de brasas de saltador
ardiendo ; y por*

el exterior que rodea las brasas de enebro ardiente hay mil campos de fire y diez mil huestes de fl a m e *(s). Y entre cada varios campamentos y cada varios anfitriones hay una nube,*
para que no se quemen con el fuego.

CAPÍTULO 37

Los campamentos de los ángeles en
   'Araboth Raqia: los ángeles,
   realizando la Qedushsha
   1 R. Ismael dijo Metatrón, el Ángel, el Príncipe de la Presencia, me dijo :
   (1) 506 mil miríadas de campamentos tiene el Santo, bendito sea, en la altura de 'Araboth
   Raqia. Y cada campamento está (compuesto por) 496 mil ángeles.
   (2) Y cada uno de los ángeles, la altura de su estatura es como el gran mar; y el aspecto de sus
   como el relámpago, y sus ojos como lámparas de fuego, y sus brazos y
   sus pies como de color de bronce bruñido y la voz rugiente de sus palabras como la voz de un
   multitud.
   (3) Y todos ellos están de pie ante el Trono de Gloria en cuatro filas. Y los príncipes del ejército
   se sitúan a la cabeza de cada fila.
   (4) Y algunos de ellos pronuncian el "Santo" y otros el "Bendito", algunos de ellos corren como
   mensajeros, otros asisten, según está escrito (Dan. vii. 10): "Mil
   miles le servían, y diez mil veces diez mil estaban delante de él : la se fijó el juicio y se abrieron los libros ".
   (5) Y en la hora, cuando se acerca el momento de decir el "Santo", (entonces) primero sale un

torbellino de delante del *Santo, bendito* sea*, e irrumpe sobre el campamento de* Shekina *y allí*

surge una gran conmoción entre ellos, como está escrito (Jer.xxx. 23): "He aquí el torbellino de la

El Señor sale con furia, una conmoción continua".

(6) En ese momento, miles de ellos se convierten en chispas, miles de miles de
en firebrands, *mil miles en* flashes, *mil miles en* flames, *mil*
miles en machos, miles en hembras, miles en vientos, miles
miles en fires *ardientes, miles en* flames, *miles en chispas,*
mil millares en casimales de luz; hasta que tomen sobre sí el yugo de la
reino de los cielos, el alto y elevado, *del Creador de todos ellos con temor, pavor, asombro y*

temblando, con conmoción, angustia, terror y estremecimiento. Luego se transforman de nuevo en sus

forma anterior para tener siempre ante sí el temor de su Rey, ya que han puesto su corazón en

diciendo continuamente el Cantar, como está escrito (Is. vi. 3): "Y uno gritaba a otro y decía (Sant,

Santo, Santo, etc.)".

CAPÍTULO 38

Los ángeles se bañan en el río
　fiery antes de recitar la
　"Canción".
　R. Ismael dijo Metatrón, el Ángel, el Príncipe de la Presencia, me dijo :
　(1) En el momento en que los ángeles ministradores desean decir (la) Canción, (entonces) Nehar di-Nur (el fiery
　corriente) se eleva con muchos miles de miles y miríadas de miríadas" (de ángeles) de poder y
　fuerza de fire y corre y pasa bajo el Trono de G l o r i a, *entre los campamentos de los*
　ángeles ministradores y las tropas de 'Araboth.
　(2) Y todos los ángeles ministradores bajan primero a Nehar di-Nur, y se sumergen en el
　fire y se mojan la lengua y la boca siete veces ; y después suben y se ponen la
　vestimenta de "Machaqe Samal" y se cubren con mantos de chashmal y se colocan en cuatro filas
　frente al Trono de Gloria, en todos los cielos.

CAPÍTULO 39

Los cuatro campamentos de Shekina y sus alrededores

R. Ismael dijo Metatrón, el Ángel, el Príncipe de la Presencia, me dijo :

(1) En los siete Salones hay cuatro carros de Shekina, y ante cada uno de ellos están de pie

los cuatro campamentos de Shekina. Entre cada campamento fluye *continuamente un río de fuego.*

(2) Entre cada río hay nubes brillantes [que los rodean], y entre cada nube hay

levantaron columnas de azufre. Entre un pilar y otro hay de pie ruedas flamantes,

que las rodean. Y entre una rueda y otra hay flames de fire alrededor.

Entre un flame y otro hay tesoros de relámpagos; detrás de los trea- surios de relámpagos

son las alas del viento de **tormenta**. *Detrás de las alas del viento tempestuoso están las cámaras del*

tempestad; detrás de las cámaras de la tempestad hay vientos, voces, truenos, chispas [sobre] chispas

y terremotos [sobre] terremotos.

CAPÍTULO 40

El temor que invade todos los cielos al sonido del
¿Santos? esp. los cuerpos celestes. Estos apaciguados por la
Príncipe del Mundo
R. Ismael dijo Metatrón, el Ángel, el Príncipe de la Presencia, me dijo :
(1) En el momento en que los ángeles ministradores pronuncien (el Tres Veces) Santo, entonces todos los pilares del
los cielos y sus cuencas tiemblan, y las puertas de los Salones de Araboth Raqia' se estremecen y
los cimientos de Shechaqim y el Universo (Tebel) se mueven, y las órdenes de Ma'on y el
las cámaras de Makon tiemblan, y todas las órdenes de Raqia y las constelaciones y los planetas son
consternado, y los globos del sol y de la luna se apresuran y flee fuera de sus cursos y corren
12.000 parasangs y tratan de arrojarse desde el cielo,
(2) por la voz rugiente de su canto, y el ruido de sus alabanzas y las chispas y
relámpagos que salen de sus rostros; como está escrito (Sal. lxxvii. 18): "La voz de tu trueno
estaba en el cielo (los relámpagos iluminaron el mundo, la tierra tembló y se estremeció) ".

(3) Hasta que el príncipe del mundo les llame, diciendo: "¡Quietos en vuestro sitio! No temas por
 los ángeles ministradores que cantan la Canción ante el Santo, bendito sea*".*
Como está escrito
 (Job.xxxviii. 7): "Cuando las estrellas de la mañana cantaban juntas y todos los hijos del cielo gritaban por
  alegría".

CAPÍTULO 41

Los nombres explícitos fly del Trono y todas las diversas huestes angélicas se postran ante él en el momento de la Qedushsha

R. Ismael dijo Metatrón, el Ángel, el Príncipe de la Presencia, me dijo :

(1) Cuando los ángeles ministradores pronuncian el "Santo", entonces todos los nombres explícitos que están grabados con un flamando *estilo en el Trono de Gloria fly despegando como águilas, con dieciséis alas. Y rodean y* rodea al **Santo**, bendito **sea**, por los cuatro lados del lugar de Su Shekina1.

(2) Y los ángeles de la hueste, y los Siervos flamantes, y el poderoso 'Ophannim, y el Kerubim de la Shekina, y los Santos Chayyoth, y los Serafines, y los 'Er'ellim, y los Taphsarim y las tropas del fire *consumidor, y los ejércitos de fiería, y las huestes flamantes, y los* santos príncipes, adornados con coronas, revestidos de majestad real, envueltos en gloria, ceñidos de altivez, 4 caigan sobre sus rostros tres veces, diciendo "Bendito sea el nombre de su glorioso reino por los siglos de los siglos". nunca".

CAPÍTULO 42

~~~~

Los ángeles ministradores recompensados con coronas, al
    pronunciar el ' '
Santo
    ' ' en su orden correcto, y se castiga consumiendofire
si no. Se crean otros nuevos en lugar de los ángeles consumidos
    R. Ismael dijo Metatrón, el Ángel, el Príncipe de la Presencia, me dijo :
    (1) Cuando los ángeles ministradores dicen "Santo" ante el Santo, bendito sea, de la manera adecuada,
    entonces los servidores de Su Trono, los asistentes de Su Gloria, salen con gran júbilo de debajo de
    el Trono de Gloria.
    (2) Y todos ellos llevan en sus manos, cada uno de ellos, mil mil y diez mil veces diez
    mil coronas de estrellas, de aspecto semejante al planeta Venus, y las puso sobre el ministro
    ángeles y los grandes príncipes que pronuncian el "Santo". A cada uno d e ellos le pusieron tres coronas: una
    corona porque dicen "Santo", otra corona, porque dicen "Santo, Santo", y una tercera corona
    porque dicen "Santo, Santo, Santo, es el Señor de los Ejércitos" .
    (3) Y en el momento en que no pronuncian el "Santo" en el orden correcto, se produce un incendio devorador.
    del pequeño brazo del Santo, bendito sea, y cae en medio de ellos.
    y está dividido en 496 mil partes que corresponden a los cuatro campamentos de los ministros

ángeles, y los consume en un momento, como está escrito (Sal. xcvii. 3): "Un fire va delante de él

y quema a sus adversarios en derredor".

(4) Después de eso el *Santo, bendito* sea, *abre Su boca y dice una palabra y crea otras*

en su lugar, otros nuevos como ellos. Y cada uno de ellos está ante Su Trono de Gloria, *pronunciando el*

"Santos", como está escrito (Lam. iii. 23): "Son nuevas cada mañana; grande es tu fidelidad".

CAPÍTULO 43

*Metatrón muestra a R. Ismael las letras grabadas en
 el Trono de Gloria por cuyas letras todo lo que hay
 en el cielo y en la tierra ha sido creado
  R. Ismael dijo Metatrón, el Ángel, el Príncipe de la Presencia, me dijo :
  (1) Ven y contempla las letras por las que fueron creados el cielo y la tierra, las letras por las que
   fueron creadas las montañas y las colinas, las letras por las que fueron creados los mares y los ríos, las letras
   por las que fueron creados los árboles y las hierbas, las letras por las que fueron creados los planetas y las
   constelaciones, las letras por las que fueron creados el globo de la luna y el globo del sol,
   Orión, las Pléyades y todas las diferentes luminarias de Raqia' .
  (2) las letras por las que fueron creados el Trono de Gloria y las Ruedas del Merkaba, las letras
   por la que se crearon las necesidades de los mundos,
  (3) las letras por las que fueron creadas la sabiduría, la inteligencia, la ciencia, la prudencia, la mansedumbre y la
   justicia por la que se sostiene el mundo entero.
  (4) Y caminé a su lado y él me tomó de la mano y me elevó sobre sus alas y me mostró
   me esas letras, todas e l l a s , que están esculpidas con un estilo flaming en el Trono de Gloria : y chispas
   salgan de ellas y cubran todas las cámaras de 'Arabot.*

CAPÍTULO 44

⁂

Casos de polos opuestos mantenidos en equilibrio por varios
  Nombres Divinos y otras maravillas similares
  R. Ismael dijo Metatrón, el Ángel, el Príncipe de la Presencia, me dijo :
  (1) Ven y te mostraré, donde las aguas están suspendidas en lo alto, donde arde el fire
  en medio del granizo, donde los relámpagos se encienden en medio de nevados montes, *donde los truenos*
  rugen en las alturas celestes, donde una llama arde en medio del fuego ardiente y
  donde las voces se hacen oír en medio de truenos y terremotos.
  (2) Entonces fui a su lado y él me cogió de la mano y me levantó sobre sus alas y me mostró
  todas esas cosas. Contemplé las aguas suspendidas en lo alto en 'Araboth Raqia' por (la fuerza de) el nombre
  YAH 'EHYE 'ASHER 'EHYE (Jah, Yo soy el que soy),
  Y sus frutos descienden del cielo y riegan la faz del mundo, como está escrito
  (Sal.civ.13): "(Riega los montes desde sus aposentos :) la tierra se sacia con el fruto de
  tu trabajo".
  (3) Y vi fuego, nieve y granizo que se mezclaban entre sí y, sin embargo, estaban
  indemne, por (la fuerza de) el nombre 'ESH 'OKELA (fire *consumidor*), como está escrito (Deut. iv. 24) :
  "Porque el Señor, tu Dios, es un fuego *consumidor*".

(4) Y vi relámpagos que alumbraban montañas de nieve y que, sin embargo, no se dañaban

(apagado), por (la fuerza de) el nombre YAH SUR 'OLAMIM (Jah, la roca eterna), como está escrito

(Is. xxvi. 4): "Porque en Jah, YHWH, la roca eterna".

(5) Y vi truenos y voces que bramaban en medio de fiety flames y no eran

dañada (silenciada), por (la fuerza de) el nombre 'EL-SHADDAI RABBA (el Gran Dios Todopoderoso) tal como

está escrito (Gen. xvii. i): "Yo soy Dios Todopoderoso".

*(6) Y contemplé una flama (y) un resplandor (*flamas resplandecientes*) que estaban flamando y brillando en medio.*

de fuego *ardiente, y sin embargo no fueron dañados (devorados), por (la fuerza de) el nombre YAD 'AL KES YAH*

(la mano sobre el Trono del Señor) como está escrito (Ex. xvii. 16) : " Y dijo: porque la mano es

sobre el Trono del Señor ".

(7) Y vi ríos de fuego en medio de ríos de agua y no se apagaron.

por (la fuerza de) el nombre 'OSE SHALOM (Hacedor de Paz) como está escrito (Job xxv. 2): "Él hace

paz en sus lugares altos". Porque él hace la paz entre el fuego y el agua, entre el granizo y la lluvia.

el fuego, *entre el viento y la nube, entre el terremoto y las chispas.*

CAPÍTULO 45

Metatrón muestra a R. Ismael la morada de los espíritus no nacidos
   y de los espíritus de los justos muertos
   R. Ismael dijo: Metatrón me dijo
   (1) Ven y te mostraré 1dónde están1 los espíritus de los justos que han sido creados y
      han regresado, y los espíritus de los rectos que aún no han sido creados.
   (2) Y me levantó a su lado, *me cogió de la mano y me elevó cerca del*

Trono de Gloria
   por el lugar de la Shekina ; y me reveló el Trono de Gloria, y me mostró el
   espíritus que habían sido creados y habían regresado : y estaban flying por encima del Trono de Gloria
   ante el **Santo**, bendito sea.
   (3) Después fui a interpretar el siguiente versículo de la Escritura y encontré en lo que está escrito
   (Isa.Ivii. 16): "porque el espíritu se vistió delante de mí, y las almas he hecho" que ("porque el espíritu
   se vistió ante mí") significa los espíritus que han sido creados en la cámara de creación del
   justos y que han vuelto ante **el** Santo, bendito sea; (y las palabras:) "y las almas

He hecho" se refieren a los espíritus 4 de los justos que aún no han sido creados en la cámara
   (GUPH).

CAPÍTULO 46

～

Metatrón muestra a R. Ismael la morada de los
   malvados y de los intermedios en el Seol. (vss.
   1-6)
Los Patriarcas oran por la liberación de Israel
   (vss. 7-10)

   R. Ismael dijo: Metatrón, x el Ángel, el Príncipe de la Presencia, me dijo :
   (1) Ven y te mostraré los espíritus de los malvados y los espíritus de los intermedios donde ellos
   están en pie, y los espíritus de los intermedios, adonde descienden, 3y los espíritus de los
   malvados, donde se hunden.
   (2) Y me dijo : Los espíritus de los impíos descienden a She'ol por manos de dos ángeles de
   destrucción: ZA'APHIEL y SIMKIEL son sus nombres.
   (3) SIMKIEL es designado sobre los intermedios para apoyarlos y purificarlos a causa de la
   gran misericordia del Príncipe del Lugar (Maqom). ZA'APHIEL está designado sobre los espíritus de los
   malvados para arrojarlos de la presencia del Santo, bendito sea, y de la
   esplendor de la Shekina a She'ol, para ser castigados en el fuego de la Gehenna con varas de fuego.
   carbón.
   (4) Y fui a su lado, y él me tomó de la mano y me las mostró todas con sus dedos.
   (5) Y contemplé el aspecto de sus rostros (y, he aquí, era) como el aspecto de hijos de hombres,

y sus cuerpos como águilas. Y no sólo eso, sino (además) el color del semblante de los intermedio era como gris pálido a causa de sus actos, pues hay manchas en ellos hasta que
han quedado limpios de su iniquidad en el fire.
(6) Y el color de los malvados era como el fondo de una olla a causa de la maldad de sus
acciones.
(7) Y vi los espíritus de los Patriarcas Abraham Isaac y Jacob y del resto de los justos
a quienes han sacado de sus tumbas y han ascendido al Cielo (Raqirf). Y rezaban ante el Santo, bendito sea, diciendo en su oración: "¡Señor del Universo! ¿Hasta cuándo te sentarás en (tu) Trono como una plañidera en los días de su luto con tu diestra
mano detrás de ti 7y no7 librar a tus hijos y revelar tu Reino en el mundo? ¿Y cómo
¿hasta cuándo no tendrás piedad de tus hijos, que son hechos esclavos entre las naciones del mundo?
Ni sobre tu mano derecha que está detrás de ti, con la que extendiste los cielos y los tierra y los cielos de los cielos? ¿Cuándo tendrás compasión?".
(8) Entonces el Santo, bendito sea, respondió a cada uno de ellos, diciendo: "Puesto que estos malvados hacen
peca de tal o cual manera, y prevarica con tales o cuales transgresiones contra mí, ¿cómo podría yo librar a mi
gran Mano Derecha en la caída por sus manos (causada por ellos).
(9) En ese momento Metatrón me llamó y me habló: "¡Siervo mío! Toma los libros y lee
sus malas acciones". A continuación cogí los libros y leí sus obras, y allí se encontraban 36
transgresiones (escritas) con respecto a cada malvado y además, que han transgredido todas las letras de la Torá, como está escrito (Dan. ix. u) : "Sí, todo Israel ha transgredido
tu Ley". No se escribe 'al torateka sino 'et (JIN) torateka, pues han trans- gresado de 'Aleph
a Taw, 40 estatutos han transgredido por cada letra.
(10) Entonces lloraron Abraham, Isaac y Jacob. Entonces les dijo el Santo, bendito sea:
"¡Abraham, mi amado, Isaac, mi elegido, Jacob, mi primogénito! ¿Cómo podré librarlos ahora de

entre las naciones del mundo?" *E inmediatamente MIKAEL, el Príncipe de Israel, gritó y lloró con*
a gran voz y dijo (Sal. x. i) : "¿Por qué te mantienes a distancia, Señor?".

CAPÍTULO 47

Metatrón muestra a R. Ismael los acontecimientos pasados y futuros grabados en la Cortina del Trono

R. Ismael dijo: Metatrón me dijo

(1) Ven y te mostraré la Cortina de MAQOM (la Majestad Divina) que está extendida ante ti.

el Santo, bendito sea, (y) donde están grabadas todas las generaciones del mundo y todas sus

lo que han hecho y lo que harán hasta el fin de todas las generaciones.

(2) Y fui, y me lo enseñó señalándolo con sus fingers Mike un padre que enseña a sus

niños las letras de Tora. Y vi a cada generación, a los
gobernantes de cada generación,
y los jefes de cada generación,
los pastores de cada generación,
los opresores (conductores) de cada generación, los guardianes de cada generación,
los azotadores de cada generación, los supervisores de cada generación, los jueces de cada generación,
los oficantes de la corte de cada generación, los maestros de cada generación,
los partidarios de cada generación,
los jefes de cada generación,
los presidentes de academias de cada generación, los magistrados de cada generación,

3 ENOC

los príncipes de cada generación,
los consejeros de cada generación,
los nobles de cada generación,
y los hombres poderosos de cada
generación, *los ancianos de cada*
generación,
y los guías de cada generación.

(3) Y vi a Adán, a su generación, sus obras y sus pensamientos, a Noé y a su generación, sus

sus hechos y sus pensamientos, y la generación de los flood, sus hechos y sus pensamientos, Sem y

su generación, sus obras y sus pensamientos, Nimrod y la generación de la confusión de

lenguas, y su generación, sus hechos y sus pensamientos, Abraham y su generación, sus

hechos y sus pensamientos, Isaac y su generación, sus hechos y sus pensamientos, Ismael y su

generación, sus hechos y sus pensamientos, Jacob y su generación, sus hechos y sus

pensamientos, José y su generación, sus obras y sus pensamientos, las tribus y su generación,

sus hechos y sus pensamientos, Amram y su generación, sus hechos y sus pensamientos, Moisés

y su generación, sus obras y sus pensamientos,

(4) Aarón y Mirjam sus obras y sus hechos, los príncipes y los ancianos, sus obras y sus hechos

Josué y su generación, sus obras y sus hechos, los jueces y su generación, sus

obras y hechos, Elí y su generación, sus obras y hechos, "Finees, sus obras y hechos,

Elcana y su generación, sus obras y sus hechos, Samuel y su generación, sus obras

y sus hechos, los reyes de Judá con sus generaciones, sus obras y sus hechos, los reyes de

Israel y sus generaciones, sus obras y sus acciones, los príncipes de Israel, sus obras y sus

obras; los príncipes de las naciones del mundo, sus obras y sus hechos, los jefes de las

consejos de Israel, sus obras y sus hechos ; los jefes de (los consejos en) las naciones de la

mundo, sus generaciones, sus obras y sus hechos; los gobernantes de Israel y su generación, su

las obras y sus hechos; los nobles de Israel y su generación, sus obras y sus hechos; los

nobles de las naciones del mundo y su(s) generación(es), sus obras y sus hechos; los hombres de
    reputación en Israel, su generación, sus obras y sus hechos ; los jueces de Israel, sus
    generación, sus obras y sus hechos ; los jueces de las naciones del mundo y su generación,
    sus obras y sus hechos ; los maestros de niños en Israel, sus generaciones, sus obras y sus hechos
    sus obras ; los maestros de los niños en las naciones del mundo, sus generaciones, sus obras y
    sus hechos; los consejeros (intérpretes) de Israel, su generación, sus obras y sus hechos ;
    los consejeros (intérpretes) de las naciones del mundo, su generación, sus obras y sus
    todos los profetas de Israel, su generación, sus obras y sus hechos; todos los profetas de Israel, su generación, sus obras y sus hechos; todos los profetas de Israel, su generación, sus obras y sus hechos.
    las naciones del mundo, su generación, sus obras y sus hechos ;
    (5) y todas las luchas y guerras que las naciones 16 del mundo emprendieron contra el pueblo de Israel en
    el tiempo de su reino. Y vi al Mesías, hijo de José, y a su generación "y sus" obras
    y sus obras que harán contra las naciones del mundo. Y vi al Mesías, hijo de David, y su generación, y todos los fights y guerras, y sus obras y sus hechos que harán con Israel, tanto para el bien como para el mal. Y vi todas las luchas y guerras que librarán Gog y Magog.
    en los días del Mesías, y todo lo que el Santo, bendito sea, hará con ellos en el tiempo venidero.
    ven.
    (6) Y todo el resto de todos los líderes de las generaciones y todas las obras de las generaciones tanto en
    Israel y en las naciones del mundo, tanto lo que se hace como lo que se hará en lo sucesivo a todos
    generaciones hasta el fin de los tiempos, (todos) fueron esculpidos en la Cortina de MAQOM.
Y vi todos estos
    cosas con mis ojos; y después de haberlo visto, abrí mi boca en alabanza a MAQOM (el Divino
    Majestad) (diciendo así, Ecl. viii. 4, 5): "Porque la palabra del Rey tiene poder (y ¿quién puede decir a
    a él: ¿Qué haces?) El que guarda los mandamientos no conocerá cosa mala". Y le dije
    (Sal. civ. 24) "¡Oh Señor, cuán múltiples son tus obras!".

CAPÍTULO 48

El lugar de las estrellas mostrado a R. Ismael

R. Ismael dijo : Metatrón me dijo :

(1) (Ven y te mostraré) el espacio de las estrellas a que están de pie en Raqia' noche tras noche en

temor del Todopoderoso (MAQOM) y (te mostraré) dónde van y dónde están.

(2) Caminé a su lado, y él me tomó de la mano y me señaló todo con sus finales. Y

estaban sobre chispas de flames alrededor de la Merkaba del Todopoderoso (MAQOM). ¿Qué

¿Metatron hacer? En ese momento dio una palmada y los echó de su lugar. A continuación

partieron en alas llameantes, se elevaron y salieron de los cuatro lados del Trono de la Merkaba, y

(como ellos flew) me dijo los nombres de cada uno. Como está escrito (Sal. cxlvii. 4) :" Dice

el número de las estrellas ; les da todos sus nombres", enseñando, que el Santo, bendito sea,

ha dado un nombre a cada uno de ellos.

(3) Y todos entran en orden contado bajo la dirección de (lit. a través de, por las manos de)

RAHATIEL a Raqia' ha-shSHamayim para servir al mundo. Y salen en orden contado a

alabad al Santo, bendito sea, con cánticos e himnos, como está escrito (Sal. xix. i):

"Los cielos declaran la gloria de Dios".

(4) Pero en el tiempo venidero el *Santo, bendito* sea, *los creará de nuevo, como está escrito*

(Lam. iii. 23): "Son nuevos cada mañana". Y abren la boca y entonan un cántico.

¿Cuál es el cántico que entonan? (Sal. viii. 3): "Cuando considero tus cielos".

CAPÍTULO 49

Metatrón muestra a R. Ismael los
  espíritus de los ángeles
  castigados
  R. Ismael dijo: Metatrón me dijo:
  (1) Ven y te mostraré las almas de los ángeles y los espíritus de los siervos servidores.
    cuyos cuerpos han sido quemados en el fuego de MAQOM (el Todopoderoso) que sale de su pequeño
    finger. Y se han convertido en carbones de fiery en medio del río de fiery (Nehar di-Nur). Pero
    sus espíritus y sus almas están detrás de la Shekina.
  (2) Siempre que los ángeles ministradores entonan un canto en un momento equivocado o que no es el señalado para ser cantado, ellos
    son quemados y consumidos por el fuego de su Creador y por una llama de su Hacedor, en los lugares
    (cámaras) del torbellino, pues sopla sobre ellos y los conduce al Nehar di-Nur; y
    Allí se convierten en numerosas montañas de carbón ardiente. Pero su espíritu y su alma vuelven a
    su Creador, y todos están detrás de su Maestro.
  (3) Y fui a su lado y me tomó de la mano ; y me mostró todas las almas de los ángeles
    y los espíritus de los servidores ministeriales que estaban detrás de la Shekina en alas del
    torbellino y muros de fuego que los rodeaban.
  (4) En ese momento Metatrón me abrió las puertas de las murallas dentro de las cuales se encontraban

detrás de la Shekiná, Y alcé mis ojos y los vi, y he aquí, la semejanza de cada uno
era como (la de) los ángeles y sus alas como (alas) de ave, hecha de flames, obra de la quema
fire. En ese momento abrí mi boca en alabanza a MAQOM y dije (Sal. xcii. 5): "Cuán grandes son
tus obras, Señor".

CAPÍTULO 50

Metatrón muestra a R. Ismael la Mano Derecha del
 Altísimo, ahora inactivo tras Él, pero en el
 futuro destinado a obrar la liberación de Israel

R. Ismael dijo : Metatrón me dijo :

(1) Ven, y te mostraré la Mano Derecha de MAQOM, puesta detrás (de Él) a causa de la
 destrucción del Templo Sagrado ; del cual resplandecen toda clase de esplendor y luz y por
 que los 955 cielos fueron creados ; y a quien ni siquiera los Serafines y los 'Ofaninos son
 permitido (contemplar), hasta que llegue el día de la salvación.

(2) Y fui a su lado y me tomó de la mano y me mostró
 a mí (la Mano Derecha de MAQOM), con toda clase de alabanzas, regocijos y cánticos; y ninguna boca podrá
 cuentan su alabanza, y ningún ojo puede contemplarla, a causa de su grandeza, dignidad, majestad, gloria y belleza.

(3) Y no sólo eso, sino todas las almas de los justos que sean tenidas por dignas de contemplar la alegría del
 Jerusalén, están junto a ella, alabándola y orando ante ella tres veces al día, diciendo
 (Is.li.9): "Despierta, despierta, revístete de fuerza, brazo del Señor", según está escrito (Is. Ixiii. 12):

"Hizo que su brazo glorioso fuera a la diestra de Moisés".
(4) En ese momento la Mano Derecha de MAQOM lloraba. Y salió de su five
fingers five ríos de lágrimas y cayó en el gran mar y sacudió el mundo entero, según
está escrito (Is. xxiv. 19, 20): "La tierra está totalmente quebrantada (1), la tierra está limpia disuelta (2), la
la tierra se conmueve sobremanera (3), la tierra se tambaleará como un borracho (4) y se conmoverá a
de un lado a otro como una cabaña (5)", cinco veces correspondientes a los dedos de su Gran Mano Derecha.
(5) Pero cuando el Santo, bendito sea, ve que no hay justo en la generación,
y que no hay hombre piadoso (jasid) en la tierra, ni justicia en manos de los hombres ; y (que no hay) ningún hombre
como Moisés, y ningún intercesor como Samuel que pudiera orar ante MAQOM por la salvación
y por la liberación, y por Su Reino, para que sea revelado en todo el mundo; y por Su
gran Mano Derecha que la puso de nuevo ante Sí para obrar por ella una gran salvación para Israel,
(6) entonces inmediatamente el Santo, bendito sea, recordará Su propia justicia, favor, misericordia y
gracia : y librará por sí mismo a su gran Brazo, y su justicia le sostendrá.
Según está escrito (Is. lix. 16): "Y vio que no había hombre" (es decir:) semejante a
Moisés que rezó innumerables veces por Israel en el desierto y evitó los decretos (Divinos) de
y se extrañó de que no hubiera ningún intercesor" como Samuel, que suplicó al Santo Uno, bendito sea, y le invocó y Él le respondió y cumplió su deseo, aunque fuera
no fit (de acuerdo con el plan divino), según está escrito (i Sam. xii. 17) : "¿No es
¿Cosecha de trigo hoy? Invocaré al Señor".
(7) Y no sólo eso, sino que se unió en comunión con Moisés en todo lugar, como está escrito
(Sal.xcix.6): "Moisés y Aarón entre Sus sacerdotes". Y de nuevo está escrito (Jer. xv. i): "Aunque
Moisés y Samuel estuvieron delante de mí" (Is. lxiii. 5): "Mi propio brazo me trajo la salvación".
(8) Dijo el Santo, bendito sea en aquella hora: " ¿Cuánto tiempo esperaré a que los hijos de los hombres

obrar la salvación según su justicia por mi brazo? Por mi propio bien y por el bien de

mi mérito y justicia libraré mi brazo y por él redimiré a mis hijos de entre los naciones del mundo.

Como está escrito (Is. xlviii. n): "Por amor a mí mismo lo haré. Porque ¿cómo podría ser profanado mi nombre?

(9) En ese momento el Santo, *bendito* sea, *revelará Su Gran Brazo y lo mostrará a los*

naciones del mundo; porque su longitud es como la longitud del mundo y su anchura es como la anchura del

mundo. Y la apariencia de su esplendor es semejante al esplendor del sol en su fuerza, en

el solsticio de verano.

(10) Entonces Israel se salvará de entre las naciones del mundo. Y aparecerá el Mesías

y los hará subir a Jerusalén con gran alegría. Y no sólo eso, sino que Israel vendrán de las cuatro partes del Mundo y comerán con el Mesías. Pero las naciones del mundo

no comas con ellos, como está escrito (Is. Hi. 10): "El Señor ha desnudado su santo brazo a los ojos de

todas las naciones; y todos los confines de la tierra verán la salvación de nuestro Dios".

Y de nuevo (Deut.

xxxii. 12): "Sólo el Señor le guiaba, y no había con él *ningún dios extraño". (Zac. xiv. 9) :*

"Y el Señor será rey sobre toda la tierra*".*

CAPÍTULO 51

~~~

Los Nombres Divinos que salen del Trono de Gloria,
    *coronados y escoltados por numerosas huestes angélicas a través
    de los cielos y de vuelta al Trono los ángeles cantan el
    "Santo" y el "Bendito".*
    Estos son los setenta y dos nombres escritos en el corazón del Santo, bendito sea:
SS, SeDeQ
    {justicia), SaHPeL SUR *{Is. xxvi. 4},* SBI, SaDdlQ*{justo},* S'Ph,
SHN, SeBa'oTh *{Señor
    de los Ejércitos},*ShaDdaY *{Dios Todopoderoso},* 'eLoHIM *{Dios},* YHWH,
SH, DGUL, W'DOM, SSS", 'YW,
    'F, 'HW, HB, YaH, HW, WWW, SSS, PPP, NN, HH, HaY *{vivo},* HaY,
ROKeB 'aRaBOTh
    {montando sobre el "Araboth", Sal. lxviii. 5}, YH, HH, WH, MMM, NNN,
HWW, YH, YHH, HPhS,
    H'S, 'I, W, S", Z', "', QQQ *{Santo, Santo, Santo},* QShR, BW, ZK, GINUR,
GINURYa', Y', YOD,
    'aLePh, H'N, P'P, R'W, YYWy YYW, BBS, DDD, TTT, KKK, KLL, SYS,
'XT', BShKMLW *{=
    bendito sea el Nombre de Su glorioso reino por los siglos de los siglos},* completado
por MeLeK HalOLaM
    {el Rey del Universo], JBRH LB' *{el principio de la Sabiduría para los hijos
de los hombres},* BNLK
    W" Y *{bendito sea Aquel que da fuerza a los cansados y aumenta las fuerzas a los
que no tienen
    poder, Is. xl. 29}* que salen (adornadas) con numerosas coronas de *fire* con
numerosas coronas de

flame, con numerosas coronas de chashmal, con numerosas coronas de relámpagos de delante del

Trono de Gloria. Y con ellos (hay) mil centenares de poder (es decir, ángeles poderosos) que

escóltalos como a un rey con temblor y espanto, con temor y estremecimiento, con honor y majestad

ymiedo, con terror, con grandeza y dignidad, con gloria y fuerza, con entendimiento y

conocimiento y con una columna de fire y una columna de flame y relámpago y su luz es como relámpagos.

de luz y con la semejanza del chashmal.

(2) Y les dan gloria y responden y claman ante ellos: Santo, Santo, Santo.

Y los hacen rodar (convoyar) por todos los cielos como príncipes poderosos y honrados.

Y cuando

llévalos a todos de vuelta al lugar del Trono de Gloria, entonces todos los Chayyoth junto a la Merkaba abierta

su boca en alabanza de Su glorioso nombre, *diciendo: "Bendito sea el nombre de Su glorioso reino*

por los siglos de los siglos".

CAPÍTULO 52

Una pieza de Enoc-
   Metatron ALT 1
   (1) "Lo prendí, lo tomé y lo designé", es decir, Enoc, hijo de Jared, cuyo nombre es
      es Metatron
   (2) y lo tomé de entre los hijos de los hombres
   (5) y le hice un Trono frente a mi Trono. ¿Cuál es el tamaño de ese Trono? Setenta
      mil parasangs (todos) de fi r e.
   (9) Le encomendé 70 ángeles correspondientes a las naciones (del mundo) y entregué a su
      carga todo el hogar por encima y por debajo.
   (7) Y le encomendé la Sabiduría y la Inteligencia más que (a) todos los ángeles. Y llamé a su
      nombre "el YAH MENOR", cuyo nombre es por Gematria 71. Y dispuse para él todas las obras de
      La Creación. E hice que su poder trascendiera (lit. hice para él un poder superior a) todos los
         ángeles ministradores.
   ALT 2
   (3) Encomendó a Metatrón, que es Enoc, hijo de Jared, todos los tesoros. Y le nombré
      sobre todos los almacenes que tengo en cada cielo. Y entregué en sus manos las llaves de cada
         tienda celestial.
   (4) Hice (de él) príncipe sobre todos los príncipes, e hice (de él) ministro

de mi Trono de

Gloria, para proveer y arreglar a los Santos Chayyoth, para coronarles (coronarlos

con coronas), para revestirlos de honor y majestad para prepararles un asiento cuando él sea

sentado en su trono para engrandecer su gloria en las alturas.

(5) La altura de su estatura entre todos aquellos (que son) de elevada estatura (es) de setenta mil

parasangios. Y engrandecí su gloria como la majestad de mi gloria.

(6) y el brillo de sus ojos como el esplendor del Trono de Gloria.

(7) su vestidura honor y majestad, su corona real 500 por   500 parasangs.

ALT 3

(1) Aleph1 Yo lo hice fuerte, yo lo tomé, yo lo designé: (a saber) Metatrón, mi siervo que es

uno (único) entre todos los hijos del *cielo. Le hice fuerte en la genera- ción del primer*

Adán. Pero cuando contemplé a los hombres de la generación del flood, *que estaban corrompidos, entonces fui*

y quité mi Shekina de en medio de ellos. Y 1 la levantó en alto con sonido de trompeta

y con un grito, *como está escrito (Sal.xlvii. 6): "Dios ha subido con un* grito, *el Señor con el sonido*

de una trompeta".

(2) "Y lo tomé (es decir) a Enoc, hijo de Jared, de entre ellos. Y lo levanté con el sonido de una trompeta y con un tera'a (grito) a los altos cielos, para ser mi testigo junto con

la Chayyoth por la Merkaba en el mundo venidero.

(3) Yo lo designé sobre todos los tesoros y almacenes que tengo en todos los cielos.

Y me comprometí

en su mano las llaves de cada uno.

(4) Hice (de él) príncipe sobre todos los príncipes y ministro del Trono de Gloria (y) del

Salones de 'Araboth: que me *abran sus puertas, y (del) Trono de* G l o r i a, *que lo exalten y lo ordenen;*

(y lo designé sobre) las Sagradas Chayyot para coronar sus cabezas; el majestuoso

'Ophannim, para coronarlos de fuerza y gloria; los; honrados Kerubim, para vestirlos: de

majestuosidad; sobre las chispas radiantes, para hacerlas brillar con esplendor y fulgor; sobre la

flamando a los Serafines, para cubrirlos de alteza; a los Jashmallim de luz, para hacerlos radiantes

con Luz y que me prepares el asiento cada mañana cuando me siente en el Trono de Gloria. Y que
 ensalzar y magnificar mi gloria en la altura de mi poder; (y le he confiado) los secretos
 de arriba y los secretos de abajo (secretos celestiales y secretos terrenales).
 (5) Le hice más alto que todos. La altura de su estatura, en medio de todos (los que son) altos de estatura
 (Hice) setenta mil parasangs. Hice grande su Trono por la majestad de mi Trono. Y Yo
 aumentó su gloria por el honor de mi gloria.
 (6) Transformé sus huesos en antorchas de fuego, y todos los huesos de su cuerpo en carbones ardientes.
 hizo aparecer sus ojos como el relámpago, y la luz de sus cejas como lo imperecedero
 luz. Hice brillar su rostro como el esplendor del sol, y sus ojos como el esplendor del Trono.
 de la Gloria.
 (7) Hice del honor y la majestad su vestimenta, de la belleza y la alteza su manto de cobertura y de un real
 corona de 500 por (veces) 500 parasangs (su) diadema. Y puse sobre él de mi honor, mi majestad
 y el esplendor de mi gloria que está sobre mi Trono de Gloria. Yo le llamé el MENOR YHWH,
 el Príncipe de la Presencia, el Conocedor de los Secretos: pues todo secreto le revelé como a un padre
 y todos los misterios le declaré con rectitud.
 (8) He colocado su trono a la puerta de mi Salón para que se siente y juzgue a la casa celestial sobre
 alto. Y puse delante de él a todo príncipe, para que recibiera de él autoridad y cumpliera su voluntad.
 (9) Setenta nombres tomé de (mis) nombres y le llamé por ellos para realzar su gloria.
 Setenta príncipes entregué en su mano, para ordenarles mis preceptos y mis palabras en todo
 idioma:
 para abatir con su palabra a los soberbios hasta el suelo, y exaltar con la expresión de sus labios a los humildes hasta
 la altura; para herir a los reyes con su palabra, para desviar a los reyes de sus caminos, para erigir (a los) gobernantes
 sobre su dominio como está escrito (Dan.ii. 21): "y cambia los tiempos y las estaciones, y a
 da sabiduría a todos los sabios del mundo y entendimiento (y) conocimiento a todos los que

entienden el conocimiento, como se dice (Dan. ii. 21): " y el conocimiento a los que saben
entendimiento", para revelarles los secretos de mis palabras y enseñar el decreto de mis justos
sentencia,
(10) como está escrito (Is.Iv. n): "así será mi palabra que sale de mi boca; no será
sino que cumpliré (lo que me plazca)". E'eseh' (cumpliré) no es
sino "asdh" (él cumplirá), es decir, que cualquier palabra y cualquier manifestación
sale de delante del Santo, bendito sea, Metatrón se levanta y lo lleva a cabo. Y él establece los decretos del Santo, bendito sea.

CAPÍTULO 53

Los nombres de Metatrón. Los tesoros de la Sabiduría abiertos a Moisés en el monte Sinaí. Los ángeles protestan contra Metatrón por revelar los secretos a Moisés y son contestados y reprendidos por Dios. La cadena de la tradición y el poder de los misterios transmitidos para curar enfermedades.

(1) Setenta nombres tiene Metatrón que el Santo, bendito sea, tomó de su propio nombre y

puestas sobre él. Y éstos son:

YeHOEL, YaH, YeHOEL, YOPHIEL y Yophphiel, y 'APHPHIEL y MaRGeZIEL,

GIPpUYEL, Pa'aZIEL, 'A'aH, PeRIEL, TaTRIEL, TaBKIEL,'W, YHWH, DH, WHYH, 'eBeD,

DiBbURIEL, 'aPh'aPIEL, SPPIEL, PaSPaSIEL, SeNeGRON, MeTa- TRON, SOGDIN, 'ADRIGON,

ASUM, SaQPaM, SaQTaM, MIGON MITÓN MOTTRON, ROSPHIM, QINOTh, ChaTaTYaH,

DeGaZYaH, PSPYaH, BSKNYH, MZRG, BaRaD.., MKRKK, MSPRD, ChShG, ChShB,

MNRTTT, BSYRYM, MITMON, TITMON, PiSQON, SaPhSaPhYaH, ZRCh, ZRChYaH, B',

BeYaH, HBH BeYaH, PeLeT, PLTYaH, RaBRaBYaH, ChaS, ChaSYaH, TaPhTaPhYaH,

TaMTaMYaH, SeHaSYaH, IRURYaH, 'aL'aLYaH, BaZRIDYaH, SaTSa-TKYaH, SaSDYaH,

RaZRaZYAH BaZRaZYaH, 'aRIMYaH, SBHYaH, SBIBKHYH, SiMKaM, YaHSeYaH,

SSBIBYaH, SaBKaSBeYaH, QeLILQaLYaH, fKIHHH, HHYH, WH, WHYH, ZaKklKYaH,

TUTRISYaH, SURYaH, ZeH, PeNIRHYaH, ZIZ'H, GaL RaZaYYa, MaMLIKYaH, TTYaH,

eMeQ , QaMYaH, MeKaPpeRYaH, PeRISHYaH, SePhaM, GBIR, GiBbO-RYaH, GOR, GORYaH,

ZIW, 'OKBaR, el MENOR YHWH, según el nombre de su Maestro, (Ex. xxiii. 21) "porque mi nombre está en

él", RaBIBIEL, TUMIEL, Segansakkiel ('Sagnezagiel' / 'Neganzegael), el Príncipe de la Sabiduría.

(2) ¿Y por qué se le llama Sagnesakiel? Porque todos los tesoros de la sabiduría son

cometido en su mano.

(3) Y todos ellos fueron abiertos a Moisés en el Sinaí, para que los aprendiera durante los cuarenta días,

mientras estaba de pie (permaneciendo}: la Torá en los setenta aspectos de las setenta lenguas, la

Profetas en los setenta aspectos de las setenta lenguas, los Escritos en los setenta aspectos de la

setenta lenguas, "las Halakas en los setenta aspectos de las setenta lenguas, las Tradiciones en las

setenta aspectos de las setenta lenguas, las Haggadas en los setenta aspectos de las setenta lenguas

y los Toseftas en los setenta aspectos de las setenta lenguas".

(4) Pero en cuanto terminaron los cuarenta días, se olvidó de todos ellos en un momento. Entonces el Santo

Uno, bendito sea, llamado Yephiphyah, el Príncipe de la Ley, y (a través de él) fueron entregados a

Moisés como un don. Como está escrito (Deut. x. 4): "y el Señor me los dio". Y después

permaneció con él. ¿Y de dónde sabemos que permaneció (en su memoria)? Porque es

escrito (Mai. iv. 4): "Acordaos de la Ley de Moisés, mi siervo, que le mandé en

Horeb para todo Israel, mis estatutos y mis decretos". La Ley de Moisés": es decir, la Torá, la

Profetas y Escritos, "estatutos"; es decir, las Halakas y las Tradiciones, "juicios"; es decir, la

Haggadas y las Toseftas. Y todas ellas fueron entregadas a Moisés en lo alto del Sinaí.

(5) Estos setenta nombres (son) una reflección del/de los Nombre(s) Explícito(s) en la Merkaba que están esculpidos

sobre el Trono de Gloria. Pues el Santo, bendito sea, tomó de Su(s) Nombre(s) Explícito(s) y puso

sobre el nombre de Metatrón: Setenta Nombres Suyos con los que los ángeles ministradores llaman al Rey de
los reyes de reyes, bendito sea, en los altos cielos, y veintidós letras que están en el anillo
en su dedo, con el que están sellados los destinos de los príncipes de los reinos de las alturas en la grandeza
y poder y con el que están selladas las suertes del Ángel de la Muerte, y los destinos de cada
nación y lengua.
(6) Dijo Metatrón, el Ángel, el Príncipe de la Presencia; el Ángel, el Príncipe de la Sabiduría; el
Ángel, el Príncipe del Entendimiento; el Ángel, el Príncipe de los Reyes; el Ángel, el Príncipe de los
los Gobernantes; el ángel, Príncipe de la Gloria; el ángel, Príncipe de los Altos y de los
príncipes, los exaltados, grandes y honrados, en el cielo y en la tierra:
(7) "H, el Dios de Israel, es mi testigo en esto, (de que) cuando revelé este secreto a Moisés,
Entonces todos los ejércitos de todos los cielos de lo alto se enfurecieron contra mí y me dijeron:
(8) ¿Por qué revelas este secreto a hijo de hombre, nacido de mujer, manchado e impuro, hombre de un
gota putrefacta, el secreto por el que fueron creados el cielo y la tierra, el mar y la tierra seca, el
las montañas y colinas, los ríos y manantiales, la Gehenna de fire y granizo, el Jardín del Edén y el
Árbol de la Vida; y por el cual fueron formados Adán y Eva, y el ganado, y las bestias salvajes, y los
las aves del cielo, las olas del mar, Behemoth y Leviatán, los reptiles, los
gusanos, los dragones del mar y los reptiles de los desiertos; y la Tora y la Sabiduría y la
El Conocimiento y el Pensamiento y la Gnosis de las cosas de arriba y el temor del cielo.
¿Por qué
revelar esto a la flesh y a la sangre?
Yo les respondí Porque el Santo, bendito sea, me ha dado autoridad, Y además
han obtenido el permiso del alto y exaltado Trono, del que parten todos los Nombres Explícitos
con relámpagos de fire y flaming chashmallim.
(9) Pero no se apaciguaron, hasta que el Santo, bendito sea, los reprendió y los expulsó
alejándose con represión de delante de él, diciéndoles "Yo me deleito, y he puesto mi amor en, y he

confiado y encomendado sólo a Metatrón, mi Siervo, pues es Uno (único) entre todos los

hijos del c i e l o.

(10) Y Metatrón los sacó de su casa de los tesoros y los encomendó a Moisés, y

Moisés a Josué, y Josué a los ancianos, y los ancianos a los profetas y los profetas a los hombres

de la Gran Sinagoga, *y los hombres de la Gran Sinagoga a Esdras, y Esdras el escriba a Hillel*

el anciano, e Hillel el anciano a R. Abbahu y R. Abbahu a R. Zera, y R. Zera a los hombres de

fe, y los hombres de fe (los encomendaron) para advertir y curar por ellos todas las enfermedades que

rabia en el mundo, como está escrito (Ex. xv. 26): "Si oyeres con diligencia la voz del

Señor, tu Dios, y harás lo recto ante sus ojos, y prestarás oído a sus mandamientos,

y guardes todos sus estatutos, no pondré sobre ti ninguna de las enfermedades que he puesto sobre los

egipcios : porque yo soy el Señor, que te curo".

(Terminado y **finalizado**. *Alabado sea el Creador del Mundo).*

EL EVANGELIO DE JUDAS

INTRODUCCIÓN

33 Éste es el mensaje secreto de juicio que Jesús habló con Judas Iscariote durante ocho días, tres días antes de celebrar la Pascua.

Cuando apareció en la tierra, hizo signos y grandes prodigios para la salvación de la humanidad. Unos [caminaban] por el camino de la justicia, pero otros por el de la transgresión, por lo que fueron llamados los doce discípulos. Empezó a hablarles de los misterios del más allá y de lo que sucedería al final. A menudo no se revelaba a sus discípulos, pero le encontraban en medio de ellos como a un niño.

JESÚS CRITICA A LOS DISCÍPULOS

Un día estaba con sus discípulos en Judea. Los encontró sentados juntos practicando su piedad. Cuando [se acercó a] sus discípulos **34** sentados juntos orando sobre el pan, [se] rió.

Los discípulos le dijeron: "Maestro, ¿por qué te ríes de [nuestra] oración? ¿Qué hemos hecho? [Esto] es lo justo".

Respondió y les dijo: "No me río de vosotros. No lo hacéis porque queráis, sino porque a través de esto vuestro Dios [será] alabado."

Dijeron: "¡Maestro, tú [...] eres el Hijo de nuestro Dios!".

Jesús les dijo: "¿De qué me conocéis? En verdad [os] digo que ninguna generación del pueblo entre vosotros me conocerá".

Cuando sus discípulos oyeron esto, [empezaron] a enfadarse y a ponerse furiosos y empezaron a maldecirle en sus corazones.

Pero Jesús, al darse cuenta de su ignorancia, [les dijo]: "¿Por qué os dejáis llevar por la cólera? ¿Acaso vuestro Dios interior y [sus estrellas] **35** se han enfadado con vuestras almas? Si alguno de vosotros es [lo bastante fuerte] entre los humanos para hacer surgir la Humanidad perfecta, que se levante y se enfrente a mí."

Todos dijeron: "Somos lo bastante fuertes". Pero sus espíritus no eran lo bastante valientes para estar ante [él], excepto Judas Iscariote. Éste pudo estar ante él, pero no pudo mirarle a los ojos, así que apartó la mirada.

Judas [le dijo]: "Sé quién eres y de dónde has venido. Has venido del reino inmortal de Barbelo, y no soy digno de pronunciar el nombre de q u i e n te ha enviado".

Entonces Jesús, sabiendo que estaba pensando en lo que es exaltado, dijo le dijo: "Apártate de los demás y te contaré los misterios del reino. No para que vayas allí, sino para que te aflijas mucho **36** porque otro te sustituirá para completar los doce [elementos] ante su Dios."

Judas le dijo: "¿Cuándo me dirás estas cosas, y cuándo amanecerá el gran día de luz para la generación [...]?".

Pero cuando dijo estas cosas, Jesús le dejó.

OTRA GENERACIÓN

A la mañana siguiente, se apareció a sus discípulos. [Ellos le dijeron: "Maestro, ¿adónde fuiste y qué hiciste cuando nos dejaste?".

Jesús les dijo: "Fui a otra generación grande y santa".

Sus discípulos le dijeron: "Señor, ¿qué gran generación es mejor y más santa que nosotros, que no esté en estos reinos?".

Al oír esto, Jesús se echó a reír. Les dijo: "¿Por qué os preguntáis en vuestros corazones por la generación fuerte y santa? **37** En verdad os digo que nadie nacido [de] este reino verá esa [generación], ningún ejército de ángeles de las estrellas la dominará, y ninguna persona de nacimiento mortal podrá unirse a ella, porque esa generación no procede de [...] que se ha convertido en [...] la generación de la gente entre [ellos] es de la generación de la gente grande [...] las autoridades poderosas que [...] ni los poderes [...] aquellos por los que gobernáis."

Cuando sus discípulos oyeron estas cosas, se turbaron en su espíritu. No podían decir nada.

LA VISIÓN DE LOS DISCÍPULOS

Otro día se les acercó Jesús. Le dijeron: "Maestro, te hemos visto en sueños, porque anoche tuvimos grandes [sueños]".
Pero Jesús dijo: "¿Por qué [...] os habéis escondido?".
38 Y [dijeron: "Vimos] una gran [casa, con un gran] altar [en ella, y] doce personas -diríamos que eran sacerdotes- y un nombre. Y una multitud de gente esperaba junto al altar [hasta que] los sacerdotes [finaban de recibir] las ofrendas. Nosotros también esperábamos".
[Jesús dijo]: "¿Cómo eran?".
Y dijeron: "[Algunos] ayunan [durante] dos semanas. Otros sacrifican a sus propios hijos; otros a sus mujeres, alabándose y humillándose entre sí. Otros se acuestan con hombres; otros asesinan; otros cometen muchos pecados y hacen cosas criminales. ¡[Y] el pueblo de pie [ante] el altar invoca tu [nombre]! **39** Y en todos sus sacrificios, llenan el [altar] con sus ofrendas". Cuando dijeron esto, [callaron] porque estaban turbados.
Jesús les dijo: "¿Por qué os turbáis? En verdad os digo que todos los sacerdotes que están ante ese altar invocan mi nombre. Y [de nuevo] os digo que mi nombre ha sido escrito en esta [casa] de las generaciones de las estrellas por las generaciones humanas. [Y ellos] han plantado vergonzosamente árboles infructuosos en mi nombre". Jesús les dijo: "Vosotros sois los que recibís las ofrendas en el altar que habéis visto. Ese es el Dios al que servís, y vosotros sois las doce personas que habéis visto. Y los animales que habéis visto traer para ser sacrificados son la multitud a la que descarriáis **40** ante ese altar. [Tu ministro] se levantará y usará así mi nombre, y [las] generaciones de los piadosos le serán leales. Después de él, otra persona presentará [a los que se acuestan por ahí], y otra a los que asesinan

niños, y otra los que se acuestan con hombres, y los que ayunan, y el resto de impureza, crimen y error. Y los que dicen: 'Somos iguales a los ángeles': son las estrellas que lo finan todo. Se ha dicho a las generaciones humanas: 'Mirad, Dios ha aceptado vuestro sacrificio de manos de los sacerdotes', es decir, del ministro del e r r o r . Pero el Señor que manda es el Señor sobre todas las cosas. En el último día, serán declarados culpables".

41 Jesús les dijo: "Dejad [de sacrificar animales]. Los habéis [ofrecido] sobre el altar, sobre vuestras estrellas con vuestros ángeles, donde ya se han completado. Así que dejad que se vuelvan [...] con vosotros y que [se vuelvan] claros".

Sus discípulos [le dijeron]: "Límpianos de nuestros [pecados] que hemos cometido mediante el engaño de los ángeles."

Jesús les dijo: "No es posible [...], ni [puede] una fuente apagar el fiuego de todo el mundo habitado. Ni el pozo [de una ciudad] puede satisfacer a todas las generaciones, excepto a la grande y estable. Una sola lámpara no iluminará todos los reinos, salvo la segunda generación, ni un panadero podrá alimentar a toda la creación **42** bajo [el cielo]."

Y [cuando los discípulos oyeron] estas [cosas], le dijeron: "¡Maestro, ayúdanos y sálvanos!".

Jesús les dijo: "Dejad de luchar contra mí. Cada uno de vosotros tiene su propia estrella, [y ...] de l a s e s t r e l l a s saldrá [...] lo que le pertenece [...] No fui enviado a la generación corruptible, sino a la generación fuerte e incor- ruptible, porque ningún enemigo se ha enseñoreado [de] esa generación, ni ninguna de l a s e s t r e l l a s . En verdad os digo que la columna de f i r e caerá rápidamente y esa generación no será movida por las estrellas".

JESÚS Y JUDAS

Y cuando Jesús [dijo] estas cosas, se fue, [llevándose] consigo a Judas Iscariote. L e dijo: "El agua de la montaña exaltada es [de] **43** [...] no vino a [regar ... el pozo] del árbol de [la fruta ...] de este reino [...] después de un tiempo [...], sino que vino a regar el paraíso de Dios y la [fruta] perdurable, porque [no] corromperá la [vida] de esa generación, sino que [existirá] para toda la eternidad."

Judas le dijo: "Dime, ¿qué fruto tiene esta generación?".

Jesús dijo: "Las almas de cada generación humana morirán; sin embargo, cuando estas personas hayan cumplido el tiempo en el reino y el espíritu las abandone, sus cuerpos morirán pero sus almas vivirán, y serán arrebatadas."

Judas dijo: "¿Qué hará el resto de las generaciones humanas?".

Jesús dijo: "No es posible **44** sembrar sobre [roca] y recoger su fruto. Del mismo modo, [no es posible sembrar sobre] la raza [defiled] junto con la sabiduría perecedera [y] la mano que creó a los humanos mortales para que sus almas suban a los reinos de arriba. [En verdad] os digo que [ningún gobernante], ángel [o] poder podrá ver los [lugares] que [esta gran], santa generación [verá]". Cuando Jesús dijo esto, se marchó.

Judas dijo: "Maestro, igual que has escuchado a todos ellos, ahora escúchame también a mí, porque he visto una gran visión".

Pero Jesús se rió al oírlo. Le dijo: "¿Por qué te alteras, decimotercer demonio? Pero habla y te soportaré".

Judas le dijo: "En la visión me he visto a mí mismo. Los doce discípulos me apedreaban y **45 me** perseguían [rápidamente]. Y yo también llegué a la lugar donde [te había seguido]. Vi [una casa en este lugar], y mis ojos no podían [medir] su tamaño. La rodeaban grandes gentes, y aquella casa tenía un tejado de verdor. En medio de la casa había [una multitud ...]. Maestro, ¡acógeme con esta gente!".

Respondió [Jesús] y dijo: "Tu estrella te ha extraviado, Judas", y que "ninguna persona de nacimiento mortal es digna de entrar en la casa que has visto, porque ese lugar está reservado a los que son santos. Ni el sol ni la luna reinarán allí, ni el día, sino que los que son santos permanecerán siempre en el reino con los santos ángeles. Mira, te he contado los misterios del reino **46** y te he enseñado sobre el error de las estrellas y [...] enviado [a lo alto] sobre los doce reinos".

Judas dijo: "Maestro, seguro que mi semilla no domina a los gobernantes, ¿verdad?".

Respondió Jesús y le dijo: "Ven, déjame [hablarte] [de la generación santa. No para que vayas allí], pero te afligirás mucho cuando veas el reino y toda su generación."

Al oír esto, Judas le dijo: "¿De qué me ha servido que me hayas separado de esa generación?".

Jesús respondió y dijo: "Llegarás a ser la decimotercera, y serás maldecida por las otras generaciones y gobernarás sobre ellas. En los últimos días te [...] y no subirás **47** a la generación santa".

JESÚS LO REVELA TODO A JUDAS

Jesús dijo: "[Venid] y os enseñaré los [misterios que ningún] humano [verá], porque existe un reino grande e ilimitado cuyos horizontes ninguna generación angélica ha visto, [en] el cual hay un [gran] Espíritu invisible, que ningún ojo [angélico] ha visto jamás, ningún corazón ha comprendido jamás, y nunca ha sido llamado por ningún nombre.

"Y apareció allí una nube luminosa. Y él (el Espíritu) dijo: 'Que surja un ángel para que me asista'. Y un gran ángel, el Autoengendrado, el Dios de la Luz, surgió de la nube. Y a causa de él, otros cuatro ángeles surgieron de otra nube, y asistieron al Autoengendrado angélico. Y dijo **48** el [Autoengendrado]: 'Que [un reino] llegue a existir', y llegó a existir [tal como dijo]. Y [creó] la primera luminaria para que lo gobernara. Y dijo: 'Que surjan ángeles para servirlo', y surgieron miríadas] sin número. Y dijo: "[Que nazca] un reino luminoso", y surgió. Creó la segunda luminaria para que lo gobernara, junto con miríadas de ángeles innumerables para que le prestaran servicio. Y así creó el resto de los reinos de luz. Y los creó para que fueran gobernados, y creó para ellos miríadas de ángeles sin número para ayudarles.

"Y Adamas estaba en la primera nube de luz que ningún ángel podía ver entre todos los llamados 'Dios'. **49** Y [Adamas engendró a Set en] aquel [lugar según la] imagen [de ...] y según la semejanza de [este] ángel. Hizo aparecer la [generación] incorruptible de Seth a las doce [luminarias] andróginas. Y luego] hizo aparecer setenta y dos luminarias en la generación incorruptible según la voluntad del Espíritu. Entonces las setenta y dos luminarias mismas hicieron trescientas sesenta luminarias aparecen en la generación incorruptible según la voluntad del Espíritu, de modo que habría cinco para cada una. Y los doce reinos de las doce luminarias constituyen su padre, con seis cielos para cada reino, de modo que hay setenta y dos cielos para las setenta y dos luminarias, y para cada una **50** [de ellas five] firmamentos [para un total de] trescientos sesenta [firmamentos]. Se les] dio autoridad y un [gran] ejército de ángeles sin número para el honor y el servicio, junto con espíritus vírgenes [también] para el honor y el [servicio] de todos los reinos y los cielos con sus firmamentos.

"Ahora bien, la multitud de esos inmortales es llamada 'cosmos' -es decir, 'per- isible'- por el padre y las setenta y dos luminarias con el Auto-engendrado y sus setenta y dos reinos. Allí es donde apareció el primer humano con sus poderes incorruptibles. En el reino que apareció con su generación está la nube del conocimiento y el ángel que se llama **51** [Eleleth...] Después de estas cosas [Eleleth] dijo: 'Que doce ángeles lleguen a existir [para] gobernar sobre el Caos y [el Hades]'. Y mira, de la nube apareció un [ángel] cuyo rostro brillaba con [fire] y cuya semejanza estaba [definida] por la sangre. Se llamaba Nebro, que significa 'Rebelde'. Otros le llaman Yaldabaoth. Y otro ángel, Saklas, vino también de la nube. Así que Nebro creó seis ángeles -y Saklas (también lo hizo)- para que fueran ayudantes. Crearon doce ángeles en los cielos, y cada uno de e l l o s recibió una porción en los cielos.

"Y los doce jefes hablaron con los doce ángeles: 'Que cada uno de vosotros **52** [...] y que [...] generación [... five] ángeles:
El primero [es Yaoth], al que llaman 'el Bueno'.
El segundo es Harmathoth, [el ojo del f u e g o].
El [tercero] es Galila.
El cuarto [es] Yobel. El
quinto es Adonaios.
"Éstos son los cinco que gobernaron el Hades y son los primeros en gobernar el Caos.

"Entonces Saklas dijo a sus ángeles: 'Vamos a crear un ser humano según su semejanza y su imagen'. Y dieron forma a Adán y a su esposa Eva, que en la nube se llama 'Vida', porque por este nombre le buscan todas las generaciones, y cada una de ellas la llama por su nombre. Ahora bien, Saklas no **53** [ordenó ...] dar a luz, salvo [...] entre las generaciones [...] que esta [...] y el [ángel] le dijo: 'Tu vida durará un tiempo limitado, con tus hijos'".

Entonces Judas dijo a Jesús: "[¿Cuánto] puede vivir una persona?".

Jesús dijo: "¿Por qué te asombras de que la duración de la vida de Adán y de su generación sea limitada en el lugar en el que ha recibido su reino con su gobernante?".

Judas dijo a Jesús: "¿Muere el espíritu humano?".

Jesús dijo: "Así son las cosas. Dios ordenó a Miguel que prestara espíritus a las personas para que pudieran servir. Entonces el Gran Uno ordenó a Gabriel que diera espíritus a la gran generación sin rey: el espíritu junto con el alma. Así que el [resto] de l a s almas **54** [...] luz [... el] Caos [...] busca [el] espíritu dentro de ti que has hecho vivir en esta flesh de las generaciones angélicas. Entonces Dios hizo que el conocimiento llegara a Adán y a los que estaban con él, para que los reyes del C a o s y del Hades no se enseñorearan de ellos".

[Entonces] Judas dijo a Jesús: "¿Y qué harán esas generaciones?".

Jesús dijo: "En verdad os digo que las estrellas completan todas estas cosas. Cuando Saklas complete el lapso de tiempo que se ha determinado para él, su primera estrella aparecerá con las generaciones, y terminarán lo que se ha dicho. Entonces dormirán en mi n o m b r e , asesinarán a sus hijos, **55** y [harán] el mal y [...] los reinos, trayendo las genera- ciones y presentándoselas a Saklas. [Y] después [...] traerán a las doce tribus de [Israel] de [...], y las [generaciones] servirán todas a Saklas, pecando en mi nombre. Y tu estrella [gobernará] el decimotercer reino". Entonces Jesús [se rió].

[Judas] dijo: "Maestro, ¿por qué [te ríes de mí?".

Jesús] respondió [y dijo]: "No me río [de ti, sino] del error de las estrellas, porque estas seis estrellas se extravían con estos five guerreros, y todas ellas serán destruidas junto con sus creaciones."

Entonces Judas dijo a Jesús: "¿Qué harán los que han sido bautizados en tu nombre?".

LA TRAICIÓN

Jesús dijo: "En verdad os digo que este bautismo **56** [que han recibido en] mi nombre [...] destruirá a toda la generación del Adán terrenal. Mañana torturarán a la que me lleva. En verdad [os digo] que ninguna mano de mortal humano [caerá] sobre mí. En verdad [te digo], Judas, los que ofrecen sacrificios a Saklas [...] todo lo que es malo. Pero tú harás más que todos ellos, porque sacrificarás al humano que me lleva. Tu cuerno ya se ha alzado, tu ira se ha encendido, tu estrella ha ascendido y tu corazón [se ha extraviado]. **57** En verdad [te digo], tu último [... y] los [... los tronos] del reino han [sido derrotados], los reyes se han debilitado, las generaciones angélicas se han afligido, y el mal [que sembraron...] ha sido destruido, [y] el [gobernante] ha sido aniquilado. [Y] entonces el [fruto] de la gran generación de Adán será exaltado, porque antes que el cielo, la tierra y los ángeles, existe esa generación de los reinos. Mira, se te ha dicho todo. Levanta los ojos y mira la nube con la luz en ella y las estrellas a su alrededor. Y la estrella que guía el camino es tu estrella".

Entonces Judas levantó la vista y vio la nube luminosa, y entró la. Los que estaban en tierra oyeron una voz desde l a nube que decía: **58** "[. . . la] gran [generación . . .] y [. . .]". Y Judas ya no vio a Jesús.

Inmediatamente se produjo un alboroto entre [los] judíos, más de [...] Sus sumos sacerdotes refunfuñaron porque había ido a orar a la sala de invitados. Pero algunos escribas estaban allí vigilando de cerca para poder detenerle durante su oración, porque tenían miedo del pueblo, ya que todos le consideraban un profeta.

Se acercaron a Judas y le dijeron: "¿Qué haces aquí? ¿No eres tú el discípulo de Jesús?"

Entonces les respondió como querían. Entonces Judas recibió algo de dinero y se lo entregó.

El Evangelio de Judas

NOTAS SOBRE LA TRADUCCIÓN ATION

Página 33: "*Juicio*". O "declaración".
Página 36: "*Elementos*". Rodolphe Kasser y Gregor Wurst reconestructuran esta palabra como "discípulos" en *El Evangelio de Judas, Edición Crítica: Together with the Letter of Peter to Philip, James, and a Book of Allogenes from Codex Tchacos* (National Geographic), 2007, p. 191; pero cf. Lance Jenott, The Gospel of Judas: Coptic Text, Translation, and Historical Interpre- tation of the 'Betrayer's Gospel' (Mohr Siebeck), 2 0 1 1 , p p . 54-56; 193-194.
Página 38: "*Recibir*". Kasser y Wurst reconstruyen esta palabra como "presentar" (*op. cit.*, p. 195); pero cf. Jenott, *op. cit.*, p. 196.
Página 40: "*Su ministro*". Kasser y Wurst consideraron originalmente "el gobernante del mundo" como una posible reconstrucción (*op. cit.*, p. 199), que sigue Willis Barnstone en *El Nuevo Testamento Restaurado: A New Transla- tion with Commentary, Including the Gnostic Gospels Thomas, Mary, and Judas* (W.W. Norton & Company), 2009, p. 600; cp. Karen King, "El gobernante del caos" en Elaine Pagels y Karen L. King, *Reading Judas: The Gospel of Judas and the Shaping of Christianity* (Viking), 2007, p. 113, pero Kasser y Wurst sugirieron, en cambio, reconstruir el hueco para leer "el obispo" o "el ministro" basándose en lo que sigue. Para "tu ministro", cf. Jenott, *op. cit.*, p. 64. "*Presente*". Meyer y Gaudard traducen "levantarse de", King traduce "levantarse con" y April DeConick traduce "levantarse por" en su libro *El Decimotercer Apóstol: Lo que dice realmente el Evangelio de Judas* (Continuuim), 2007, ed. rev. 2009, p. 78; pero cf. Jenott, *op. cit.*,
págs. 65,66.
Página 44: "*Demonio*". Literalmente, "*daimon*", traducido inicialmente como "espíritu" por Meyer y más tarde como " dios" por

King. En griego más amplio

Los daimones no eran necesariamente espíritus malignos, pero en la literatura judía y cristiana se les consideraba inequívocamente malignos. Cf. Birger A. Pearson, "Judas Iscariote en el Evangelio de Judas", en *The Codex Judas Papers: Actas del Congreso Internacional sobre el Códice Tchacos celebrado en la Universidad Rice, Houston, Texas, del 13 al 16 de marzo de 2008*, ed. por April D. DeConick (Brill), 2009, pp. 138-140.

Página 45: "*Un techo de verdor*". O posiblemente "*un techo de relámpagos*" o "*fire*". Cf. Lance Jenott, "El Evangelio de Judas 45,6-7 y el templo celestial de Enoc", en *The Codex Judas Papers, op. cit.*, pp. 471-477.

Página 46: "Seguramente mi semilla no domina a los gobernantes, ¿verdad?". Siguiendo a King, DeConick y Jenott. Meyer y Gaudard traducen: "¿podría ser que mi simiente esté bajo el control de los arcontes?" y Barn- stone: "¿podría mi simiente, mi herencia, caer bajo el control de los arcontes, que son los arcontes de este mundo?".

Página 47 y siguientes: "*El Autoengendrado*". Literalmente, "*Autógeno*".

Página 48: "*Que nazca un reino*". Kasser y Wurst reconstruyen "Que A[damas] llegue a existir" (*op. cit.*, p. 215); pero cf. Jenott, Judas, *op. cit.*, pp. 80-84.

Página 49: "*Las doce luminarias andróginas*". Kasser y Wurst reconestructuran "las doce [...] 24 [...]" (*op. cit.*, p. 217); pero cf. Jenott, *op. cit.*, pp. 86-87.

Página 51: "*Eleleth*". Cf. Jenott, *op. cit.*, pp. 94 y ss.

Página 52: "*El primero es Yaoth, el conocido como 'El Bueno'*". Meyer y Gaudard, King y Barnstone traducen "*El primero es Seth, el llamado el Cristo*". Sin embargo, el contexto hace dudosa esa reconstrucción, pues el Cristo setiano nunca se cuenta entre los ángeles inferiores. En consecuencia, esta traducción sigue la reconstrucción de Jenott de "[Ya]oth" en lugar de "[Se]th" y la lectura de DeConick de la abreviatura sagrada "*chs*" como "*chrestos*" ("bueno") en lugar de "*christos*" ("Cristo"; cf. DeConick, *op cit.*, p. 121).

Página 57: "Fruto". Kasser y Wurst proponen la reconstrucción "imagen" en lugar de "fruto" (*op. cit.*, p. 233); pero cf. Jenott, *op. cit.*, pp. 33,34.

EL EVANGELIO DE MARÍA

UNA PERSPECTIVA ETERNA

Faltan las páginas 1 a 6.

7 "¿Entonces [la materia] será [destruida], o no?"

El Salvador dijo: "Toda naturaleza, toda forma, toda criatura existe en y con las demás, pero volverán a disolverse en sus propias raíces, porque la naturaleza de la materia se disuelve sólo en su naturaleza. Quien tenga oídos para oír, que oiga".

Pedro le dijo: "Ya que nos lo has explicado todo, dinos una cosa más. ¿Cuál es el pecado del mundo?".

El Salvador dijo: "El pecado no existe, pero sois vosotros los que hacéis el pecado cuando actuáis de acuerdo con la naturaleza del adulterio, que se llama 'pecado'. Por eso el Bien vino entre vosotros, hasta las cosas de toda naturaleza para restaurarla en su raíz".

Luego continuó y dijo: "Por eso enfermáis y morís, porque [amáis **8** lo que os engaña. Quien] pueda entender, ¡que entienda!

"La materia [dio origen a] una pasión que no tiene imagen porque procede de lo que es contrario a la naturaleza. Entonces surge la confusión en todo el cuerpo. Por eso te he dicho que te contentes de corazón. Si estás descontento, encuentra satisfacción en presencia de las diversas imágenes de la naturaleza. Quien tenga oídos para oír, que oiga".

EL EVANGELIO

Cuando el Bienaventurado dijo estas cosas, los saludó a todos y les dijo: "¡La paz sea con vosotros! Adquiere mi paz. Tened cuidado de no dejar que nadie os engañe diciéndoos: '¡Mirad hacia aquí!' o '¡Mirad hacia allá!'. Porque el Hijo de la Humanidad existe dentro de vosotros. ¡Síguele! Los que le buscan le encontrarán.

"Id, pues, y predicad el Evangelio sobre el Reino. No e s t a b l e z c a s más normas que las que yo te he dado, ni hagas una ley como el legislador, para que no quedes obligado por ella." Dicho esto, se marchó.

Pero se entristecieron y lloraron amargamente. Decían: "¿Cómo vamos a subir a los gentiles a predicar el Evangelio sobre el Reino del Hijo de la Humanidad? Si no le perdonaron a él, ¿por qué habrían de perdonarnos a nosotros?".

MARÍA Y JESÚS

Entonces María se levantó y los saludó a todos. Dijo a sus hermanos (y hermanas): "No lloréis ni os entristezcáis ni dejéis que vuestros corazones se dividan, porque su gracia estará con todos vosotros y os protegerá. Más bien debemos alabar su grandeza porque nos ha preparado y nos ha hecho Humanos."

Cuando María dijo estas cosas, volvió sus corazones [hacia] el Bien y [empezaron] a debatir las palabras [del Salvador].

10 Pedro dijo a María: "Hermana, sabemos que el Salvador te amaba más que a todas las demás mujeres. Cuéntanos las palabras del Salvador que recuerdes, las cosas que tú sabes y nosotros no, y que no hayamos oído."

María respondió: "Os diré lo que se os oculta". Y empezó a decirles estas palabras "Yo", dijo, "vi al Señor en una visión y le dije: 'Señor, hoy te he visto en una visión'.

"En respuesta me dijo: 'Eres dichoso porque no vacilaste al v e r m e . Porque donde está la mente, allí está el tesoro'.

"Le dije: 'Señor, ¿ahora lo ve el que ve la visión
/¿En el alma o en el espíritu?

"En respuesta, el Salvador dijo: 'No ven en el alma ni en el espíritu, sino que la mente que [existe] entre ambos es [la que] ve la visión [y] ella [la que...]'.

Faltan las páginas 11 a 14.

SUPERAR LOS PODERES

15 "Y Desiré dijo: 'No te vi bajar, pero ahora veo que subes. Entonces, ¿por qué mientes, si me perteneces?

"En respuesta, el alma dijo: 'Te vi, pero no me viste ni me conociste. Yo era para ti sólo una prenda, y no me reconociste'. Cuando dijo estas cosas, se marchó, regocijándose en gran manera.

"De nuevo, llegó a la tercera potencia, que se llama 'Ignorancia'. [Interrogó al alma y le dijo: '¿Adónde vas? En la maldad estás atado. Ya que estás atado, no juzgues'.

"[Y] el alma dijo: '¿Por qué me juzgas, puesto que no he juzgado? Me ataron, aunque no he atado. No me reconocieron, pero yo he reconocido que todo se disolverá, tanto las cosas de la [tierra] **16** como las cosas del [cielo]'.

"Cuando el alma hubo superado el tercer poder, subió y vio el cuarto poder, que adoptaba siete formas:
La primera forma es
Oscuridad; la segunda,
Deseo;
La tercera, Ignorancia;
El cuarto, Celo por la muerte;
El fijo, el Reino de la C a r n e ; El
sexto, la "Sabiduría" Insensata de la
Carne; El séptimo, la "Sabiduría" de la
Ira. "Estos son los siete poderes de la
Ira.

"Preguntan al alma: '¿De dónde vienes, asesino, y adónde vas, conquistador del espacio?

"En respuesta, el alma dijo: 'Lo que me ata ha sido matado, lo que me rodea ha sido superado, mi deseo ha desaparecido y la ignorancia ha murió. En un [mundo] fui liberado **17** de un mundo, [y] en un tipo de un tipo que está arriba, y de la cadena del olvido que sólo existe durante un tiempo. A partir de ahora recibiré el resto d e l t i e m p o de l a estación de l a   e r a en silencio'".

Cuando María dijo estas cosas, se calló porque el Salvador había hablado con ella hasta ese momento.

CONFLICTO DE AUTORIDAD

En respuesta, Andrés dijo a los hermanos (y hermanas): "Decid lo que queráis sobre lo que ha dicho, yo mismo no creo que el Salvador dijera estas cosas, porque estas enseñanzas parecen ideas diferentes".

En respuesta, Pedro habló con las mismas preocupaciones. Les preguntó acerca del Salvador: "No habló con una mujer sin que lo supiéramos y no públicamente con nosotros, ¿verdad? ¿Nos daremos la vuelta y la escucharemos todos? ¿La prefirió a ella antes que a nosotros?"

18 Entonces María, llorando, dijo a Pedro: "Hermano mío Pedro, ¿en qué piensas? ¿De verdad crees que se me ha ocurrido esto a mí sola en mi corazón, o que miento sobre el Salvador?"

En respuesta, Leví dijo a Pedro: "Pedro, siempre te has enfadado. Ahora te veo debatir con esta mujer como los adversarios. Pero si el Salvador la hizo digna, ¿quién eres tú entonces para rechazarla? Seguro que el Salvador la conoce muy bien. Por eso la amó más que a nosotros.

"Más bien deberíamos avergonzarnos, revestirnos de la Humanidad perfecta, adquirirla por nosotros mismos como él nos instruyó, y predicar el Evangelio, sin establecer ninguna otra regla ni ninguna otra ley más allá de lo que dijo el Salvador."

Cuando **19** [Leví dijo estas cosas], empezaron a salir para enseñar y predicar.

El Evangelio
según María

NOTAS SOBRE LA TRADUCCIÓN
ATION

Página 8: "*Sé feliz de corazón... descontento... encuentra la felicidad*". O posiblemente: "*Sé obediente ... desobediente ... sé obediente*".

Páginas 8 y 9: "*Hijo de la* Humanidad". Literalmente, "*Hijo de lo Humano*", término técnico basado en un modismo arameo que significa "*humano*".

Páginas 15 a 17: Para una narración de ascenso similar, véase **El libro del forastero**, páginas 63 a 66.

Página 18: "*Humanidad perfecta*". Literalmente, "*el* humano *perfecto*".

EL EVANGELIO DE PHILIP

GENTILES, HEBREOS Y CRISTIANOS

51 Un hebreo crea a otro hebreo, y [a los] de este tipo se les llama "prosélito". Pero un [prosélito] no crea (a otro) prosélito. Son como [...] y crean a otros [...] **52** les basta con que lleguen a existir.
    El esclavo sólo busca la libertad; no busca la propiedad de su amo. Pero el hijo no es sólo un hijo; reclama para sí la herencia de su padre. Los que heredan a los muertos están ellos mismos muertos, y heredan a los muertos. Los que heredan a los vivos están ellos mismos vivos, y heredan (tanto) a los vivos como a los muertos. Los muertos no pueden heredar nada, porque ¿cómo pueden heredar los muertos? Si los muertos heredan a los vivos, no morirán, ¡pero los muertos vivirán aún más! Un gentil no muere, porque nunca ha vivido para poder morir. Quien ha creído en la Verdad ha vivido, y corre el riesgo de morir, porque está vivo desde el día en que vino Cristo. Se crea el mundo, se gentrifican las ciudades y se saca a los muertos.
    Cuando éramos hebreos, éramos huérfanos de padre: teníamos (sólo) a nuestra madre. Pero cuando nos hicimos cristianos, obtuvimos padre y madre.

VIDA, MUERTE, LUZ Y OSCURIDAD

Los que siembran en invierno recogen en verano. El invierno es el mundo, el verano la otra era. Sembremos en el mundo para poder cosechar en verano. Por e s o , no está bien que recemos en invierno. El verano sigue al invierno. Pero si alguien siega en invierno no cosechará, sino que arrancará, pues esta clase no produce fruto [...] no acaba de salir [...] sino que en el otro sábado [...] es infructuosa.

Cristo vino **53** a comprar a unos, sino a salvar a otros, y a redimir aún a otros. Compró a los que eran extraños, los hizo suyos y los apartó como prenda cuando quiso. No fue sólo cuando apareció cuando entregó su vida cuando quiso, sino que desde el día en que surgió el mundo entregó su vida cuando quiso. Entonces fue el primero en tomarla, ya que se había comprometido. Fue domi- nada por los ladrones que la habían capturado, pero él la salvó; y a los que son buenos en el mundo los redimió, así como a los que son malos.

La luz y la oscuridad, la derecha y la izquierda, son hermanos e n t r e sí. Son inseparables. Así, los que son buenos no son buenos, los que son malos no son malos, ni la vida es (realmente) vida, ni la muerte es (realmente) muerte. Por e l l o , cada uno se disolverá en su origen desde el principio. Pero los que están exaltados por encima del mundo son indisolubles y eternos.

NOMBRES

Los nombres que se dan a los mundanos son muy engañosos, porque desvían el corazón de lo que está bien hacia lo que no está bien, y alguien que oye "Dios" no piensa en lo que está bien, sino en lo que no está bien. Lo mismo ocurre con "el Padre", "el Hijo", "el Espíritu Santo", "la vida", "la luz", "la resurrección", "la Iglesia" y todos los demás: no piensan en [lo que es correcto], sino en lo que [no es] correcto, [a menos que] hayan aprendido lo que es correcto. Los [nombres que se oyeron] existen en el mundo [...] **54** [engañan. Si existieran] en la era (eterna) no se habrían utilizado como nombres en el mundo, ni se habrían colocado entre las cosas mundanas. Tienen un final en la e d a d (e t e r n a).

Hay un nombre que no se pronuncia en el mundo: el nombre que el El Padre se lo dio al Hijo. Está exaltado por encima de todo; es el nombre del Padre, porque el Hijo no se habría convertido en padre si no hubiera tomado el nombre del Padre. Los que tienen este nombre lo conocen, pero no lo dicen; y los que no lo tienen, no lo conocen. Pero la Verdad trajo nombres al mundo para nosotros, porque nos es imposible aprenderla (la Verdad) sin estos nombres. Sólo hay una Verdad, pero son muchas cosas para nosotros, para enseñar esta única cosa en el amor a través de muchas cosas.

LOS GOBERNANTES DE

Los arcontes querían engañar a la humanidad, porque ellos (los arcontes) vieron que ellos (la humanidad) tenían un parentesco con los que son verdaderamente buenos. Tomaron el nombre de los que son buenos y se lo dieron a los que no son buenos, para engañarlos (a la humanidad) con los nombres y atarlos a los que no son buenos; y entonces, ¡qué favor les hacen! Se los quitan a los que no son buenos y los colocan entre los que son buenos. Sabían lo que hacían, porque querían tomar a los que eran libres y colocarlos en la esclavitud para siempre. Hay poderes que existen [...] la humanidad, no queriendo que se [salven], para que se [...] porque si la humanidad [se salvara], los sacrifices [no se producirían] [...] y los animales ofrecían 55 a los poderes, porque aquellos a los que se hacían ofrendas eran animales. Se les ofrecía vivos, pero cuando se les ofrecía morían. A un humano se le ofrecía a Dios muerto, y vivía.

Antes de que viniera Cristo, no había pan en el mundo, igual que El Paraíso, donde estaba Adán, tenía muchos árboles para alimentar a los animales, pero no trigo para alimentar a la humanidad. La humanidad solía comer como los animales, pero cuando vino Cristo, el humano perfecto, trajo pan del cielo para que la humanidad se alimentara con el alimento de la humanidad.

Los gobernantes pensaban que hacían lo que hacían por su propio poder y voluntad, pero el Espíritu Santo estaba realizando en secreto todo lo que quería a través de ellos. La Verdad, que existe desde el principio, se siembra en todas partes; y muchos ven cómo se siembra, pero pocos ven cómo se cosecha.

EL NACIMIENTO DE LA VIRGEN

Algunos dicen que "María concibió por obra del Espíritu Santo". Se equivocan; no saben lo que dicen. ¿Cuándo ha concebido una mujer por una mujer? "María es la virgen a la que ningún poder definió" es el gran testimonio de los hebreos que se convirtieron en (los primeros) apóstoles y (los) (sucesores) apóstoles. La virgen a la que ningún poder definió [...] los poderes se definieron a sí mismos.

Y el Señor [no] habría dicho: "mi [Padre que está en] los cielos", a menos que [tuviera] otro padre. El Señor dijo a los [discípulos: "...] **56** [de] cada [casa] y traed a la casa del Padre, pero no robéis (nada) de la casa del Padre ni os lo llevéis."

JESÚS, CRISTO, MESÍAS, NAZARENO

"Jesús" es un nombre oculto; "Cristo" es un nombre revelado. Así que "Jesús" no se traduce, sino que se le llama por su nombre "Jesús". Pero el nombre "Cristo" en siríaco es "Mesías", en griego "Cristo", y todos los demás lo tienen según su propia lengua. "El Nazareno" revela lo que está oculto. Cristo lo tiene todo dentro de sí, ya sea humano o ángel o misterio, y el Padre.

LA RESURRECCIÓN

Los que dicen que el Señor murió primero y luego resucitó se equivocan, porque resucitó primero y (luego) murió. Quien no firme la resurrección no morirá. Como Dios vive, ¡éste /diez!

Nadie esconderá algo grande y valioso en una cosa grande, pero a menudo alguien ha puesto incontables miles en algo que vale (sólo) un penique. Lo mismo ocurre con el alma; una cosa valiosa llegó a estar en un cuerpo despreciable.

Algunos tienen miedo de levantarse desnudos. Por eso quieren levantarse en la flesh, y [no] saben que los que llevan la [flesh] están desnudos. Los que [...] se desnudan [no están] desnudos. "La carne [y la sangre no] heredarán el reino [de Dios]". ¿Qué es lo que **57 no heredará**? Lo que está en nosotros. Pero, ¿qué es también lo que heredará? Es la sangre de Jesús (flesh). Por eso dijo: "Quien no come mi flesh y bebe mi sangre no tiene vida en sí". ¿Cuál es su "carne"? Es la Palabra, y su sangre es el Espíritu Santo. Quien los ha recibido tiene alimento, bebida y vestido.

(Así que) yo mismo discrepo de los otros que dicen: "No surgirá". Ambas (partes) están equivocadas. Tú que dices: "La flesh no surgirá", dime qué surgirá, para que podamos honrarte. Dices: "el espíritu en la flesh y esta otra luz en la flesh". (Pero) este dicho también está en la flesh, porque lo que digas, no puedes decirlo aparte de la flesh. Es necesario surgir en esta flesh, ya que todo existe en ella. En este mundo, las personas son mejores que la ropa que llevan. En el reino de los cielos, la ropa es mejor que las personas que la llevan.

Todo se purifica con el agua y el fuego, lo visible con lo visible, lo oculto por lo oculto. Algunas cosas están ocultas por otras que son visibles. Hay agua en el agua, y fuego en el crisma.

VER A JESÚS

Jesús se los llevó a todos a hurtadillas, porque no se apareció tal como era, sino que se apareció tal como [ellos] podrían verle. Se les apareció (de) [todas estas] (formas): se [apareció] a [los] grandes como grande. A los pequeños, como pequeño. Apareció a los ángeles como ángel y a los hombres como hombre. Así pues, su Palabra se ocultó a todos. Algunos le vieron, creyendo que se veían a sí mismos. Pero cuando se apareció a sus discípulos en gloria en la montaña, no era pequeño. Se hizo grande, pero hizo grandes (también) a los discípulos para que pudieran verle grande.

Aquel día dijo en la Eucaristía: "¡Tú que has unido la luz perfecta con el Espíritu Santo, une también a los ángeles con nosotros, con las imágenes!"

No desprecies al cordero, porque sin él es imposible ver la puerta. Nadie podrá acercarse desnudo al rey.

PADRE, HIJO Y ESPÍRITU SANTO

Los hijos del humano celestial son más numerosos que los del humano terrenal. Si Adán tiene tantos hijos, aunque mueran, ¿cuántos hijos tiene el humano perfecto, los que no mueren, sino que son engendrados todo el tiempo?

El padre engendra a un hijo, pero es imposible que un hijo engendre a un hijo, porque es imposible que alguien que ha nacido engendre (hijos); el hijo engendra hermanos, no hijos. Todos los que son engendrados en el mundo son engendrados físicamente, y los otros en [...] son engendrados por él [...] ahí fuera al humano [...] en el [...] lugar celestial [...] él de la boca [...] el Verbo salió de ahí **59** se nutrirían de la boca [y] llegarían a ser perfectos. Los perfectos son concebidos y engendrados mediante un beso. Por eso nos besamos también unos a otros, concibiéndonos de la gracia que hay en cada uno.

Había tres que viajaban siempre con el Señor: Su madre María, su hermana y Magdalena, a la que llaman su compañera; porque María es su hermana, su madre y su compañera.

"El Padre" y "El Hijo" son nombres únicos; "el Espíritu Santo" es un nombre doble, porque están en todas partes. Están en el cielo, están abajo, están ocultos y están revelados. El Espíritu Santo está revelado abajo y oculto en el cielo.

Los que son santos son servidos a través de los poderes malignos, porque el Espíritu Santo les ha cegado para que piensen que están sirviendo a un humano (normal) cuando (realmente) están trabajando para los santos. Así que un discípulo preguntó un día al Señor sobre una cosa mundana. Él le dijo: "Pídeselo a tu Madre, y ella te lo dará de otra persona".

Los apóstoles dijeron a los discípulos: "Que toda nuestra ofrenda adquiera sal". Llamaban [...] a la "sal". Sin ella, la ofrenda no [llega a ser] aceptable. Pero la Sabiduría [no tiene] hijos; por eso [se la] llama [...], la de la s a l , el lugar donde [. . .] a su m a n e r a . El Espíritu Santo [...] **60** [...] muchos hijos.

Lo que pertenece al padre pertenece al hijo, y a él mismo, al hijo, mientras es pequeño, no se le confía lo que es suyo. Cuando se hace hombre, su padre le da todo lo que le pertenece.

Los que han sido engendrados por el Espíritu y se extravían, se extravían también a través de él. Por e s o , a t r a v é s d e este único Espíritu arde, es decir, el fuego, y se extingue.

Echamoth es una cosa y Echmoth otra. Echamoth es simplemente Sabiduría, pero Echmoth es la Sabiduría de la Muerte, que conoce la muerte. A esto se le llama "la pequeña Sabiduría".

HUMANOS Y ANIMALES

Hay animales que se someten a los humanos, como el ternero, el asno y otros de este tipo. Otros no son sumisos y viven solos en el desierto. La humanidad ara el campo con los animales sumisos y, en consecuencia, se alimenta a sí misma y a los animales, sean sumisos o no. Así es el humano perfecto: ara con las potencias sumisas, preparándose para todos los que existirán. Por eso todo el lugar se mantiene en pie, ya sea el bien o el mal, y la derecha y la izquierda. El Espíritu Santo pastorea a todos y gobierna todas las p o t e n c i a s -las que son sumisas, las que [no lo son] y las que están solas- porque realmente [...] las confines [para que ...] quieran, no podrán [irse].

[El que ha sido] formado [es hermoso, pero] encontrarías a su children siendo **61** formas nobles. Si no h u b i e r a s i d o f o r m a d o, sino engendrado, fi n d i r í a s   que su semilla era noble. Pero ahora fue formado y engendró. ¿Qué nobleza es ésta? Primero hubo adulterio y luego asesinato; y él (Caín) fue engendrado en adulterio, porque era hijo de la serpiente. Por e s o se convirtió también en asesino como su padre, y mató a su hermano (Abel). Toda asociación entre quienes son diferentes es adulterio.

CONVERTIRSE EN CRISTIANOS

Dios es un tintorero. Al igual que los buenos tintes -se llaman verdaderos- mueren con lo que se ha teñido en ellos, así sucede con los que fueron teñidos por Dios. Como sus tintes son inmortales, se hacen inmortales por medio de sus colores. Pero Dios bautiza en agua.

Es imposible que nadie vea nada de lo que realmente existe a menos que se convierta en ello. No es como la persona del mundo que ve el sol sin convertirse en sol, y que ve el cielo y la tierra y todo lo demás sin convertirse en ellos. Eso es así. Pero tú has visto algo de ese lugar y te has convertido en ellos. Viste al Espíritu, te convertiste en espíritu; viste a Cristo, te convertiste en Cristo; viste [al Padre, te] convertirás en padre. Por eso, [aquí] lo ves todo y no [te ves a ti mismo], pero te ves [allí], porque te [convertirás en] lo que ves.

La fe recibe; el amor da. [Nadie podrá **62** [recibir] sin fe, y nadie podrá dar sin amor. Así pues, creemos para poder recibir, pero damos para poder amar, pues quien no da con amor no obtiene nada de ello. Quien no ha recibido al Señor sigue siendo hebreo.

Los apóstoles que nos precedieron le llamaron (a él) "Jesús el Mesías Nazareno", es decir, "Jesús el Cristo Nazareno". El último nombre es "Cristo", el primero es "Jesús", el del medio es "el Nazareno". "Mesías" tiene dos significados: tanto "Cristo" como "el medido". "Jesús" en hebreo es "la redención". "Nazara" es "la verdad". Así pues, "el Nazareno" es "la verdad". "Cristo" es el que fue medido. "El Nazareno" y "Jesús" son los que fueron medidos.

Una perla no pierde su valor si se echa al barro,

ni será más valioso si s e unge con bálsamo; pero es valioso para su dueño en todo momento. Así son los hijos de Dios: estén donde estén, siguen siendo valiosos para su Padre.

Si dices: "Soy judío", nadie se inmutará. Si dices: "Soy romano", nadie se inmutará. Si dices: "Soy griego", "bárbaro", "esclavo" ["persona libre"], nadie se turbará. [Si [dices] "soy cristiano", los [...] temblarán. Si sólo [... de] este tipo, éste [que ...] no podrá soportar [oír] su nombre.

Dios es un devorador de humanos. **63** Por ello, el humano le es [sacrificado]. Antes de que se sacrificara al humano, se sacrificaban los animales, porque aquellos a quienes se sacrificaban no eran dioses.

Los recipientes de vidrio y de cerámica nacen por medio del fuego. Pero si los vasos de vidrio se rompen, se rehacen, porque surgieron por medio de un soplo, pero si los vasos de cerámica se rompen, se destruyen, porque surgieron sin soplo.

Un asno que daba vueltas a una piedra de molino recorrió cien millas. Cuando se soltó, seguía encontrándose en el mismo lugar. Muchas personas viajan, pero no llegan a ninguna parte. Cuando llegó la noche, no vieron ni ciudad ni aldea, ni cosa creada o natural, ni poder ni ángel. Los desgraciados trabajaron en vano.

La Eucaristía es Jesús, porque en siríaco se llama "Farisatá", es decir, "el que está extendido", porque Jesús vino a crucificar al mundo.

El Señor entró en el lugar de teñido de Leví. Cogió setenta y dos colores y los echó en la cuba. L o s sacó todos blancos y dijo: "Así ha venido el Hijo de la Humanidad [como] tintorero."

La Sabiduría que es llamada "la estéril" es la Madre [de los ángeles] y [la] compañera de la [... María] Magdalena [... la amaba] más que los discípulos [... él] la besó en su [... muchas] veces. Los demás [...] **64** [...] le dijeron: "¿Por qué la amas más que a todos nosotros?". El Salvador les respondió: "¿Por qué no os amo como a ella? Cuando una persona ciega y otra que ve están ambas en la oscuridad, no son diferentes l a u n a de la otra. Cuando llegue la luz, el que ve verá la luz, y el que está ciego permanecerá en la oscuridad".

El Señor dijo: "Bienaventurado el que existe antes de existir, porque los que existen existieron y existirán".

La superioridad de la humanidad no se revela, sino que existe en lo que está oculto. Por eso (la humanidad) domina a los animales que son más fuertes, que son superiores en l o q u e s e revela y en lo que se oculta. Esto les permite sobrevivir; pero si la humanidad se separa de ellos (los animales), se matan, se muerden y se comen unos a otros, porque no encontraron comida. Pero ahora han encontrado comida porque la humanidad ha trabajado la tierra.

Si alguien baja al agua y sube sin haber

recibir algo, y dice: "Soy cristiano", han tomado prestado el nombre a interés. Pero si reciben el Espíritu Santo, tienen el don del nombre. A quien ha recibido un don no se lo quitan, pero quien lo ha tomado prestado a interés tiene que devolverlo. Así es cuando alguien llega a la existencia en un misterio.

EL MISTERIO DEL MATRIMONIO

[El] misterio del matrimonio [es] grande, porque [sin él] el mundo [no existiría]; porque [la] estructura de [el mundo...], sino la estructura [... el matrimonio]. Piensa en lo [íntimo ...] defiled, porque tiene [...] poder. Su imagen **65** existe en un [defilemento].

Los espíritus impuros adoptan [formas] masculinas y femeninas. Los machos son l o s q u e t i e n e n intimidad con las almas que moran en forma femenina, y las hembras son las que se mezclan con las que tienen forma masculina por desobediencia. Nadie podrá escapar de ser atado por ellos sin recibir un poder masculino y otro femenino -el novio y la novia- en la imagen de la cámara nupcial. Cuando las hembras insensatas ven a un varón sentado solo, saltan sobre él, juegan con él y lo defile. Del mismo modo, cuando los hombres insensatos ven a una mujer hermosa sentada a solas, la seducen y la coaccionan, deseando deshacerse de ella. Pero si ven al marido y a su mujer sentados juntos, las hembras no pueden entrar en el marido, ni los machos en la mujer. Así será cuando la imagen se una con el ángel; nadie podrá atreverse a entrar dentro del [varón] o de la mujer.

SUPERANDO EL MUNDO

Quien sale d e l mundo ya no puede ser atado por haber estado en el mundo. Se revelan por encima del deseo del [... y] del miedo. Son dueños de [...] son mejores que la envidia. Si [. . .] vienen, ellos (los poderes) los atan y los ahogan. ¿Cómo [podrán] escapar de los [grandes poderes [...]]? ¿Cómo podrán [...]? Hay algunos que [dicen]: "Somos fieles", para que [...] **66** [e s p í r i t u i m p u r o] y demonio, porque s i tuvieran el Espíritu Santo, ningún espíritu impuro se aferraría a ellos. No temas a la flesh, ni la ames. S i l a t e m e s , te dominará; s i l a a m a s , te tragará y te ahogará.

Alguien existe en este mundo, o en la resurrección, o en los lugares intermedios. ¡Que nunca me encuentren allí! En este mundo hay cosas buenas y cosas malas. Sus cosas buenas no son buenas, y sus cosas malas no son malas. Pero hay un mal después de este mundo que es verdaderamente malo: lo que se llama "el medio". Es la muerte. Mientras estemos en este mundo, lo correcto es que adquiramos la resurrección para nosotros mismos, de modo que cuando seamos despojados de la flesh nos encontremos en el resto y no viajemos por el medio, porque muchos se extravían en el camino.

Es bueno salir del mundo antes de pecar. Hay algunos que ni quieren ni pueden, pero otros que, s i q u i s i e r a n , (aún) no se beneficiarían, porque no actuaron. El querer les convierte en pecadores. Pero (aunque) n o q u i e r a n , (a ú n) se les ocultará la justicia. No es la voluntad, ni el acto.

Un apóstol vio [en una] visión a unas personas confinadas en una casa en llamas, y atadas con [...] ardientes, arrojadas [...] de la hoguera [...] en [...] y les dijeron [... capaces] de salvarse [...] no lo hicieron quisieron, y recibieron [...] castigo, que se llama **67** "las tinieblas [exteriores]", porque [...].

El alma y el espíritu surgieron del agua y el fuego. La descendencia de la cámara nupcial era de agua y fire y luz. El fuego es el crisma, la luz es el fuego. No hablo de ese fuego informe, sino de otro cuya forma es blanca, que es brillante y hermoso, y que da belleza.

La Verdad no vino al mundo desnuda, sino que vino en tipos e imágenes. El mundo no la recibirá de ninguna otra forma. Hay un renacimiento y una imagen del renacimiento. Es verdaderamente necesario ser engendrado de nuevo mediante la imagen. ¿Qué es la resurrección y la imagen? A través de la imagen es necesario que surja. ¿La cámara nupcial y la imagen? A través de la imagen es necesario que entren en la verdad, que es la restauración. No sólo es necesario para los que adquieren el nombre del Padre y del Hijo y del Espíritu Santo, sino que también han sido adquiridos para ti. Si alguien no los adquiere, también se le quitará el nombre. Pero se reciben en el crisma del [...] del poder de la cruz. Los apóstoles llamaban a esto "[la] derecha y la izquierda", porque esta persona ya no es un [cristiano], sino un Cristo.

El Señor [hizo] todo en un misterio: un bautismo, un crisma, un Eucaristía, una redención, una cámara nupcial [...] él [dijo]: "He venido a hacer [lo de abajo] como lo [de arriba y lo de fuera] como lo [de dentro, y a unirlos] en el lugar." [...] aquí a través de [tipos ...] Los que dicen: "[...] hay uno arriba [...", se equivocan, porque] lo que se revela **68** es eso [...], eso [que] se llama "lo de abajo", y lo que se oculta es para él lo de arriba, porque es bueno, y dicen "lo de dentro y lo de fuera y lo de fuera lo de fuera". Por eso el Señor llamó a la destrucción "las tinieblas exteriores". No hay nada fuera de ella.

Dijo: "Mi Padre que está oculto". Dijo: "Entra en tu armario, cierra la puerta tras de ti y reza a tu Padre que está oculto", es decir, al que está dentro de todos ellos. Pero el que está dentro de todos ellos es la plenitud. Más allá de eso, no hay nada más dentro. Esto es lo que se llama "lo que está por encima de ellos".

Antes de Cristo, algunos venían de donde ya no podían entrar, y se iban de donde ya no podían salir. Entonces vino Cristo. Sacó a los que entraban e hizo entrar a los que salían.

ADÁN, EVA Y LA CÁMARA NUPCIAL

Cuando Eva estaba [en] Adán, la muerte no existía. Cuando se separó de él, surgió la muerte. Si [entra] de nuevo y la recibe para sí, no habrá muerte.

"[Dios mío, Dios mío, ¿por qué, Señor, [me has] abandonado?". Dijo esto en la cruz, porque estaba dividido en ese lugar. [...] que fue engendrado por lo que [...] de Dios. El [...] de entre los muertos [...] existe, pero [...] es perfecto [...] de flesh, pero esta [...] es verdadera flesh [...] no es verdadera, [sino ...] imagen de la verdadera.

69 La cámara nupcial no es para los animales, ni para los esclavos, ni para los impuros, sino para las personas libres y las vírgenes.

Somos engendrados de nuevo a través del Espíritu Santo, pero somos engendrados a través de Cristo por dos cosas. Somos ungidos a través del Espíritu. Cuando fuimos engendrados, fuimos unidos.

Sin luz, nadie puede verse en el agua ni en un espejo; tampoco podrás verte en la luz sin agua ni espejo. Por eso es necesario bautizar en ambos: en la luz y en el agua, pero la luz es el crisma.

Había tres casas de ofrendas en Jerusalén. La que se abre al oeste se llama "la Santa". La otra, que se abre al sur, se llama "el Santo de l o s S a n t o s ". La tercera, que se abre hacia el este, se llama "el Santo de l o s S a n t o s ", el lugar donde entra solo el sumo sacerdote. El Bautismo es "la Casa Santa". La [Redención] es "el Santo de los Santos". "El [Santo de l o s Santos] e s la cámara nupcial. El [bau- tismo] incluye la resurrección [con] la redención. La redención está en la cámara nupcial. Pero [la] cámara nupcial es mejor que [...] No encontraréis su [...] los que oran [...] Jerusalén. [...] Jerusalén que

[... Jerusalén], viéndose [...] estos que se llaman "[los Santuarios] de los Santuarios" [... el] velo rasgado [...] cámara nupcial excepto la imagen [... que] **70** [está arriba. Así] su velo se rasgó de arriba abajo, porque era necesario que algunos de abajo subieran arriba.

Los poderes no pueden ver a los que se han revestido de la luz perfecta, y no pueden atarlos. Pero uno se revestirá de esa luz en el misterio de la unión.

Si la hembra no se hubiera separado del macho, no habría muerto con el macho. Su separación fue el principio de la muerte. Por ello, Cristo vino a reparar la separación que existía desde el principio uniendo de nuevo a los dos. Dará vida a los que murieron a consecuencia de la separación uniéndolos. Ahora, la esposa se une a su marido en la cámara nupcial, y los que se han unido en la cámara nupcial ya no estarán separados. Por eso, Eva se separó de Adán, porque no se unió a él en la cámara nupcial.

El alma de Adán nació gracias a un soplo. Su pareja era el espíritu. Lo que se le dio fue su madre. Su alma fue [arrebatada] y se le dio [vida] (Eva) en su lugar. Cuando se unió [...] palabras que eran mejores que los poderes, y le envidiaron [...] compañero espiritual [...] oculto [...] es decir, la [...] misma [...] cámara nupcial para que [...] [...] Jesús apareciera [... el] Jordán, la [plenitud del reino] de los cielos. Aquel que [fue engendrado] antes que todo **71** fue engendrado de nuevo. El [que fue ungido] primero fue ungido de nuevo. El que fue redimido, redimido de nuevo.

Si es necesario hablar de un misterio: el Padre de todo se unió a la virgen que descendió, y un fire lo iluminó aquel día. Reveló la gran cámara nupcial, por lo que su cuerpo llegó a la existencia aquel día. Salió de la cámara nupcial como el que surgió del novio y la novia. Así es como Jesús estableció todo en sí mismo. También es necesario que cada uno de los discípulos entre en su reposo a través de estas cosas.

Adán surgió de dos vírgenes: del Espíritu y de la tierra virgen. Así pues, Cristo fue engendrado de una virgen, para rectificar la caída que se produjo en el principio.

En el Paraíso crecen dos árboles. Uno engendra [animales], el otro engendra seres humanos. Adán [comió] del árbol que engendraba animales, [y se] convirtió en animal, y engendró [animales]. Así que los hijos de Adán adoran a los [animales]. El árbol [...] es fruto [...] esto ellos [...] comieron del [...] fruto del [...] engendran humanos [...] del humano de [...] Dios hace al humano, [... los humanos] hacen [a Dios]. **72** Así es el mundo: los humanos hacen dioses y adoran su creación. ¡Sería mejor que los dioses adoraran a los humanos!

La verdad es que el trabajo de la humanidad proviene de su poder, así que se les llama "los poderes". Sus obras son sus hijos, que nacen a través del reposo; de modo que su poder existe en sus obras, pero el reposo se revela en sus hijos. Y verás que esto se extiende a la imagen. Y ésta es la persona de la imagen: realizan sus obras mediante su poder, pero engendran a sus hijos mediante el reposo.

En este mundo, los esclavos trabajan para los libres. En el reino de los cielos, los libres servirán a los esclavos. Los hijos de la cámara nupcial servirán a los hijos del [matrimonio. Los] hijos de la cámara nupcial tienen un [único] nombre: "Descanso". [Estando] juntos no necesitan tomar forma, [porque tienen] contemplación [...] son muchos [...] con los que están en el [...] las glorias del [...] no [...] ellos [...] bajan al [agua ...] se redimirán [...] es decir, los que tienen [...] en su n o m b r e, porque dijo: "[A s í] cumpliremos **73** toda justicia".

BAUTISMO, CRISMA, EUCARISTÍA, CÁMARA NUPCIAL

Los que dicen que primero morirán y luego resucitarán se equivocan. Si no reciben primero la resurrección mientras viven, no recibirán nada cuando mueran. Es lo mismo que cuando hablan del bautismo y dicen: "El bautismo es una gran cosa", porque los que lo reciben vivirán.

Felipe el apóstol dijo: "José el carpintero plantó un huerto porque necesitaba madera para su oficio. Fue él quien hizo la cruz con los árboles que plantó, y su descendencia colgó de lo que plantó. Su vástago fue Jesús, y la planta fue la cruz". Pero el Árbol de la Vida está en medio del Paraíso, y del olivo surgió el crisma, y de él la resurrección.

Este mundo come cadáveres. Todos los que son comidos en él mueren también. La Verdad come vida, así que nadie alimentado por [la Verdad] morirá. Jesús vino de aquel lugar, trajo comida de allí, y a los que quisieron, les dio [de comer, para que] no murieran.

[Dios ...] un Paraíso, el Paraíso [humano ...], hay [...] y [...] de Dios [...] los que están en [él ...] Deseo que [el Paraíso ...] me digan: " [... come] esto", o "no comas [eso ...] **74** deseo". El árbol del conocimiento es el lugar donde comeré de todo. Mató a Adán, pero aquí hace vivir a la humanidad. La Ley era el árbol. Tiene el poder de dar el conocimiento del bien y del mal. No les alejaba del mal ni les colocaba en el bien, sino que creaba la muerte para los que comían de él; porque cuando decía: "Come esto, no comas aquello", se convertía en el principio de la muerte.

El crisma es mejor que el bautismo, pues se nos llama "cristianos" por el crisma, no por el bautismo. Y fue por el crisma por lo que Cristo fue nombrado, porque el Padre ungió al Hijo, y el Hijo ungió a los apóstoles, y los apóstoles nos ungieron a nosotros. Quien es ungido lo tiene todo: la resurrección, la luz, la cruz, el Espíritu Santo. El Padre se lo dio en la cámara nupcial y él lo recibió. El Padre estaba en el Hijo y el Hijo en el Padre. Éste es [el reino] de los cielos.

El Señor lo dijo bien "Algunos fueron al reino de los cielos riéndose y salieron [...] un cristiano [...] y en cuanto [... bajó] al agua y él [...] todo sobre [...] es [un] juego, [pero ... desprecian] esto [...] al reino de [los cielos...] si desprecian [...] y s i lo desprecian como un juego, [... salen] riéndose. Lo mismo ocurre **75** con el pan, la copa y el aceite, aunque hay uno mejor que éstos.

El mundo surgió por una transgresión, porque el que lo creó quiso crearlo imperecedero e inmortal. Cayó y no consiguió lo que quería, porque el mundo no era imperecedero y el que lo creó no era imperecedero; porque las cosas no son imperecederas, sino hijos. Nada podrá recibir lo imperecedero sin convertirse en hijo. Pero quien no pueda recibir, ¿cuánto más será incapaz de dar?

La copa de la o r a c i ó n tiene vino y agua, ya que está dispuesta como el tipo de la sangre sobre la que dan gracias. Se llena con el Espíritu Santo y pertenece al ser humano completamente perfecto. Siempre que bebamos esto, recibiremos al humano perfecto. El agua viva es un cuerpo. Es necesario que nos revistamos del humano vivo. Por eso, al bajar al agua, se desnudan para revestirse de aquélla.

Un caballo engendra un caballo, un humano engendra un humano y un dios engendra a dios. Lo mismo ocurre con [el novio] y [las novias también]. Ellos [nacen] del [...] No existe ningún judío [...] y [...] de los judíos [...] los cristianos [...] llamaron a éstos [...] "la raza elegida de [...]" **76** y "el verdadero humano" y "el Hijo d e l H u m a n o " y "la semilla del Hijo d e l Humano". Esta raza verdadera es conocida en el mundo. Estos son los lugares donde existen los hijos de l a cámara nupcial.

En este mundo, la unión es entre el hombre y la mujer, el lugar del poder y la debilidad; en la era (eterna), la unión es como otra cosa, pero nos referimos a ellos con los mismos nombres. Sin embargo, hay otros nombres que están por encima de todos los nombres, y son mejores que los fuertes, porque donde hay fuerza, hay quienes son aún más poderosos. No son (dos) cosas diferentes, sino que ambas son la misma cosa. Esto es lo que no podrá caer sobre el corazón fleshly.

¿No es necesario que todos los que lo tienen todo se conozcan completamente a sí mismos? Los que no se conocen a sí mismos no podrán disfrutar de lo que tienen, pero los que han llegado a comprenderse a sí mismos disfrutarán de ello.

No sólo no podrán atar al humano perfecto, sino que no podrán capaces de verlos (a los humanos perfectos), porque si los ven los atarán. No hay otra forma de que alguien adquiera esta gracia para sí mismo [excepto] poniéndose la luz perfecta [y] convirtiéndose en la [luz] perfecta. Quien se la haya puesto irá [...] este es el [...] perfecto para que nos convirtamos en [...] antes de llegar a [...] quien reciba todo [...] estos lugares, podrá [...] ese lugar, pero quedará [... el medio] como incompleto. **77** Sólo Jesús conoce el final de ésta.

El hombre santo (sacerdote) es completamente santo, hasta su (propio) cuerpo, porque si recibe el pan lo hará santo, o la copa, o cualquier otra cosa que tome y purifique. ¿Por qué no va a purificar también el cuerpo?

Como Jesús perfeccionó el agua del bautismo, así derramó la muerte. Por eso descendemos al agua, pero no descendemos a la muerte, para que no seamos derramados en el espíritu del mundo. Cuando sopla, llega el invierno. Cuando sopla el Espíritu Santo, llega el verano.

Quien conoce la verdad es una persona libre, y la persona libre no peca, porque "quien peca es esclavo del pecado". La verdad es la Madre, pero el conocimiento es la unión. El mundo llama "libres" a los que no se entregan al pecado. Los que no se entregan al pecado se enorgullecen por el conocimiento de la verdad. Eso es lo que les hace libres y les exalta por encima de todo. Pero "el amor edifica", y quien ha sido liberado mediante el conocimiento es esclavo por el amor de los que aún no son capaces de alcanzar [la] libertad del conocimiento, [pero] el conocimiento les hace capaces [de] llegar a ser libres. El amor [...] todo lo suyo [...] lo [...] suyo. Nunca [dice "..."] o "esto es mío", [sino "..."] es tuyo". El amor espiritual es vino con fragancia. **78** Todos los que se ungen con él lo disfrutan. Mientras los que están ungidos permanecen cerca, los que están cerca también lo disfrutan. Si los que están ungidos con ungüento los dejan y se van, los que no están ungidos, sino sólo cerca, permanecen en su hedor. El samaritano no dio nada al herido, salvo vino con aceite. No le dio nada más que el ungüento, y curó las heridas, porque "el amor cubre multitud de pecados".

Los hijos que da a luz una mujer se parecerán al hombre que ama. Si es su marido, se parecerán a su marido; si es un adúltero, se parecerán al adúltero. A menudo, si una mujer se acuesta con su marido porque tiene que hacerlo, pero su corazón está con el adúltero con el que tiene intimidad y da a luz un hijo, el hijo que da a luz se parece al adúltero. Pero vosotros, que existís con el Hijo de Dios, no améis al mundo; amad más bien al Señor, para que los que engendréis no lleguen a parecerse al mundo, sino que lleguen a parecerse al Señor.

El humano se une con el humano, el caballo se une con el caballo, el burro se une con el burro. Las especies se unen [con] especies similares.

Así es cuando el espíritu se une con el espíritu, el [Verbo] es íntimo con el Verbo, [y la luz es] íntima [con la luz. Si te] conviertes en humano, [es el humano quien te] amará. Si te conviertes en [espíritu], es el Espíritu quien se unirá a ti. [Si te conviertes en Verbo, es el Verbo el que se unirá a ti. Si [te] conviertes en luz, es la luz la que intimará contigo. Si te conviertes en uno de los de arriba, los de arriba se posarán sobre ti. Si te conviertes en caballo o burro o ternero o perro u oveja o cualquier otro de los animales que están fuera o debajo, ni los humanos ni el espíritu ni el Verbo ni la luz ni los de arriba ni los de dentro podrán amarte. No podrán descansar dentro de ti y no tendrás parte en ellos.

Quien sea esclavo a regañadientes podrá ser liberado. Quien se ha hecho libre por la gracia de su amo y se ha vendido (de nuevo) a la esclavitud ya no podrá hacerse libre.

CRECIMIENTO ESPIRITUAL

El mundo se cultiva a través de cuatro cosas. Se reúnen en graneros a través del agua, la tierra, el viento y la luz. Y del mismo modo, Dios también cultiva a través de cuatro cosas: a través de la fe, la esperanza, el amor y el conocimiento. La tierra es la fe en la que estamos arraigados. [Y] el [agua] es la esperanza a través de la cual [somos] alimentados. El viento es el amor a través del cual crecemos. Y la luz [es] el conocimiento a través del cual [maduramos]. La gracia existe en [cuatro clases. Es] terrenal, es [celestial, ...] el cielo del cielo [...] a través de [....] Bienaventurado el que no ha [...] **80** alma. Éste es Jesucristo. Fue por todas partes y no cargó a nadie. Así que, bendito sea alguien así; es una persona perfecta, porque la Palabra nos habla de lo difícil que es mantenerse. ¿Cómo seremos capaces de lograr algo tan grande? ¿Cómo dará descanso a todos? Ante todo, no está bien causar dolor a nadie -ya sea grande o pequeño, o infiel o fiel- y luego dar descanso a los que (ya) descansan entre los que están bien. Hay quien se beneficia dando descanso al que está bien. Los que hacen el bien no pueden darles descanso porque no pueden hacer lo que les venga en gana; no pueden causarles aflicción porque no pueden causar aflicción, pero a veces el que está bien les causa aflicción. No son así, sino que es su (propia) maldad la que les causa aflicción. Quien tiene la naturaleza (de la persona perfecta) da alegría al que es bueno, pero algunos se afligen terriblemente por ello.

Un cabeza de familia adquiría todo, ya fueran niños, esclavos o ganado o perro o cerdo o trigo [o] cebada o paja o heno o [...] o carne y bellota. [Pero son] sabios y entienden qué dar de comer a cada [uno]. A los niños les servían pan [...] pero [... a los] esclavos les servían [...], y al ganado [le echaban cebada] y paja y heno. A [los] perros arrojaron huesos [y] a [los cerdos] les arrojaron bellotas **81** y babas. Así es el discípulo de Dios. Si son sabios, comprenden lo que significa ser discípulo. Las formas corporales no les engañarán, sino que mirarán la condición d e l alma de cada uno y hablarán con ellos. Hay muchos animales en el mundo que tienen forma humana. Ellos (el discípulo) los reconocen. A los cerdos les tirarán bellotas, pero al ganado le tirarán cebada con paja y heno. A los perros les arrojarán huesos, a los esclavos les darán el aperitivo y a los niños les darán la (comida) perfecta.

Está el Hijo de la Humanidad y está el hijo del Hijo de la Humanidad. El Señor es el Hijo de la H u m a n i d a d, y el hijo del Hijo de la H u m a n i d a d es el que crea a través del Hijo de la Humanidad. El Hijo de la H u m a n i d a d recibió de Dios la capacidad de crear. Él (también) tiene la capacidad de engendrar. El que recibió la capacidad de crear es creador; el que recibió la capacidad de engendrar es engendrado. El que crea no puede engendrar; el que engendra puede crear. Dicen: "El que crea, engendra". Pero lo que engendran es una criatura. [Así que] sus engendros no son sus hijos, sino que son [...]. El que crea trabaja [públicamente], y son ellos mismos [revelados]. El que engendra, engendra [secretamente], y están ocultos [...] la imagen. [De nuevo], el que [crea, crea] públicamente, pero el que engendra, [engendra] hijos en secreto.

Nadie [podrá] saber [cuándo el marido] **82** y la mujer tienen intimidad entre sí, salvo ellos mismos, porque el matrimonio del mundo es un misterio para los que se han casado. Si el matrimonio defiled está oculto, ¡cuánto más el matrimonio undefiled es un verdadero misterio! No es de deseo, sino puro. No es del deseo, sino de la voluntad. No es de la oscuridad ni de la noche, sino del día y de la luz. Si un matrimonio se desnuda, se convierte en pornografía: no sólo si la novia recibe la semilla de otro hombre, sino incluso si sale de la alcoba y es vista, comete adulterio. Que se revele a su padre, a su madre, al padrino y a los hijos del novio. A ellos se les permite entrar en la cámara nupcial todos los días. Pero deja que los demás sólo anhelen oír su voz y disfrutar de su perfume, y que, como los perros, coman las migajas que caen de la mesa. Los novios pertenecen a la cámara nupcial. Nadie podrá ver al novio y a la novia a menos que [se conviertan] en tales.

DESARRAIGAR EL MAL

Cuando Abraham [...] para ver lo que iba a ver, [se] circuncidó la flesh del prepucio, [diciéndonos] que es necesario destruir la flesh.

La [mayoría de las (cosas)] del [mundo] pueden mantenerse en pie y vivir mientras sus [entrañas estén ocultas. Si se revelan], mueren, como [ilustra] el humano visible. [Mientras] las tripas del humano estén ocultas, **83** el humano está vivo. Si sus vísceras quedan al descubierto y salen de ellas, el humano morirá. Lo mismo ocurre con el árbol. Mientras su raíz está oculta, florece y crece. Si su raíz queda al descubierto, el árbol se seca. Así ocurre con todo lo que nace en el mundo, no sólo lo revelado, sino también lo oculto; porque mientras la raíz del mal esté oculta, es fuerte. Pero si se reconoce, se disuelve, y si se revela, muere. Por eso dice la Palabra: "Ya está el hacha puesta a la raíz de los árboles". No (sólo) cortará, (porque) lo que será cortado florece de nuevo. Más bien, el hacha cava en la tierra hasta sacar la raíz. Jesús arrancó la raíz por completo, pero otros lo hicieron parcialmente. En cuanto a nosotros, que cada uno escarbe hasta la raíz del mal interior y lo arranque de raíz en nosotros. Será arrancado de raíz si lo reconocemos. Pero si no lo reconocemos, arraiga en nosotros y da su fruto en nosotros. Nos domina y nos vemos obligados a servirla. Nos captura para que hagamos lo que [no] queremos; y hacemos [no] hacemos lo que queremos. [Es] poderosa porque no la hemos reconocido. Está activa mientras [exista]. La [ignorancia] es la madre de [todos los males]. La ignorancia causará [la muerte, porque] lo que existe desde [la ignorancia] ni existió ni [existe], ni llegará a existir [...] **84** se perfeccionará cuando se revele toda la verdad, porque la verdad es como la ignorancia. Cuando está oculta, descansa en sí misma, pero si se revela y se reconoce, se glorifica en la medida en que es más fuerte que la ignorancia y el error. Da libertad. La Palabra dice: "Si conocéis la verdad, la verdad os hará libres". La ignorancia es esclavitud; el conocimiento es libertad. Si conocemos la verdad, encontraremos los frutos de la verdad en nuestro interior. Si nos unimos a ella, recibirá nuestra plenitud.

Ahora tenemos lo que se revela de la creación. Decimos: "Los que son fuertes son honorables, pero los que están ocultos son débiles y despreciados". Así son los revelados de la verdad: son débiles y despreciados, pero los ocultos son fuertes y honorables. Pero los misterios de la verdad se revelan en tipos e imágenes.

Sin embargo, la cámara está oculta; es lo Sagrado en lo Sagrado. Al principio, el velo ocultaba cómo Dios gestionaba la creación, pero cuando el velo se rasgue y se revele lo que hay dentro, esta casa quedará atrás [como] un desierto, o mejor dicho, será [destruida]. Y toda la divinidad flee [de] estos lugares, no a los Santos [de los] Santos, porque no podrá unirse con la [luz] pura y la plenitud [sin velo], [sino que] vendrá a estar bajo las alas de la cruz [y bajo] sus brazos. Esta arca [se convertirá en su] salvación cuando el flodo **85** de agua surja sobre ellos. Si algunos pertenecen al sacerdocio, podrán entrar dentro del velo con el sumo sacerdote. Así pues, el velo no se rasgó sólo por arriba, pues sólo se habría abierto a los de arriba; ni tampoco se rasgó sólo por abajo, pues sólo se habría revelado a los de abajo; sino que se rasgó de arriba abajo. Los de arriba nos abrieron el fondo, para que entremos en el secreto de la verdad. Esto es verdaderamente lo honorable, lo fuerte, pero entraremos allí a través de tipos despreciados y debilitados. Se humillan en presencia de la gloria perfecta. Hay gloria que es mejor que la gloria; hay poder que es mejor que el poder. Así que se nos abrió lo perfecto con los secretos de la verdad, y se revelaron los Santuarios de los Santuarios, y la cámara nos invitó a entrar.

Mientras esté oculto, el mal está inactivo, pero no ha sido eliminado de entre la simiente del Espíritu Santo. Son esclavos del mal. Pero cuando se revele, entonces la luz perfecta se derramará sobre todos, y todos los que estén en ella [recibirán el crisma]. Entonces los esclavos serán liberados y los cautivos redimidos. "[Toda] planta [que] mi Padre que está en los cielos [no haya] plantado [será] arrancada". Los que están separados se unirán [...] serán filitados.

CONCLUSIÓN

Todos los que [entren] en la cámara encenderán su [lámpara], porque [es] como los matrimonios que se [...] celebran de noche, el fuego [...] **86** de noche y se apaga. Pero los misterios de este matrimonio se cumplen en el día y la luz. Ni ese día ni su luz se apagan jamás.

Si a l g u i e n se convierte en hijo de la cámara nupcial, recibirá la luz. Si alguien no la recibe mientras esté aquí, no podrá recibirla en el otro lugar. Quien reciba esa luz no será visto ni atado, y nadie podrá molestar a alguien así ni siquiera mientras habite en el mundo. Además, cuando abandonen el mundo, ya habrán recibido la Verdad en las imágenes. El mundo se ha convertido en la edad (eterna), porque la edad (eterna) es la plenitud para ellos, y es así: se les revela sólo a ellos. No está oculta en la oscuridad y la noche, sino que está oculta en un día perfecto y una luz santa.

El Evangelio
según Felipe

Printed in Poland
by Amazon Fulfillment
Poland Sp. z o.o., Wrocław